Lisa Engbers

# Tagebuch einer Pennerin

# HERDER / SPEKTRUM

Band 4526

## Das Buch

Lisa ist eine junge Frau aus gutem Haus. Sie studiert, lebt und jobbt im München der späten sechziger Jahre, und das Leben liegt vor ihr. Sie heiratet den charmanten Axel. Er entpuppt sich als schwieriger „Lebenskünstler" – er gaunert, trinkt und gibt mehr Geld aus, als Lisas Job einbringt. Sie verliert ihre Arbeit, die Wohnung wird gekündigt – und mittellos, obdachlos flieht sie mit Axel über den Brenner: auf der Suche nach der Wärme des Südens. Einer kurzen Aussteigerromantik folgt der Abstieg. Als Pennerin lebt sie unter Pennern, auf der Straße, in Parks, am Strand, in Bahnhofshallen. Im „Paradies der Außenseiter", in dessen Realität der Traum von Palmen und südlichem Sternenhimmel bald verblaßt, wird der Alkohol der treueste Helfer beim Vergessen des eigenen Unglücks und des Heimwehs. Ihren Mann Axel ruiniert der Alkohol. Er stirbt an den Folgen der Trinkerei. Danach – als da niemand mehr ist, der sie mit Hoffnungslosigkeit anstecken kann – schafft Lisa den Ausstieg aus dem Leben auf der Platte: nach vielen unglücklichen und glücklichen Abenteuern. Ihre letzten Lebensjahre verbringt sie in einem kleinen Häuschen in den Abbruzzen: ohne Alkohol, aber krank von ihm. Und dabei voller Freude über jeden neuen Tag nach einer Nacht in ihrem eigenen Bett, ihrem eigenen Haus, über die Sonne in ihrem Garten, die Freundlichkeit der Nachbarn. – Die spannende Lebensgeschichte einer Frau, in überraschender, klarer Sprache: scharfsichtig, traurig, illusionslos und voller Zorn, dabei aber witzig und vor allem vital und menschlich. Ein Buch über einen Traum, über Lebenslust und Überlebenswillen – hart an der Wirklichkeit. Ein Buch „voll mit dramatischen und traurigen Geschichten, ... mit Humor und scharfem Blick" (*Stern*).

## Die Autoren

Lisa Engbers, Kindheit in Westfalen, Abitur. Mit 20 Jahren Jurastudium in München, Abbruch des Studiums, Job, Heirat. Lebte nach neun Jahren „auf der Straße" in ihrem Haus in einer italienischen Kleinstadt. Lisa Engbers starb im Januar 1996.

Lisa Engbers

# Tagebuch einer Pennerin

Herder

Freiburg · Basel · Wien

Gedruckt auf umweltfreundlichem,
chlorfrei gebleichtem Papier

Herstellung: Freiburger Graphische Betriebe 1996
Umschlaggestaltung: Joseph Pölzelbauer
Umschlagmotiv: © Andrea Herzau/Signum-Fotografie
ISBN 3-451-4526-5

# Inhalt

Damals hätte ich nie gedacht, daß es mir wieder einmal so gut gehen würde.

Wenn ich „damals" schreibe, meine ich die Zeiten, in denen ich in Italien „auf der Platte" lebte, als Pennerin in Parks und Bahnhöfen nächtigte – nach deutschen Begriffen asozial, eine Parasitin der wohlsortierten Konsumgesellschaft.

Heute sitze ich auf meiner Terrasse im Grünen. Der Hund kaut an meinem Schuh, die Amseln unterhalten sich von Olivenbaum zu Apfelbaum in meinem Garten, die Rosen treiben aus, Ameisen sind im Anmarsch, und die Eidechsen sonnen sich unter dem blauen Himmel. Italienische Idylle. Ein Märztag, Frühlingsanfang, acht Uhr morgens. Das Thermometer zeigt 16° C. Die Sonne erreicht den Gartentisch, auf dem ich tippe. In Deutschland schneit es. Die „Süddeutsche Zeitung" meldet, der sechzehnte Obdachlose sei erfroren.

Damals mußte ich um diese Zeit aufbrechen, um einen freien Platz vor einem der großen Kaufhäuser an einer belebten Straße zu ergattern, um „Sitzung" zu machen und das Geld fürs Überleben zu erbetteln. Ich besaß nur das, was ich am Leibe trug, dazu einige Ersatzklamotten aus Caritasbeständen. Und natürlich den Schlafsack, schmuddelig nach all den Nächten auf Pappkartons und Bahnhofsfußböden, im Sommer sandig vom Strand, an Regentagen feucht. Damals mußte ich um diese Zeit meine Kuschelpelle zusammenrollen und mich trollen.

Heute habe ich mein Bett frisch bezogen. Frühaufsteherin bin ich immer noch.

Damals gab es zum Frühstück den Rest Wein vom Vor-

tag, vielleicht noch eine altbackene Semmel mit angetrock-
neter Salami.

Heute summt der Toaster, die Salami kommt aus dem
Kühlschrank, der Kaffee aus der kleinen Espresso-Maschi-
ne. Wein gibt es zum Mittagessen. Ein Geschenk von Nachbarn, die Reben kultivieren. Mein Hauptgericht ist Spinat
aus dem eigenen Garten, im Herbst gesät und frostfrei über
den Winter gekommen, dazu Rührei aus frisch gelegten Ei-
ern meiner frei laufenden Hennen.

Damals hatte ich als Nachbarn versoffene Pennbrüder.
Das klingt schlimm, und das war es auch. Aber ich gehörte
zu dieser Zunft und mußte mich arrangieren mit Fanta-
Kurt, Messina-Blues, den diversen Peters und Gerhards,
Kärntner-Eddie, dem dicken Joe, Knacki-Olaf, Friseur-Rolli
– all den Mitpennern, die nach dem Motto lebten: Lieber
ein stadtbekannter Säufer in Italien als in Deutschland ein
anonymer Alkoholiker. Ich lebte in einer Atmosphäre, in
der das Wort „Seife" weitgehend ein Fremdwort ist, in einem Mief mit der köstlichen Frische alter Socken und
Schweißhufe, drei Wochen getragener Slips mit dem für
Männer üblichen last-drop-only im Schritteil, ungewasche-
ner fettiger Haare mit Frisuren im Self-made-style. Und
psychologisch war natürlich bei diesem Leben auch nichts
in Ordnung. Abgesehen vom Suff, hatten einige der Kumpels einen echten irreparablen Dachschaden. Ich gehörte
wie sie zu den Gestalten, die – wie deutsche Touristen meinen – das Stadtbild durch ihre Anwesenheit verschandeln.

Meine heutigen Nachbarn sind Bauern mit deftigem
abruzzischem Dialekt, die sich bei der Konversation mit
mir Mühe geben, Italienisch zu reden, die mich einladen zu
Hochzeiten, Taufen und Familienessen, bei denen es fünf
Gänge gibt oder Pizza frisch aus dem Holzofen im Garten,
wo stundenlang getafelt wird und die Fremde mehr aufge-
tischt bekommt, als sie essen kann.

Aber nicht nur in meinem jetzigen Lebensabschnitt habe
ich die große Gastfreundschaft der Italiener kennen- und
schätzengelernt. Selbst als Pennerin wurde ich an den Fa-

milientisch gebeten. Ich erlebte soviel Großherzigkeit und Freundlichkeit, auch den Armen gegenüber, wie ich sie in Deutschland in dieser Form nie erlebt hatte. Dort stoßen nicht nur Penner auf Distanz und Ablehnung, sondern auch Bayern in Westfalen und umgekehrt, die Ossis bei den Wessis und so weiter. Ich habe eine Zeitlang in Niederbayern gelebt und mich dort mehr als Fremde gefühlt als hier im Ausland, jedenfalls nie so integriert in die Dorfgemeinschaft wie hier im Süden. Auch damals, als Pennerin, merkte ich nichts von Fremdenfeindlichkeit. In diesem Land gehört ein Bettler seit alters her zum Stadtbild. Er wird akzeptiert als Person, nicht als gescheiterte Existenz diffamiert. Und die Zeiten, in denen nach kirchlicher Lehre Armut als persönliche Schuld galt, sind längst vorbei. Dem *povero*, dem Armen, ein Almosen zu geben ist nicht nur ein gutes Werk, sondern bedeutet Glück für den ganzen Tag – und natürlich auch himmlischen Lohn als Ausgleich für eine läßliche Sünde. Gelebtes Christentum ist in Italien noch „in". Man sieht auch die im Dunkeln, nicht nur die im Licht. Und man sorgt für sie, wenn es denn schon der Staat nicht tut, in den vielen caritativen und kirchlichen Organisationen, bei denen vorwiegend freiwillige Helfer und Helferinnen tätig sind, davon auffallend viele Jugendliche. Aber selbst wenn man diese positiven Aspekte bedenkt, ist es keine erfreuliche Lebensart, auf der Straße existieren zu müssen, auch wenn die Verpflegung durch Suppenküchen und Mensen gesichert ist. Aus dem Inhalt von Mülltonnen habe ich jedenfalls nie leben müssen. Nur einmal traf ich auf ein paar Freaks, die streunende Katzen einfingen und als Dachhasen zubereiteten. Auch der Aufenthalt bot meiner Erfahrung nach keinerlei Probleme. Die Bahnhofspolizei hat zwar das Hausrecht, macht davon aber keinen Gebrauch, solange sich jeder friedlich verhält. Nur die um fünf Uhr früh aufkreuzenden Putzteufel der Reinigungsfirmen scheuchen die Langschläfer aus Gängen und Hallen. Von Bußgeldern wegen Schlafens in der Öffentlichkeit ist mir nie etwas zu Ohren gekommen. Von seiten der

Staatsgewalt ging das Leben recht friedlich und relativ ungestört weiter. Abschiebungen zum Brenner waren eine große Ausnahme.

Aber niemand, der nicht „auf der Platte" gelebt hat, kann sich vorstellen, welch ein Gefühl es ist, wieder ein eigenes Dach über dem Kopf zu haben, ein eigenes Klo zu besitzen, anstatt sich zum Pinkeln in die Büsche schlagen zu müssen oder schmutzige Bahnhofstoiletten aufzusuchen, die ja nicht immer in der Nähe sind, wenn man es eilig hat und auf die Zwischenräume geparkter Autos angewiesen ist. Gemütlich und ungestört auf der Brille zu hocken und dabei noch Zeitung zu lesen – das gehört für Ex-Penner zu den Genüssen des Alltags, die ein „Normaler" sich kaum vergegenwärtigen kann. Auch den Komfort einer Dusche genießt man bewußter, wenn man an die öffentlichen Badeanstalten denkt, wo man unter Zeitlimit steht. Und der eigene Herd ist wirklich Goldes wert: Anstelle des Schlangestehens vor der Suppenküche für einen gewöhnlichen Eintopf das eigene Huhn im Bratrohr. Dann die Bequemlichkeit des Schlafzimmers: Die Matratze, das frische Bettzeug kommen einem wie Luxus vor nach Jahren auf Pappkartons, Betonfußböden, Sand und Kies und Gras und in Schlafsäcken. Erst wenn man *damals* und *heute* zu vergleichen weiß, schätzt man die für ordentliche Bürger als selbstverständlich angesehenen kleinen Dinge des Lebens als etwas Wertvolles ein: Strom zu haben und das Licht einschalten zu können, wann man will; einkaufen zu gehen, ohne vorher das Kleingeld abzählen zu müssen; jeden Tag frische Unterwäsche zu haben, mehrere Paare Schuhe im Schrank und eine Auswahl an Kleidern, die nicht aus der Klamottenkiste stammen.

Damals habe ich von diesem Haus an der Adria geträumt, als ich unterwegs war auf den Nomadenrouten entlang der Küste des Tyrrhenischen Meeres zwischen Ventimiglia und Palermo, durch die sizilianische Sierra zwischen Palermo und Agrigent, von den griechischen Tempeln am Ionischen Meer entlang bis zum industrieverunstalteten Tarent und an der Adriaküste zwischen Brindisi und Venedig.

Jetzt endlich habe ich diesen Traum erfüllen können. Jetzt endlich kann ich in meinem bescheidenen Haus sitzen, nach Osten mit Blick auf das Meer, nach Westen auf die höchsten Gipfel der Apenninen, die fast so hoch sind wie die Zugspitze. Und jetzt endlich kann ich meine Erinnerungen aufarbeiten aus der Pennerzeit, als ich mit meinem damaligen Mann und später allein, dann in größeren Gruppen, dann mit Fritz durch das Land zog. Das Wort „verdanken" klingt in diesem Zusammenhang möglicherweise makaber. Aber dem Tod von Axel, mit dem ich zu Beginn der Laufbahn als Stadtstreicherin dreizehn Jahre verheiratet war, meinem Witwenstand also, verdanke ich meine heutige gesicherte Existenz. Nach seinem Ableben dauerte es noch ein Jahr, bis die Sache mit den Versorgungsansprüchen geregelt war. Die Bürokratie arbeitet langsam. Und natürlich ist es auch schwierig und langwierig, wenn ein Antragsteller ohne festen Wohnsitz ist und noch dazu wie in meinem Fall nicht an einem Ort bleibt, sondern als Vagabundin durch das Land zieht, so daß die Angelegenheit postlagernd abgewickelt werden muß. Im nachhinein verhalf mir die Verzögerung zu meinem Haus, meinen Möbeln: durch die Nachzahlung für ein Jahr hatte ich das Geld für die Kaution, die erste Miete, für Anschaffungen – ein Betrag, den ich bei laufenden Leistungen niemals hätte zusammensparen können. So verhalfen mir Axels Tod und eine schleppend arbeitende Bürokratie zu meinem Glück.

Axels Tod war abzusehen, nur eine Frage der Zeit. Eine Leberzirrhose entwickelt sich langsam und schmerzfrei, jahrzehntelang symptomlos. Der Mann hatte seit Jahren getrunken, schon in seiner Jugend. Er hatte niemals länger als etwa zwei Monate an einer Arbeitsstelle verweilen können, jeden Job nach kurzer Zeit geschmissen, falls er nicht hinausgeworfen wurde, – bis wir schließlich keine Miete mehr zahlen konnten und auf der Straße standen. Bekannte berichteten vom warmen Italien. Also zogen wir schließlich über den Brenner ins Land, wo die Zitronen blühn. Auf der Platte leben kann man schließlich in Europa überall. Und überall trifft man auf den gleichen Typ Stadtstreicher: den Säufer. Fast jeder trinkt Alkohol. Wer es nicht tut, hat seine Gründe. Und die sind meist nicht freiwilliger Natur, eher organischer. Der Zerstörungsprozeß ist unaufhaltsam, wo immer man auch lebt. Wir sparten uns daher das deutsche Unterstenschichten-Milieu und wanderten aus.

Die letzte Phase von Axels Dasein begann in Rom. Er realisierte seinen Zustand. Über seine Gedanken sprach er nie. Ich mied das Thema, weil ich sah, daß er darauf nicht angesprochen werden wollte. Fragen seitens der Kollegen, Kumpel waren ihm unangenehm. Sie spotteten über seinen Wasserbauch, aber aus Unkenntnis der medizinischen Zusammenhänge. Axel wollte sich zurückziehen. Er wünschte sich, noch einmal am Meer zu leben. Ostia kam nicht in Frage. Das verschmutzte Meer ist abgeriegelt durch diverse Restaurants und Liegestuhl-Sonnenschirm-Vermieter-Buden. Der Römer schimpft und zahlt. So fuhren wir nach Salerno an den freien Badestrand. Wir kannten den Ort von früheren Betteltouren. Salerno war ein gutes Pflaster für diesen Zweck, besonders im Sommer, wenn die italienischen Urlauber Stadt und Umgebung bevölkern. Es war Sommer. Der Todkranke lag zufrieden am Strand, konnte auf das Meer und den Fischerhafen blicken, auf die Palmen der Uferpromenade, wo sich allabendlich die Jugend Salernos traf. Er ließ den heißen Sand durch seine kalten Finger rinnen, und trotz der Hitze fröstelte ihn. Sein Körper war zum Skelett abgemagert, sein Wasserbauch schwoll an. Er schlief fast die ganze Zeit, konnte nicht selber aufstehen und nur mit Mühe gehen. Aber er fiel nicht ins Koma – ein Zustand, der seitens unbeteiligter und wohlmeinender Zeitgenossen erst die Aufnahme in ein Krankenhaus gerechtfertigt hätte. Axel aber wollte nicht in einem Krankenhaus sterben, sondern am Meer. Ich respektierte diesen Wunsch. Auch ich wünschte mir mein Ende so.

Kollegen kamen. Es war vorbei mit der Ruhe und Zurückgezogenheit. Knacki-Olaf, der tätowierte Berliner mit Schnauze, rockte an, Klaus und Klausi waren auf Nordwärts-Tour, Schwaben-Uli knüpfte stundenlang Armbänder aus buntem Garn und verkaufte sie abends an der Promenade an junge Mädchen, und Porno-Schorsch verbrachte seine Zeit wie gewöhnlich mit Betteln vor und mit Wichsen im Porno-Kino. Eine bunte Gesellschaft, mitten drin Axel, der fast teilnahmslos dalag und sich an den heißen Diskussionen über Fahrpreise, Schwarzfahren, Umgehen von Eintrittssperren und über Schlafbänke nicht beteiligte.

Es war Hochsommer. In dieser Zeit und in dieser Gegend braut sich fast täglich über den nahe gelegenen Bergen ein Gewitter zusammen. Es dauert zwar nur einige Minuten, aber dabei gießt es in Strömen. Die Mannschaft transportierte den Kranken unter das Vordach der Mole für die Fischerboote. Sie half ihm beim Aufstehen und begleitete ihn zum als Kack-Platz ausgewiesenen Eck, wo das Meer bei Flut den Unrat wegräumte. Aus eigener Kraft hätte er aus der Hocke nicht wieder aufstehen können, so kraftlos war er. Mir bereitete es Mühe, ihn hochzuziehen. Durch die schätzungsweise 10 Liter Bauchwasser bekam er leicht das

13

Übergewicht nach vorn, und die Aktion sah von weitem eher wie ein Ringkampf aus. Ich war daher für die kameradschaftliche Hilfe sehr dankbar. Zum Geldverdienen kam ich auf diese Weise auch. Einer aus der Gruppe paßte abwechselnd auf ihn und unser aller Gepäck auf, so daß wir uns unbelastet in der Stadt verteilen und an den diversen bekannten Sitzungsplätzen auf Spender warten konnten. Wir waren ein gutes Team. Es handelte sich nicht um besondere Freunde von Axel und mir. Wir hatten sie unterwegs ein paarmal getroffen, uns gegenseitig Tips gegeben, miteinander über Neuigkeiten in der Szene getratscht. Aber wenn ein Kumpel in Not ist, dann hilft man. Ehrensache. Solidarität unter Pennern. Zumindest in Italien.

Der Strand war tagsüber sehr belebt, und wir erregten Aufsehen wegen des Kranken. Man wollte die Ambulanz holen, aber Axel weigerte sich mitzufahren. Er wollte sein Leben nicht unnötig verlängern auf Intensivstationen mit unbekanntem und an seiner Person desinteressiertem Personal, ohne seine Kumpel. Und er wollte wohl auch nicht ohne mich sterben. Er wollte das Meer rauschen hören, anstatt den Signalen von Monitoren ausgesetzt zu sein. Die Vorstellung, mit Schläuchen in sämtlichen Körperöffnungen und einer Menge von Kabeln an ein Bett gefesselt zu sein, von Medikamenten vollgepumpt, die doch nichts mehr retten würden, hilflos auf den Tod zu warten, diese Vision erschreckte und entsetzte ihn. Hier am Strand hatte er Menschen, die sich um ihn kümmerten, weil sie es selber wollten, nicht wie das italienische Krankenhauspersonal, das meist nur unwillig arbeitet und bereits bei Dienstbeginn Pläne für den Feierabend bespricht, schlecht bezahlt wird und für jede Sonderleistung die Hand aufhält, im Prinzip also auch die echte Leistung auf Bettlerebene erbringt und Nichtspender möglichst ignoriert. Axel hatte bereits drei Tage in einem römischen Krankenhaus verbracht. Wir waren entsetzt über die dortigen Zustände: ein Uraltbau in der Nähe der Spanischen Treppe und des Tiberufers, fußbodengepflegt zwar, die Büros aber schreibmaschinenfrei, die

Räume und Personen schlampig. Auch mit dem Auf- und Wegräumen schien es Schwierigkeiten zu geben: Als ich Axel nach der Erstuntersuchung in der „Hepatologischen Abteilung" an seinem neuen Schlafplatz aufsuchen durfte, setzte ich mich mangels eines Stuhles auf das mir leer erscheinende Nebenbett. Der Acht-Personen-Raum war mit lautstark sich unterhaltenden Angehörigen der Mitpatienten überfüllt. Erst nach etwa einer Viertelstunde bemerkte jemand den Mißstand und schrie mir zu, ich solle mich nicht auf den *cadavere* setzen. Ich hob den unteren Teil der Bettdecke und erschrak vor zwei mit Mullbinden gefesselten skelettierten Füßen. Der Tote, der sicherlich bereits Stunden dort lag, war so dürr, daß er sich kaum vom Laken abhob. Eine Plastiktüte mit seinen Sachen hatte man lieblos auf seinem Leib abgestellt. Das Holzkreuz mit Metall-Jesus lag auf der schmutzigen Unterwäsche.

Wir blieben eine Woche in Salerno. Dann hatte Axel es sich anders überlegt. Er wollte heimfahren, zumindest in ein deutsches Krankenhaus, wo er möglicherweise zwar nicht menschlicher, aber kompetenter behandelt werden konnte. Zudem sprach die Belegschaft dort Deutsch, und er konnte sich konkret ausdrücken. Und seine Eltern würden sich schon um ihn kümmern. Natürlich mangelte es an Geld für die Fahrt. Den Strandtouristen, die täglich kamen und mitleidig auf ihn hinuntersahen, ihn nach seinem Befinden fragten, Mineralwasser und Kekse brachten, aber wie wohl alle Italiener von Doktoren und Krankenhäusern Heil erhofften, teilte ich seine Entscheidung mit. Da wir offensichtlich keine Touristen waren, spendeten sie Geld für die Zugfahrt. Auch die Kumpels legten zusammen, und zwischendurch hatte auch ich einiges an Geld verdient.

Strandschläfer benötigen nicht viel. Warmes Mittagessen gab es in der Essensausgabe der Caritas, dazu ein Lunchpaket für den Abend und das Frühstück. Jedenfalls reichte das Geld, zumal die Bahn in Italien wesentlich billiger ist als in Deutschland. Und es handelte sich in diesem Fall nicht um eine Rückfahrkarte. Gemeinsam brachten wir ihn zum

Zug. Ich war sicher, ihn nie wiederzusehen. Wegen der Fahrt machte ich mir keine Sorgen. Das Bahnpersonal würde schon auf ihn achten. Lebensmittel und Getränke hatte er genug dabei. Er aß ohnehin kaum etwas. Die Mannschaft hievte ihn in den Waggon, trug das Gepäck. Ein letztes Addio.

Aber natürlich kam es anders, wie so oft. Ich sah ihn dann doch wieder. Vielleicht wollte er auch Rom noch einmal sehen, die altvertrauten Stätten unseres Penner-Daseins. Ich kam zwei Tage später an, wollte in Salerno noch Geld machen, die Urlaubszeit nutzen. In Rom ist im August nichts los für Leute unseres Gewerbes. *ferragosto*, Augustferien: die Römer sind am Meer oder in den Bergen, bei Verwandten im Ausland, als Touristen auf Sightseeing-Tour in den Hauptstädten der Welt oder bei den bekannten Picknicks in den vielen Parks. Die meisten Geschäfte sind geschlossen. Sitzung machen hat keinen Sinn um diese Zeit. Von den Touristen aus dem Ausland, die in diesem Monat häufiger anzutreffen sind als Einwohner, ist kein Obolus zu erwarten, höchstens Gemecker über Penner. Rom sollte auch nur Zwischenstation für mich sein. Ich wollte weiterfahren nach Pescara an der Adria. Aber Rom ist immer gut für die neuesten Informationen auf dem Bettlersektor. „Man trifft sich", heißt die Devise. Natürlich in Rom, der Zentrale, denn alle Wege und aller Wege führen in die Ewige Stadt, irgendwann.

Die Germania-Treffs sind in der Szene italienweit bekannt. Und so meldete der Buschfunk denn auch, Axel sei gesichtet worden. Lebend. Ich fand ihn wie erwartet nach dieser Information im EUR-Park in der Stricher- und Nuttengegend. Er schlief zwischen Büschen, wo es nach Urin und Fäkalien stank und wo aller Unrat herumlag: vollgespritzte Kondome, beschmutzte Papiertaschentücher, Fixerspritzen. Die Jammergestalt am Boden störte den Ablauf der diversen Transaktionen nicht. Der Mann im schmutzigen Schlafsack hätte dort sterben können. Niemand hätte das Stoffbündel beachtet, bis es durch seinen Verwesungsgeruch die Umwelt belästigt hätte.

Ich hievte den halb im Koma Liegenden mühsam hoch und führte ihn zu einer Parkbank, warf den stinkenden Schlafsack endgültig weg und ging zum Supermarkt in der Beethoven-Allee, um Proviant zu kaufen. Als ich zurückkam, betrachtete ich das Häuflein Elend, das bald nicht mehr mein Mann sein würde: Die elefantenartig durch Knöchelödeme deformierten Füße steckten in löcherigen Altsandalen; schmutzige, zitternde Spinnenfinger, braunfaltig die Haut, umkrallten die Tüte, in der unnötigerweise die Flasche versteckt war; gelbschmutzig verkrustete Haut bedeckte die Gliedmaßen, die seit Monaten nicht mit einem Tropfen Wasser in Berührung gekommen waren; schuppig und strähnig die fettigen Haare, verfilzt der Bart; kreisförmig verteilt auf Händen und Füßen Serien kleiner offener Geschwüre. Der Kopf des ausgemergelten Corpus mit Aszites erinnerte bereits an einen Totenschädel.

Ich brachte ihn zum Bahnhof Termini. Der Fahrschein war noch gültig, der Abendzug noch zu erreichen. In Papa Bassettis Bar trafen wir ein paar alte Kumpel, auch auf der Durchreise. Eskorte zum Bahnsteig, ein letztes Prosit, ein endgültiges Addio.

### Der Verrückte von gestern abend

Es hätte nicht so weit zu kommen brauchen, sagt man sich hinterher. Und aus Schaden wird man klug, sagt der Volksmund. Hinterher. Und auch das mit einem gewissen Anflug von Schadenfreude, daß jemand auf etwas hereingefallen ist. Wenn man aber auch dann noch nicht klüger sein sollte, so hat man doch aus Erfahrungen gelernt. Sollte man meinen.

Das Leben meinte es anders.

Als ich Axel kennenlernte, hätte ich nicht im schlimmsten Traum daran gedacht, daß unsere Beziehung und die nachfolgende Ehe so enden könnten. Ob das Leben mich klüger gemacht hat, weiß ich nicht. Zumindest habe ich aus bitteren Erfahrungen gelernt. Zu spät natürlich. Und so denke ich oft – ich weiß, es ist eine Art Aberglaube, aber schon die alten Römer hatten diese Idee und lagen manchmal ganz richtig damit, und außerdem reizt mich diese Vorstellung –, daß ich auf die Zeichen der Determination hätte achten sollen, die Schicksalswinke sozusagen.

Als ich Axel kennenlernte, ging nach Wochen der Trockenheit, der sonnenbeschienenen Biergartentage, der abendlichen Nachbarschaftsfeste und der sonntäglichen Ausflüge an die oberbayerischen Seen der erste große Gewittersturm über München nieder. Sturm I hinterließ ein Chaos unter den Geranien und Petunien auf meiner Terrasse, hatte den selbstgebauten Sandkasten meiner damals dreijährigen Tochter Katharina unter Wasser gesetzt und einen voll behängten Wäscheständer genau in die Brühe gekippt. Ein Hinweis auf die Zukunft? Darauf, daß alles kaputtgehen würde? Ein Omen?

Sturm II ging mit mehrstündigem Gewittergrollen nieder, als wir zu dritt in der Straßenbahn saßen, um meine zukünftigen Schwiegereltern erstmals zu besuchen. Ich trug einen neuen Jeansanzug, mein Markenzeichen zu damaliger Zeit, dazu die ebenfalls neuen Ledersandalen im Griechen-Look samt den dazugehörigen Blasen an den Fersen und als Frisur eine für mich untypische, mühsam mit der Lockenschere zusammengeschnörkelte Kreation mit kunstvoll aufgestecktem Haar. Katharina war ebenfalls neu eingekleidet worden. Am Vortag hatte ich meine Gehaltszahlung abgehoben und war ein bißchen ans Eingemachte gegangen. Katharina trug eine neue Jeans. Sie war heute ohne die gewöhnlich an den Knien geflickten und mit Aufbügelfiguren kaschierten Löcherjeans mit abgeschabter Sitzfläche. Solche individualistischen Machwerke wurden erst Jahre später modern. An diesem Tag prunkte sie noch in einer selbstausgesuchten Bärenmarkenbluse. Bären mußten sein in dieser Lebensphase. Ohne Bär keine Karotten, kein Spinat, kein Schlaf, nur Gequengel. Ohne Bären an Pullovern, Blusen, Jeans und sogar an dem verhaßten Faltenröckchen im Schottenmuster mit hochmodischer Riesensicherheitsnadel, einem Geschenk vom Fräulein Nachbarin, keine Chance, das Haus zu verlassen. Sogar die Unterwäsche war bärig. Wenn wir eine Ahnung gehabt hätten, daß es sich bereits ein halbes Jahr später ausgebärt haben würde, wären wir nie in diese Tram gestiegen. So war an diesem Tag der nicht mehr ganz sauberzukriegende Plüschteddy dabei. Seine letzte Trambahnfahrt.

Katharina beobachtete interessiert die Blitze und bekam von Axel die Geschichte vom Faradaykäfig in kindgerechter Form erzählt, mit „Es war einmal ein Erfinder" und dem üblichen Happy-End à la Deutsches Museum: Aha, es funktioniert also doch und war im Prinzip ganz einfach! Katharina war Praktikerin und sehr enttäuscht, daß der Trambahn zum Zweck der Blitzabwehr keine Gitterstäbe wuchsen.

Die nächste Geschichte klang schon eher nach echtem

Märchen. Axel beschrieb phantasievoll seine Großmutter im Zustand des Zubettgehens mit Nachthäubchen und Rüschenhemd wie Rotkäppchens Ahnin, inklusive Nachttopf. Aber diese Großmutter goß sich eine Portion Melissengeist ein und nahm dann ihre gesamten Zähne heraus, legte sie in ein Wasserglas und fügte eine Brausetablette hinzu. Klar, damit die Zähne über Nacht etwas zu trinken hatten. Die Sache mit dem Melissengeist mußte erst geklärt werden. Nein, es handle sich nicht um spezielle Geister. Katharina begann, in aller Öffentlichkeit mein Gebiß zu inspizieren mit der Fragestellung, wann es denn endlich bei mir soweit sei und wie wohl die Brausetabletten schmeckten und ob das Glas morgens leer dort stünde. Es wurde eine recht lustige Fahrt, und auch die anderen Fahrgäste amüsierten sich.

Es folgte die Story von einem Opa, der mit Axels Opa befreundet war aus einer Zeit, die man Krieg nannte („Mami, was ist das, Krieg?"!). Dieser Opa stellte sämtliche Käfigblitzableitertrambahnen und Kukident trinkende Omagebisse in den Schatten. Der Opa konnte nämlich sein linkes Bein abschnallen. Nein, er legte es nachts nicht in die Badewanne, er stellte es neben das Bett, damit er morgens gleich hineinsteigen konnte, ohne dieses Bein konnte der Opa nicht gehen, nur hüpfen, und das tun Opas nicht, viel zu alt für so was. Nein, nachts lief das Bein auch nicht allein herum und ging an den Kühlschrank wie Katharina, um Salami zu naschen. Es war aus Holz und Plastik, eine Prothese eben.

Kurz vor der Endstation durchfuhren wir einen Tunnel, gerade zu dem Zeitpunkt, als ein großnasiger Kontrolleur auftauchte, dessen Züge in der orangefarbenen Innenbeleuchtung des Wagens ein etwas herbes Profil hatten. Das inspirierte Axel zu der Kurzgeschichte eigener Produktion vom Zwerg Nase, dessen Riechkolben zwar nicht bei Bedarf abzumontieren war, doch je nach Grad des Wahrheitsindex wie ein Lügendetektor in die Länge wuchs und dann wieder eingefahren werden konnte. Irgendwie war die arabische

Zaubernase auf den italienischen Pinocchio transferiert worden, was aber dem Interesse keinen Abbruch tat.

Im Geschichtenerzählen war Axel große Klasse, das hatte ich schon bemerkt, diesen Phantasiereichtum aber bis dahin positiv empfunden. Später erlebte ich ihn dann in der Realität, wenn es darum ging, den Verbleib von Haushaltsgeld zu vertuschen oder gewisse Flascheninhalte zu klären. Damals in der Tram wußte ich noch nicht, daß er von Kindheit an log, und zwar in einem Maße, das schon pathologisch war. Wahrscheinlich wollte er dadurch auf sich aufmerksam machen. Von seinen wohlanständigen Eltern war auch später über ihre Beziehung zum Sohn nichts zu erfahren. Seine einzige Schwester schilderte die Familiensituation als kalt. Die Eltern waren unfähig, Liebe zu zeigen außer durch Geschenke, unfähig auch, persönliche Probleme der Kinder zu erörtern, nach Lösungen zu suchen, geschweige denn von selbst Hilfe anzubieten. „Alles wurde vom Tisch gewischt, nicht mehr darüber gesprochen, jeder zog sich in seine Ecke zurück oder ging seinen Beschäftigungen nach. Ich hatte meine Freundinnen, Axel seine Clique." Wenn er nicht die Schule schwänzte, versammelte er einen Hofstaat von „Freunden" um sich, bei denen er durch sein Geschichtenerzählen Anerkennung fand. Er unterhielt sie durch seine Fabulierkunst, und sie unterhielten ihn, was klein-pekuniäre Dinge betraf, vorzugsweise mit dem bekannten Geld „ausleihen" auf Nimmerwiedersehen. Aber beim Hören der phantasievollen Erzählungen beruhigten sich die Verlierergemüter schnell, und alles blieb beim alten. Als ich Axel kennenlernte, blickte er bereits auf eine jahrelange Erfahrung zurück und war dabei, sich zu vervollkommnen.

Als wir damals aus der Tram ausstiegen, waren wir buchstäblich wie vom Donner gerührt. In der Nähe schlug ein Blitz ein. Der Himmel hatte sich schnell verdunkelt. Wir hatten es, abgelenkt durch das Geschichtenerzählen, gar nicht bemerkt. Der „Fahrrad"-Käfig hatte Verspätung gehabt, bereits gewendet und war gleich weitergefahren, bot also keinen Schutz zum Unterstellen. Es goß in Strömen. Innerhalb von Sekunden waren wir total durchnäßt. Die Klamotten schlabberten im Wind, die Ledersandalen sogen die Feuchtigkeit auf, die Frisur war im Eimer. Als der Donner loslegte, fiel Katharina vor Schreck der mit Mühe gewaschene Teddy aus der Hand und landete mit einem lauten „Bäääh" im Rinnstein. Sie bückte sich danach. Axel wollte das Spielzeug gleichzeitig aufheben. Man hörte das Kopf-an-Kopf-Rennen, ein lautes „Aua" beiderseits und einen Platsch, der den Hosenboden der Juniorjeans einweihte. So demoliert, machten wir uns auf den Weg, ohne Schirm und frierend, zu Großmütterchens kleinem Häuschen. Der feine Besuch war total den Bach runtergegangen. Ein Tip von oben, die Hände wegzulassen von diesem Blender?

Ein Omen?

Tatsächlich gab es, mystische Zahl, auch noch einen Sturm III. Er tobte exakt zwei Wochen, bevor wir heirateten. Es war an jenem Tag, als Axel in meine Wohnung zog. Ich hatte ein Zwei-Zimmer-Appartement am Rand von Schwabing, im Parterre eines Hochhauskomplexes von nur fünf gleichartig gebauten Betonsilos à zwölf Stockwerken mit dazugehöriger Grünanlage, einem Spielplatz, einem Einkaufszentrum, einer Bowlingbahn, einem Arzt und einem Zahnarzt. Vor der Terrasse gab es ein Stück Wiese, die selbstverständlich nicht betreten werden durfte, ein bißchen Gebüsch, in dem nachts die Spanner wichsten. Im fünften Stock war ein „Beauty-Studio", in dem man nicht nur massiert werden konnte. Irgendwo im achten gingen offensichtliche Männer hinein und kamen als Ladies heraus, und es war ganz bestimmt kein Kosmetiksalon. Meine Nachbarn zur Linken: ein Paar, das ein halbes Jahr vorher ein spastisch gelähmtes Baby bekommen hatte. Zur Rechten wohnte Frau Szabo, eine Madame mit herrlichem ungarischem Akzent, ketten- und armreifbehängt, spitznagelig und beringt die Karten legend und mit Camel-Stimme Verwünschungen über ihre stilecht zum Ambiente passende schwarze Katze ausstoßend. Gegenüber im Penthouse wohnte Peggy March, die ich eines Tages ohne Schminke im Supermarkt sah, aber nicht erkannte, bis mich die Kassenfrau darauf aufmerksam machte. Es war keine illustre, aber eine bunt zusammengewürfelte Gesellschaft. Es gefiel mir ausnehmend gut, und Nachbarschaftsstreit war unbekannt. Sogar die Herren-Damen hielten einem die Eingangstür auf und die Beauties halfen bei den zwei Stufen den Kinderwagen anheben. Mein Gehalt als Sekretärin in der Universitätsklinik war nicht hoch, aber ausreichend für den Lebensunterhalt in dieser Gegend. Damals waren die Mieten noch erschwinglich. 450,– DM fand ich als Mietpreis akzeptabel für eine mit Teppichboden und Fußbodenheizung, Einbauküche und Wandschrank ausgestattete Zwei-Zimmer-Wohnung in guter Verkehrslage. Hätte mir damals jemand gesagt, daß ich vier Monate später würde ausziehen müssen, ich hätte es einfach nicht geglaubt.

Axel hatte bis zu diesem Zeitpunkt bei seinen Eltern gewohnt. Sein Vater hatte für ihn einen Teil des Kellers zu einer Kleinwohnung ausgebaut, sogar mit eigenem Bad und Dusche. Ich fand es recht gemütlich dort unten. Als ich Axel kennenlernte, hauste er mit einer hennagefärbten Angie zusammen, die nicht ganz freiwillig das Feld räumte. Aber zum Wohnen für drei Personen war die Wohnung zu klein. Außerdem hätte ich niemals zusammen mit seinen Eltern und der Oma leben wollen. Sie machten zwar alle einen guten Eindruck auf mich, würden meine Anwesenheit und die meiner Tochter aber nur dulden. Ich wollte aber nicht geduldet werden, sondern mein Leben ohne Verwandtschaft führen. Aus diesem Grunde hatte ich auch mein Elternhaus verlassen. Meine Selbständigkeit schien mir durch ein Papier vom Standesbeamten nicht gefährdet, da im Prinzip alles beim alten bleiben sollte bis auf die eher positive Veränderung, daß Axel für die Dauer seiner „Arbeitslosigkeit" den Haushalt erledigen würde. Er konnte sehr gut kochen – wenn er Lust dazu hatte. Ich würde auf jeden Fall meinen guten Job behalten, in dem ich gerne arbeitete. Als Axel bei mir einzog, betrachtete ich diese Aktion durchaus nicht als seinen Wechsel von den elterlichen Fleischtöpfen zu einer neuen Versorgungsinstitution. Ich empfand mich nicht als die Melkkuh, zu der ich auserkoren war. Damals war ich ziemlich naiv. Aber Liebe macht blind.

Als ich Axel kennenlernte, besaß er nur ein paar Kleidungsstücke, Bücher, Andenken und eine Pfeifensammlung, ein Erbstück. Alles paßte in zwei Reisetaschen wie für jemanden, der in Urlaub fährt. Und tatsächlich habe ich in den folgenden Jahren der Ehe öfters umziehen müssen, als mir lieb war, und manchmal all meine wieder aufgestockte Habe eingebüßt. Im nachhinein kann ich sagen, daß es gut war, nur wenige Sachen zu besitzen. Fotokamera, Bügeleisen, Toaster, Plattenspieler nahmen im Laufe der Zeit ohne mein Wissen ihren Weg ins Leihhaus, bis ich den ersten Pfandzettel in einer Jackettasche fand. Dann war Omas Silberbesteck dran, und bei Axels Bekannten fehlten nach seinen Besuchen gewisse Gegenstände.

An diesem bewußten Abend, als ich vom Dienst heimkam, hatte er sich also einquartiert. Erstmals hingen Männerklamotten in meinem Kleiderschrank, lagen ungeputzte Schuhe vor dem Regal, waren angeschmutzte Bücher von Jack London und billige Taschenkrimis frivol neben meine Tucholsky-Sammlung plaziert worden. Eine Onkel- oder Tanten-Andenken-Kitschkuckucksuhr tickte in der Küche neben meinem Simplicissimus-Beißhund-Poster, und das Uschi-Obermaier-Plakat im Bad war verunstaltet durch eine darüberhängende Rückenkratzbürste. Eine angequetschte Tube Zahnpasta und eine ausgefranste Zahnbürste lockerten das wohlgeordnete Sortiment auf der Konsole über dem Waschbecken auf, und eine zweifellos benutzte Bürste kündete von Haarausfall bei Herr und Hund. Das Wohnzimmer war tabakverqualmt. Der verursachende Raucher saß auf Kissen und sah fern. Auf dem Flokati lümmelte der Hund, der mich drohend anknurrte, die Haare hochgesträubt. Der Hund war von mir von vornherein als Lebensgefährte akzeptiert worden. Eine Schäferhundmischung, bereits krebsoperiert. Tessie würde nicht mehr lange leben. So lange sollte sie es gut haben, keine Frage. Aber von Vorherrschaft in diesem Hause war nicht die Rede gewesen. Und es gab noch mehr Probleme. Da im Hause viele Hunde gehalten wurden, war ich davon ausgegangen, daß dies generell erlaubt sei. Der Wohnungseigentümer war anderer Meinung, ebenso wie sein Mietvertrag. Drei Monate später mußte ich ausziehen. An jenem Tag wäre das eine absurde Vorstellung für mich gewesen. Aber da war das Omen: Das Gewitter legte los, kurz bevor ich den Eingang erreicht hatte. Ein gewaltiger Donnerschlag dröhnte mir hinterher bis zur Wohnungstür. Dahinter lauerte der Hund. Der Mann saß im Trockenen und trank. Ich stand draußen vor der Tür, während dieser Herr sich ein feines Leben machte. Eine letzte Warnung, bevor es zu spät war?

Wir heirateten an einem 25. September. Und ein 25. September war auch Axels Todestag, fünfzehn Jahre später. Zwischen dem jungen bärtigen Mann mit der sportlichen Figur und der im Sommer beneidenswert sonnengebräunten Haut und dem – leider nur durch Alkohol beflügelten – unermeßlich scheinenden Schatz an Phantasie, Ausreden, Überredungskunsten und dem am Ende geistig verwirrten, körperlich verfallenen Individuum hätte ein Außenstehender keinerlei Ähnlichkeit feststellen können. Eine langjährige und langwierige Metamorphose hatte stattgefunden bis hin zur Regression: statt Weiterentwicklung, statt Ausbau der geistigen Fähigkeiten deren Abbau bis auf die Grundfunktionen, statt persönlicher Evolution vom Einfachen zum Komplizierten die rückläufige Entwicklung, statt Aufbau Zerstörung, Zerfall der Persönlichkeit und des Körpers bis zu den Ursprüngen des Primitivstoffwechsels, schließlich dem Tod. Und es bewahrheitete sich auch der Satz, den er sagte, als wir uns zum erstenmal persönlich gegenüberstanden. Er stellte sich als „der Verrückte von gestern abend" vor.

Direkte Ursache für die größte Wende in meinem Leben, die aus einer bis dahin zufriedenen, zeitweise sogar glücklichen und selten deprimierten jungen Frau ein aggressives Nervenbündel machte und die mich letztendlich ebenfalls zur Alkoholikerin werden ließ, war eine Sendung des Bayerischen Rundfunks. Sie lief an einem Samstagabend. Der Sprecher hatte seinen ersten „Kuppelabend" angekündigt und eine Telefonnummer durchgegeben, die alle diejenigen anrufen sollten, die sich in diesen Stunden einsam fühlten. Nein, Rat und Hilfe würden nicht angeboten, dafür gäbe es die Organisationen des Staates und der Kirchen. Kein Diplom-Psychologe würde wissenschaftlichen Nonsens ablassen, vielmehr sei an Musik und Spaß gedacht. Die Anrufer hätten nur ihre Vornamen und die Telefonnummer anzugeben, unter der sie gerade zu erreichen waren. Dann würde sie schon jemand anrufen, mit dem sie sich unterhalten könnten, wie auch immer – lauter Menschen, die Unterhaltung suchten, brauchten und finden würden. Eine gute Idee. Ich beschloß, einen Versuch zu wagen. An jenem Abend fühlte ich mich ebenfalls allein und hatte das Bedürfnis, mit jemandem zu reden. Das Kind schlief. Das Fernsehprogramm, damals nur mit der Auswahl zwischen ARD, ZDF und dem lokalen dritten Programm, gefiel mir nicht. Ich hatte abgeschaltet und nach einem Buch gesucht, das ich noch nicht gelesen hatte. Normalerweise war immer etwas zu lesen im Hause. Aber ausgerechnet an diesem Vortag hatte ich die Bücher nicht in der Stadtbücherei umgetauscht gegen neuen Lesestoff. Meine Freundin war ausgegangen, die nette Kliniksbibliothekarin um diese Uhrzeit sicher nicht mehr zu erreichen. Heidi vom Finanzamt machte mit ihrem Schuftl Urlaub auf Sylt, Sylvia und Franzl packten gerade ihre Sachen auf Sparraum, um mit ihrer Isetta wieder nach Griechenland zu ihrer Tante Bertl zu düsen. Die beiden trauten sich was, beneidenswert. Bei mir war tote Hose, nicht nur am Telefon. Auswärtsgespräche würden meinen Etat überfordern. Blieb also der Bayerische Rundfunk. Ich kam tatsächlich durch, zum erstenmal in meinem Leben und leider genau zum falschen Augenblick. Mein Name und meine Telefonnummer wurden in die Liste aufgenommen, vorgelesen, und ich hatte den ganzen Abend tolle Unterhaltungen, sogar mit einer Oma gleichen Namens, die ich später sogar persönlich kennenlernte. Lauter nette Leute riefen an. Sexgeflüster war damals noch nicht „in", und darum ging es mir auch nicht. Um zwei Uhr machte ich den Telefonladen dicht. Ungehörigerweise legte ich den Hörer neben das Telefon und blockierte die Leitung durch Anwählen der ersten paar Nummern irgendeines Anschlusses. Nicht lange, nur zur Abschreckung. Gegen halb drei war ich immer noch wach, machte mir im Küchenschlauch ein kleines Nachtmahl. Es hatte schon eine geraume Weile gedonnert. Ich zog die Jalousien ein Stück hoch und sah die Blitze um den Fernsehturm zucken. Den Hörer hatte ich inzwischen wieder aufgelegt. Als ich genußvoll in eine Scheibe Brot mit fromage ail et fines herbes biß, vom Sonntagsknoblauch nachgelegt hatte und vom Knaddeldaddel-Appelwoi einschenkte, um den Sonntag zu beginnen, begann es zu donnern. Gleichzeitig läutete das verdammte Telefon. Ich überlegte, ob ich abheben sollte oder nicht. Die Neugier siegte. Das Gewitter legte los, ich hob ab. Es war der Verrückte. Was der Sturm während des Telefonats anstellte: siehe Chaos Nr. 1 auf der Terrasse.

Der Verrückte hatte eine faszinierende Stimme am Telefon. Sie war männlich und doch soft, genau das richtige Timbre, das mich anmachte. Sogar durch die Leitung strahlte der Mann einen gewissen Charme aus. Kein Sonnyboy, irgendwie ernsthafter. Einen wohlgeübten Charme, wie ich später erfuhr. In diesem Moment gefiel er mir ausnehmend gut. Diesen Mann wollte ich kennenlernen. Er war lustig, aber nicht witzig. Man konnte sich mit ihm über vielerlei Themen unterhalten. Er erwähnte kein Wort von Fußball und Vereinsmeierei. Er liebte seine Oma und seinen Hund. Seine Eltern seien verreist, er habe eine eigene Wohnung im Haus. Das sei sehr bequem, gab er zu. Auch in seinem Alter. Er gab sich als 29jähriger aus. Kein Muttersöhnchen, weitgereist, Frankreich, England, na ja. Er konnte sich gewählt ausdrücken, aber er sprach so, daß es nicht arrogant klang. Er wußte Originelles zu berichten über Freunde, Familie, Erlebnisse im Norden und Süden Europas. Es klang alles glaubwürdig. Ein Naivling wie ich mußte – trotz eines vorherigen Reinfalles – anbeißen. Später, als ich all diese Stories zum wiederholten Male gehört und teilweise der feisten Lüge überführt hatte, nachdem ich bis zum Übelwerden immer wieder diese alten Kamellen anhören mußte, dieselben Späße, die in Witzchen ausarteten, später dann in Ferkeleien, als ich das immer wiederkehrende Repertoire an Platitüden nicht mehr ausstehen konnte, begriff ich dieses unselige Gespräch in der Sonntagsnacht als den Anfang eines Alptraumes, den Anfang vom Ende. Er war wirklich ein larvierter Verrückter, bereits auf dem Weg nach unten. Er hatte mich dumme Nuß eingefangen, und ich spürte die Fesseln noch nicht. Später, als das weiche Timbre einer härteren Nuance Platz gemacht hatte und in den ersten Alkoholexzessen in unverständliches Gefasel überging, als der herbe und herrische Wortschatz überhandnahm, fielen mir oft die Worte seiner persönlichen Vorstellung, noch am Nachmittag desselben Sonntags, ein. Ich hatte sie damals nicht ernst genommen. Er hatte es tatsächlich gesagt: „Ich bin der Verrückte von gestern abend." Und selbst das fand ich originell.

Damals, als ich ihn in Rom in den Zug setzte, wußte ich endgültig, daß er recht gehabt hatte. Er hatte sich erkannt, es zugegeben, aber seinen inneren Psychokrieg verloren. Und als ich ihn zwei Wochen später als numerierten Leichnam wiedersah, von einem weißbekittelten und sterilbehandschuhten Wärter der *Camera Mortuaria* des Ospedale Maggiore in Bologna aus einem Kühlfach gezogen, kam mir zu Bewußtsein, daß ich wieder allein war und diese Chance besser nutzen sollte als zuvor. Ich hatte viel verlieren müssen, um zu mir selber zu finden. Das, so fand ich, war jetzt für mich die Hauptsache. Dieser *cadavere* ging mich nichts mehr an. Es war Sache seiner Eltern, ihn zu begraben, zu verbrennen, ihn irgendwie zu entsorgen. Sie hatten mich blind in die Falle gehen lassen, mir meine Kinder genommen, dem Herrn Sohn den Schutz ihres Hauses angeboten und mich auf der Straße stehen lassen, eiskalt.

Eiskalt, tiefgefroren war er jetzt vor mir, weißfarben, bald madig, mit gefrorenem Leichengift in den Adern. Nicht mit drei Paar Handschuhen hätte ich ihn anfassen mögen, den Gefährten so vieler glücklicher Liebesnächte und so vieler unterhaltsamer Stunden, den Verursacher von soviel tränenreichen Stunden verzweifelten Wartens, wütender Anklagen – und Scham. In diesem gefliesten kalten Sarkophag unter der Erde konnte ich nicht einmal neutrale Gefühle aufbringen.

Auch in mir war es kalt, eiskalt. Ich hatte ihn noch einmal sehen wollen. Ich wollte mich davon überzeugen, daß er wirklich tot war.

Nach den Pennerjahren im Schmuddelmilieu war er zum ersten Mal wieder sauber geschrubbt. Die Schrubber und Schrubberinnen hatten sicher viel Arbeit mit ihm gehabt. Sie hatten seine Haare gewaschen und sorgfältig gebürstet. Er hatte sehr schöne Haare, wenn sie nicht verfilzt waren. Sein Bart war wieder wie fünfzehn Jahre vorher gepflegt gestutzt und in akzeptabler Länge. Vorher hatte er greisenhaft damit ausgesehen, verzottelt. Man hatte seine eingefallenen Wangen ausgestopft und den Mund sorgfältig verschlossen. Er sah richtig sympathisch aus, und so tot. In ein blütenweißes Leintuch war er gehüllt, die steifen Finger mit den endlich sauberen und gestutzten Nägeln über dem Leib verschränkt. Er sah fast seinem Alter entsprechend aus. Ein bißchen Schminke, und er könnte in einem Schneewittchensarg ausgestellt werden und San Gabriele Konkurrenz machen, einem aufgedonnerten Heiligen im Glassarkophag einer Wallfahrtskirche, in die man mich einmal mitgeschleppt hatte: Knochen in Gipsfigur mit Brillis und Wachsblumen garniert. Bevor der Zynismus überhandnahm, überlegte ich mir, ob ich mit meiner Pocketkamera ein Abschiedsfoto schießen sollte. Nicht für mich, sondern für den Herrn Papa und die Frau Mama, zum Ausstellen in der Familienvitrine zum Opa, dem gefallenen

Helden des Zweiten Weltkrieges, der Krebstante und einer runzligen, gesund aussehenden Ahnin. Ein Ehrenplatz auch für den Herrn Sohn. Seine Eltern würden ihn sicher nicht mehr sehen, und er sah gerade wieder gut aus, echt fotogen. Nach der Überführung würde der Sarg sicher nicht mehr geöffnet. Die Fahrt über den Brenner war lang, dazu die Zollformalitäten. Und in Italien war es noch warm. Ich hatte den Nachmittagszug von Rom genommen und in einem Oleandergebüsch auf Krankenhausgebiet übernachtet und war von der Morgensonne geweckt worden, dann vom Gärtner entdeckt, der mir freundlich die Personalkantine zeigte. Den Totenschein hatte ich auch besorgt. So ausgestattet und gesättigt, konnte ich dem Toten entgegentreten.

Ich ließ es lieber mit dem Foto und fragte den Wärter nach dem Ausgang aus diesen kalten Hallen. Er schob die Schublade wieder zu. Ein Mann im Streß. Er hatte gerade Nachschub bekommen und war etwas ungehalten. Ich war für ihn das richtige Opfer, um seinen Frust abzulassen. Dieser Deutsche hier blockiere schon seit acht Tagen den bequemen Platz. Wann der denn nun endlich abgeholt würde? Noch zwei Tage, dann bestelle er den Gabelstapler und würde ihn in eines der oberen Fächer verfrachten. Für Langzeitaufbewahrung sozusagen, da könne er dann bleiben bis zum Jüngsten Tag oder auch nicht. Unsinn, solche Lager so hoch zu bauen. Diese Kühlfächer seien doch kein Depot. Um den Betrieb aufrechtzuerhalten, brauche er die bequem zu erreichenden unteren Fächer. Überhaupt, zwei bis drei Tage in der Kühlung müßten doch wohl ausreichen zum Organisieren. Das koste doch bloß für jeden Tag mehr. Es sei ja nicht sein Geld, aber sein Arbeitsplatz. Und jetzt noch zwei andere, was da wieder los gewesen sei in der Nacht, diese Diskofatzken natürlich, achtzehn Jahre alt, neues Auto vom Papa, und jetzt müßten ihn die Kollegen so zusammenbauen, daß man ihn vorzeigen könne. Und dieser *Giovane* hier, der junge Tedesco, nix wie saufen und saufen und dann total versaut abkratzen! Aus dem Zug von Rom hätten sie ihn geholt, die Kollegen vom Sozialdienst. Da sei

er schon fast hingewesen. Blut gespuckt und so, ganz gelb
natürlich. Das Gelb sei jetzt weg, weil das Blut sich unten
versammelt hätte. Der Pathologie-Pinto sei ganz wild auf
die Leber gewesen. Aber der Vater von dem da hätte anrufen
lassen, sie sollten ihn komplett aufheben. Er wolle ihn in
Deutschland beerdigen lassen. Jaja, für eine schöne Toten-
feier sei den Leuten nichts teuer genug ... Der Mann sprach
aus tiefster Arbeiterseele. Er regte sich richtig auf. Neulich
habe er einen Sizilianer holen müssen, begann er einen
neuen Rapport. Ich verabschiedete mich, ohne seine Mafia-
Story anhören zu müssen. Dann stand ich endlich in Bolo-
gnas Stadtmief und wollte nur noch weg, zurück nach Rom,
wo ich mir inzwischen ein Zimmer in einem *albergo* leisten konnte.

Unterwegs im Zug fing ich ein neues Tagebuch an. Ich
hatte mir unterwegs ein Schulheft gekauft. Auf das Titel-
blatt schrieb ich: „Zu neuen Ufern – aber nicht wieder
stranden!" Die Flasche Cognac, die ich vorsichtshalber im
Gepäck hatte – gegen eventuelle Aufregungen mit der Leiche –, rührte ich nicht an. Es war die letzte, die ich kaufte.
Mister Cognac war tot, die Cognaczeit vorbei, ein weiteres
Lebenskapitel abgeschlossen.

**Des einen und der anderen Leben**

Ich weiß, diese Beschreibung des Abschieds klingt brutal,
unmenschlich, ohne ein bißchen Mitgefühl. Und wirklich
war während dieser Zeit jedes positive Gefühl bei mir abgeschaltet. Hätte man Verständnis von mir erwartet? Gar
Trauer? Ich gestehe, daß ich froh war, Axel nie mehr wiederzusehen. Ich wollte nur diesen letzten, friedlichen Anblick im Gedächtnis behalten und die Erinnerungen lö-
schen, verdrängen. Sie vergessen zu können wäre schön gewesen. Aber Vergessen braucht Zeit, und manche Ereignisse vergißt man nie. So kurz nach dem Besuch der Leiche
fühlte ich mich wie befreit. Ich empfand das vorherige Le-

ben wie eine Geschichte aus uralter Zeit, meiner Vor-Zeit. Es begann die Jetzt-Zeit, ein neuer Lebensabschnitt: *Meine Zeit*. Alles sollte besser werden. Und verblüffenderweise wurde es das auch.

Ich begann mit Kleinigkeiten. Zunächst wurde gründlich aufgeräumt. In meiner neuen Lebensphase hatten Andenken keinen Platz mehr. Die Cognac-Flasche fand ich zu schade zum Vernichten. Es war eine dieser stilvollen, dreieckigen, teuren gestylten Angeber-Botteln, die mit einem Caesar oder sonst einem ehrenhaften alten Römer auf dem runden Etikett. Ich schenkte sie alten Kumpels, die in Papa Bassettis Bar standen und fachsimpelten. Wir wechselten das Revier zum P 500, der Piazza Cinquecento gegenüber dem Bahnhof Termini. Sie tranken auf den Exitus, wie wir früher „auf die toten Maler" getrunken hatten. In stetem Angedenken an die alkoholinspirierten Genies wurde die Neige jeder ausgetrunkenen Flasche entweder draußen auf den Boden gekippt oder in memoriam in einem Glas gesammelt. Das ergab ein Gemisch wie das „Old-Tennis-shoe"-Gesöff aus der Cannery Row. Wilde Zeiten! Von diesem Zeitpunkt an gab es nur noch leichten Wein für mich, und das in Maßen. Von heute auf morgen trockenlegen wollte ich mich nicht. Es hätte auch sicherlich nicht geklappt. Den Frust konnte ich mir gleich sparen.

Der Schwiegervater hatte kommentarlos 300,– DM geschickt, per Post, ohne Verwendungszweck. Falls es ein Akt der Wiedergutmachung sein sollte, so war die Geste sehr schwach. Es gab nichts, was wiedergutzumachen war. Meine Verluste waren unersetzlich. Falls er damit rechnete, daß ich zu Axels Beerdigung erscheinen würde, so hatte er sich gründlich getäuscht. Dafür war mir das Geld zu schade, um Weihrauchwolken zu riechen, zu sehen, wie ein Sarg in eine Grube versenkt wurde, salbungsvolle Reden zu hören. Und sicherlich wären auch ein paar Vatertränen gekullert: Er, der immer das Beste für seinen Sohn gewollt hatte, stand nun an dessen frühem Grab. Es hätte einen Eklat noch auf dem Friedhof gegeben, weil ich in der Öffentlichkeit die Ursachen des Alkoholismus des nunmehr Verblichenen geklärt haben wollte. Aber die Zeit war noch nicht reif für die große Abrechnung. Falls das Geld aber eine Art Sondervergütung für Spesen sein sollte, so kam es sehr gelegen. Ich kaufte zum erstenmal seit Jahren in einem Textilgeschäft ein, erwarb neue Jeans, einen hübschen Winterpullover, Stiefel im Kaufhaus, einen Walkman und eine Beatles-Kassette. Ich nahm einen Karton mit auf das Zimmer in dem *albergo*, das mich etwa 15,– DM pro Tag kostete und auch für sparsame Bettlerinnen erschwinglich war, und packte alle alten Klamotten hinein. Zuunterst legte ich die noch verbliebenen Andenken an gemeinsame Zeiten: ein paar Fotos aus dem Süden, von Adventstagen in Tarent mit Planeten-Elli in der alten Klosterruine, im Hintergrund meine vorweihnachtliche Dekoration aus Zigarettenkippensternen in Stanniolpapier, auf den Straßen gefundenem Lametta und bunten Schleifchen an einem durch den Riß in der Wand in den Raum hineinragenden Feigenbaumast, der noch Blätter trug, von den Bulli-Boys aus Catania unter dem lächerlichen Glockenspiel am Dom, vor der Hannibal-Statue und auf einem Bronzestiefel von Garibaldi, was uns einen Verweis der Ortspolizei brachte. Da war das Seepferdchen, das ich im Golf von Salerno gefischt hatte beim Schwimmen im schmutzigen Meer, Ferdls Wallfahrtsführer mit Tariftabelle und Spitznamen gewisser Mönche. Kein Objekt der Erinnerung sollte in meiner Umgebung verbleiben, kein ausgefallenes Haar, keine Hautschuppe, kein Fingerabdruck. Ich brachte alles zum Müllcontainer. Aber frühmorgens sah ich vom Fenster aus der Müllabfuhr zu. Dann ging ich zum Konsulat und besorgte mir einen neuen Paß, ausgestellt auf meinen Mädchennamen. Es war jetzt auch offiziell mein Leben.

Und doch blieb es verbunden mit dem seinen, wenn auch nur in Gedanken. Ich war zwar jetzt auf mich gestellt, fühlte mich aber sicher genug, es allein zu schaffen. Inzwischen beherrschte ich mein „Fachwissen" besser, als Axel es je gekonnt hatte. Er war auch auf der Straße von mir abhängig gewesen, sei es, daß es galt, einen Spruch bei einer Kirche loszulassen, einen Schlafplatz zu organisieren, einen Sitzungsplatz zu verteidigen. Ich hatte nicht zuletzt deshalb eine gewisse Begabung entwickelt im Ausspionieren und Beschwatzen, Essen besorgen, Italienisch zu sprechen und zu verstehen. Ich war firm auf dem Public-Relations-Sektor, der sehr diffizil sein kann, und beherrschte die gesamte Palette der Armutsdemonstration vom frivolen Vagabunden-Look im rasant zerfransten Karohemd bis zum Mutter-Teresa-genehmen Outfit. Ich fühlte mich stark. Und doch waren da die Erinnerungen, die manchmal zwanghaften Charakter annahmen, sich nicht durch Ablenkung ausschalten ließen. Es waren Kurz-Memories: Letztes Mal saßen wir zu zweit vor dieser Kirche, wir hatten uns abgewechselt. Während der eine auf den Stufen saß und auf Almosen wartete, machte der andere unter der alten Akazie Rast. Die Akazie blühte. Hinter der Akazie wohnte eine alte Frau, die alle streunenden Katzen der Umgebung fütterte. Einmal schenkte sie mir drei Liter Milch und eine Tüte Brötchen. Wenn ich zur Piazza Bologna fuhr, dachte ich an das kleine Geschäft, in dem ich erstmals in Italien Maggi-Würze entdeckt hatte. Wir hatten in allen Supermärkten geforscht, aber dieser kleine Laden hatte den würzigen Traum, leider nur in Halbliterflaschen, so daß wir eine komplizierte Verschlußkappe erfinden und wochenlang jeden Tag Maggibrühe essen mußten, bis schließlich doch der Rest auf die Unterwäsche ausgekippt war und die Duftspur Hunde anzog. Meist waren es, wie ich erstaunt registrierte, positive Erinnerungen. Das galt jedoch nicht für Erinnerungen an die Vor-Bettler-Zeit, das triste und aufreibende Leben in immer neuen Wohnungen mit immer anderen Ärgernissen und immer demselben Suff. Ich wollte auch nichts mehr von den schönen Zeiten wissen. Es waren seltene Tage gewesen, an die zu denken erst später Zeit war, wenn Ereignisse sich im Laufe der Jahre verklären. Vielleicht war es eine besondere Art des Selbstschutzes, erst einmal das Negative hervorzukehren zum Aufbau der eigenen Person. Ich hielt es auch für höchst unpassend, im einsamen Hotelbett an zärtliche Stunden zurückzudenken am Anfang unserer Ehe, an den liebevollen Liebhaber mit der erotischen Phantasie, an den Überraschungsblumenstrauß (auf meine eigenen Kosten natürlich), an Festgelage mit seinen Freunden, die er als Hobbykoch bewirtete (und dabei mein Haushaltsgeld für ein exzellentes Roastbeef ausgab, das die jungen Süffel gar nicht zu würdigen wußten, die besser mit ein paar Hamburgern abgespeist worden wären). Manchmal dachte ich beim Einlöffeln der Suppenkücheneintöpfe an die köstliche Sauce hollandaise, die Forelle blau und die Jägerschnitzel, das Cordonbleu mit Broccoli. Man fand tatsächlich manchmal ein halbes Stückchen Broccoli in der Einheitsbrühe – ein Grund mehr, sich zu ärgern. An die Kinder wollte ich schon gar nicht erinnert werden, das Thema hatte ich inzwischen nach außen hin gut im Griff. Aber manchmal mußte ich doch einen Supermarkt verlassen, wenn ich eine Mutter mit drei blonden Töchtern sah, die etwa im Alter meiner Töchter sein mochten. Solche Erinnerungsspots wollte ich nicht zulassen. Dann lieber die Imagination des ungewaschenen, verschwitzten Körpers im Morgendusel inmitten seiner schmuddeligen Bettwäsche, besudelt von Jägermeisterflecken und Essensresten, in der er tagelang hausen konnte.

Das Zusammenleben hatte mich mehr geprägt, als ich vorher angenommen hatte. Vielleicht war es tatsächlich eine Haßliebe, wie mir eine Psychologiestudentin einreden wollte. Vielleicht hatte sie recht. Trotz mehrmaliger Absprungsversuche meinerseits kamen wir immer wieder zusammen. Die Hauptgründe waren aber finanzieller Art: Axel hätte niemals irgendeine Art von Unterhalt gezahlt, zahlen können. Der Start in die Sozialhilfe wäre mir sicher gewesen, dazu noch der Verlust der Wohnung. Und mit drei Kindern ohne Mann eine neue Unterkunft zu erwischen war schon damals sehr schwierig. Das Hinauswerfen aus dem Haus hätte nie gefruchtet. Er kam stets zurück. Reuevoll, bis der alte Trott wieder losging. Ich war fast bis zu seinem Tod bei ihm geblieben. Ich hielt es für meine Verpflichtung. Er war mein Mann. Ich konnte ihn nicht allein lassen in seiner Hilflosigkeit. Ich hätte mir zeitlebens Vorwürfe gemacht. Wir hatten gekämpft mit Worten und Fäusten, getobt, geheult – und uns wieder versöhnt. „Pack schlägt sich, Pack verträgt sich", wie meine alte Mutter zu sagen pflegte. Manchmal hätte ich ihn umbringen können.

Es war eine Zeit der widersprüchlichsten Gefühle. Ich hatte mir nochmals Gedanken darüber gemacht, weshalb wir überhaupt geheiratet hatten. Auch das ein Spiel? Ein Kind war nicht unterwegs. Ohne Trauschein zusammenzuleben, das gab in der damaligen Zeit noch Schwierigkeiten mit Hausbesitzern. Man sah erstmals die Kolle-Reporte, die Studentenrevolten, das alles wurde von den älteren Mitbürgern nicht recht ernst genommen. Sie bestanden auf Verträgen mit verheirateten Paaren, auf Moral, der Hausordnung und der Nichtbeschädigung ihrer Gartenzwerge. Auch das kein Argument: Wir hätten die Zweitwohnung im Keller des Schwiegervaters offiziell behalten können, kostenlos. Vielleicht, so hatte ich oft gedacht, hatte er in mir einen Mutterersatz gesucht. Er war zwar Sohn einer noch lebenden Mutter, aber diese Frau war unfähig zu Emotionen. Es gab in der Kindheit kein Auf-den-Schoß-Nehmen ohne Grund außer zum Familienfoto. Man lebte nebeneinander her, gut versorgt zwar mit dem Notwendigen für den Leib, nicht aber für das psychische Wohlbefinden. In dieser Familie hatte jeder sein Eigenleben, das mit der Gemeinschaft nichts zu tun hatte. Nach außen hin war alles in Ordnung, und das war die Hauptsache. Axel fand einen Teil des Ersehnten bei mir. Aber die Mutter konnte und wollte ich nur sein für meine Tochter, nicht für diesen erwachsenen großen Jungen. Kameradin, Freundin, Geliebte, in gewisser Weise Beschützerin – all das konnte ich sein. Eine Mutter nicht. Er hatte mich gefragt, ob ich seine Frau werden wolle. Ich hatte das nicht recht ernst genommen, ja gesagt. Er hatte es ernst gemeint. Aber den Papierkram für das Standesamt mußte ich erledigen. Er mochte meine Tochter, und sie mochte den Geschichtenerzähler, der immer lustig war. Wir mochten den Hund, und der Hund mochte uns, solange es gutes Fressen gab. Vielleicht ähnelte er darin seinem Herrn. Einer Synthese dieser Gemeinschaft zu einer Familie stand nichts im Wege. Alles war bisher nach wohlgeordneten Bahnen verlaufen. Ich hatte immer alles regeln können, es gab nie ernsthafte Krisen. Katharinas Vater und ich trennten uns einvernehmlich. Er zahlte pünktlich und mehr, als er dem Tarif nach mußte. Dann kam Axel und brachte Chaos in mein Leben.

Axels Alkoholismus schätzte ich beim Kennenlernen und noch längere Zeit danach als nicht so schwerwiegend ein, wie er in Wirklichkeit war. Ich hatte keine Erfahrungen mit Trinkern. Ich hatte nur Erfahrungen mit Studentenfeten, aus Studentenkneipen, Festen im „Wienerwald", beim Heurigen, beim Oktoberfest, beim Salvator auf dem Nockherberg. Mit Betrunkenen hatte ich keine Kontakte. Zwar bemerkte ich, daß seit Axels Einzug immer Bier und Wein im Hause war, trank auch abends das eine oder andere Glas mit. Aber ich hatte meinen Job, der Konzentration forderte, und ansonsten keine Probleme, die einen Schluck zuviel notwendig machten. Axel betrank sich auch nie, nicht bei mir zu Hause. Wo er den legeren Wein aufstockte, entdeckte ich erst später, als ich die Begriffe „Flachmann" und „Flattermann" kennenlernte. Wenn die Herrenschuhe geputzt waren, steckte garantiert ein Fläschchen von Hochprozentigem darin. Hinter den Innentaschen von Cord-Jakketts konnte man nur im losen Futter die flachen Reservoirs entdecken, wenn man gezielt suchte. Eine Reserve-Weinessigflasche im Kühlschrank war ideal, wenn man eine Frau hatte, die Essig verabscheute und ihren Salat mit Zitronensaft anmachte. Ich fand heraus, daß die Verstecke am besten waren, die direkt unter den Augen von Nichtsahnenden offensichtlich herumstanden. Ich lernte viel daraus für meinen späteren eigenen Bedarf.

Eines Tages hatte ich mich bei den Eltern erkundigen wollen, weshalb ihr Sohn bereits als Schuljunge angefangen hatte zu trinken, warum er die Schule geschwänzt hatte, ohne daß dies zu Hause aufgefallen war, warum er sich lieber woanders aufhielt als in seinem Zimmer, bei seinen Eltern und auch nachts nicht nach Hause zu kommen pflegte. Sie blockten ab. Es war unmöglich, ihnen eine Antwort zu entlocken. Ich hakte nach. Sie antworteten mit Ablenkungsmanövern oder Schweigen. Das Elternhaus bot jedenfalls keine Probleme, die erste Phase der Alkoholkrankheit des Jungen zu aktivieren und in Gang zu halten. Der Vater fuhr morgens früh in seine Dienststelle beim Rundfunk. Obwohl nicht mit einem Doktortitel gesegnet und also a priori prädestiniert für eine Laufbahn in höheren Sphären, arbeitete er sich in eine leitende Position hoch. Schließlich hatte er drei Sekretärinnen und eine größere Anzahl von Freundinnen, die er auch daheim vorzustellen und über Nacht dazubehalten pflegte. Der Sohn lernte, noch mehr zu lügen und das Zuhause noch öfters zu meiden. Die Mutter hielt sich beim Nachbarn schadlos. Immer war Alkohol im Haus, ob im Kühlschrank oder in der Eßzimmervitrine – und natürlich im Weinkeller, mit dessen umfangreichem Sortiment der Herr Vater bei Kollegen und Geschäftspartnern an Prestige gewann. Jeden Sommer wurden während des Frankreichurlaubs neue Sorten geordert. Auch der Sohn wurde zum Weinkenner. Zwar war der Raum zu verschließen, doch ein Schloß bot einem jungen, findigen und alkoholgefährdeten Pubertierenden kein unüberwindliches Hindernis. Die alten Tricks mit dem Abfüllen aus Originalflaschen und dem Wiederauffüllen mit Wasser bei nicht trübenden Getränken waren schnell erlernt. Heikler war das Wiederanbringen von Drehverschlüssen in einer Weise, die eine Benutzung nicht erkennen ließ. Es erforderte viel Geschick, einen geruchsfreien farblosen Klebstoff – und Zeit. Auch das Wiederhinstellen angebrochener Flaschen in der vorherigen Reihenfolge und das Sich-Merken dieser Konstellation trotz leicht angetrunkenen Zustandes gehörten zu den Schwierigkeiten des Schnapsdiebes. Dann die Manipulationen am Türschloß nach Beendigung der Aktion, alles immer im Zeitdruck und in der Angst vor dem Überraschtwerden. Zum Schluß mußte die Beute ungesehen in Sicherheit gebracht werden, und der Pegel war anschließend so hoch bzw. niedrig zu halten, daß der kleine Trinker nicht ungewöhnlich auffiel. Für Notfälle stand jedoch ein Platz bereit, um den überraschenden Rausch auszuschlafen. Axel war ein Naturtalent. Der Weg zum Profi war zwar hürdenreich, aber Axel lernte schnell und gut. Und ich später von ihm.

Auch über den eigenen Alkoholkonsum schwiegen sich die Eltern aus. Niemand sah sie je betrunken, aber stets guter Laune. Vielleicht waren auch Glückspillen im Spiel, ich kann das nicht beurteilen. Die Indizien sprechen dafür. Ansonsten war die Familie bekannt für das sonntägliche Sektfrühstück, den obligatorischen Wein zum Mittagessen, den Sherry für die Oma mit ihrem abendlichen Melissengeist, den Abendumtrunk am winterlich warmen Kachelofen oder am offenen Kamin im Garten an Sommerabenden. Der Sohn war, was diese Beziehung zum Alkohol betrug, integriert in die Familie. Das, was er nicht bekam, stahl er. Er meinte nicht den Besitz und den Genuß, sondern die Wirkung des Alkohols, das schwebende Gefühl des Sorglos-Seins. Auch hierin lag vielleicht eines der Motive für das Schaffen einer eigenen Familie: nach erfolgloser Suche nach Geborgenheit das Schaffen eines neuen Nestes.

Später, als Axel Familie hatte und sie nicht ernähren konnte, als der Streit darüber wuchs und die Beziehung auseinanderzubrechen drohte, traten die Eltern als Friedensengel auf. Dann kam die liebe Oma, die gute Fee mit den schönen Geschenken für die lieben Kinder, den Schokoladenüberraschungseiern, der Großpackung Sahneeis, den Süßigkeiten und Knallbonbons. Dann erschien der Großvater, der liebe Opa, getarnt als leicht zu entlarvender Weihnachtsmann, bei dem man sich die gewünschten Weihnachtsgeschenke abholen konnte, sorgsam und in dekorativer Verpackung unter dem Prunk-und-Protz-Christbaum verteilt, beschriftet und verziert: die ersten Rollschuhe, das große Kett-car, das erste Fahrrad. Die Schwiegertochter bekam für das erste Enkelkind die komplette, bisher sorgsam verwahrte Erstlingsausstattung des Vaters mit gebügelten Mull- und Moltonwindeln, gestricktem Nabelband und dem Originalteddy aus Sägespänen mit Schabefellüberzug. Die Schwiegertochter erhielt die ausgediente Waschmaschine, sobald das neue Modell angeschafft worden war. Auch die nicht mehr modischen Bodenbeläge, die alte Schlafcouch und den abgelegten Fellmantel, eine Scheußlichkeit in Persianerschaf. Immerhin siegte die praktische Ader der Schwiegermutter beim Kauf einer Großpackung eines besseren Waschpulvers, die sich die Schwiegertochter vom Haushaltsgeld nicht leisten konnte. Die Liebe zum Sohn blieb auf dem kalten Niveau pekuniärer Zuwendungen, sie beschränkte sich auf Sachspenden. Der Vater, so betonte er stets und immer wieder, wollte nur sein Bestes für ihn. Er meinte: das, was er für das Beste hielt. Das fing bei der Berufswahl an. Der Sohn, ein Pferdenarr, durfte nicht den gewünschten Beruf als Bereiter und später Trainer erlernen. Er war zu Höherem auserkoren. Ein schmutziger Pferdeknecht in der Familie, undenkbar! Der Sohn hatte einen ordentlichen, sogenannten anständigen Beruf zu erlernen. Am liebsten hätte ihn der Vater als Mediziner oder Dentisten gesehen mit einem Summa-cum-laude-Doktortitel. Aber da die Schulnoten nicht reichten und der Sohn die Schule schwänzte und zweimal das Klassenziel nicht erreicht hatte, wurde ein Lehrvertrag mit einem dem Vater bekannten Zahntechniker abgeschlossen. Der Sohn wurde darüber informiert. Zwar stand dieser Beruf im Prestige weiter unten als der eines Dentisten, war aber solide und vor allem geldträchtig. Der Vater dachte an ein eigenes Dental-Labor. Die Kasse würde stimmen. Daß der Sohn keine Neigung zeigte, keramische Feinarbeiten in abgeschlossenen Räumen auszuführen, defekte Gebisse zu reparieren, babyrosafarbene Gummimasse gaumengerecht zu gießen, spielte keine Rolle bei diesen Überlegungen. Der Lehrherr kündigte den Vertrag, weil der Lehrling nicht zur

Arbeit erschien. Der Vater fühlte sich persönlich beleidigt. Sein Stolz hatte gelitten. Und er hatte es doch nur gut gemeint. Er freute sich erst wieder, als der Sohn zum Militär mußte. Endlich würde ihm Zucht und Ordnung beigebracht werden. Er würde das Trinken lassen müssen und lernen, sich ordentlich und anständig zu benehmen. Der Sohn brachte die Grundausbildung hinter sich, feierte in der Clique feuchtfröhlichen Abschied und setzte sich unter Hinterlassen seiner Gefreitenuniform nach Berlin ab. Der Vater hatte einen Deserteur in der Familie. Er zweifelte an der Institution Bundeswehr und dachte an alte Zeiten und seine Soldatenabenteuer in Norwegen. Der Sohn kam, pleite wie immer, zur Oma zu Besuch. Auch Oma half stets. Oma lebte im Anbau des Hauses hinter den Garagen, hatte ihr eigenes Reich und außer Melissengeist ein Faible für den kühlen Klaren aus dem Norden. Oma beherbergte den Deserteur. Dem wurde es zu langweilig im freiwilligen Gefängnis. Er wollte Abwechslung, alte Freunde besuchen. Der Vater sah ihn, ließ ihn gehen. Nachts holten Feldjäger den Sohn aus dem Rausch. Der Vater hatte wieder sein Bestes gewollt.

Später, als abzusehen war, daß der Sohn beruflich nie Fuß fassen würde, als viele Versuche gescheitert waren, ihm bei bekannten Firmen einen Arbeitsplatz zu verschaffen, verschob sich die Ebene des Das-Beste-Wollens. Eine selbständige Tätigkeit sollte es sein, ein Geschäft, zu dem man keine Vorbildung brauchte. Der Vater hatte viele Ideen und finanzierte sie auch. Dem Sohn blieb die Ausführung, mit der er überfordert war. Er hatte nie gelernt, selbständig zu denken, etwas zu organisieren. Er bekam zunächst eine neue Vespa, einen Gewerbeschein zum Betrieb eines Kurierdienstes. Die Zeit schien günstig: Die Post arbeitete langsam und teuer. Es galt sie mit freiberuflichen Kurieren zu unterbieten, die sich im Stadtgebiet auskannten und gut fahren konnten. Aber diese Art Gelderwerb hätte Werbung in Zeitungen, die Finanzierung von Anzeigen, die Aufrechterhaltung von Kundenbeziehungen bedeutet, auch die Abrechnung, das Sammeln von Belegen. Den Bürokram hätte ich erledigt, aber er verschlampte alles oder vergaß Quittungen, schaltete auch keine neuen Anzeigen vom ersten Gewinn, so daß das Geschäft nach und nach ohne Auftraggeber in der Vergessenheit verschwand. Der Vespa-Roller wurde verkauft. Er ergab das Haushaltsgeld für eine Woche.

Dann kam die Idee mit dem Gitarren-Unterricht. Axel spielte sehr gut Gitarre. Er konnte aber keine Noten lesen, nur Grifftabellen. Von pädagogischem Geschick in der Führung eines Kreises von Jugendlichen konnte nicht die Rede sein. Der Vater spendierte eine teure Gitarre zur Selbsthilfe, denn er wollte das Beste. Auch er handelte ohne Einblick in psychologische Erkenntnisse. Die Kindergruppe tagte im Wohnzimmer und lernte ein paar Tage lang immer wieder dieselben Handgriffe. Nach und nach wurde der Gitarren-„Unterricht" zum beliebten Treffpunkt zum Geschichtenerzählen und -anhören: Axel, der Geschichtenerzähler mit der Gitarre, der mit Vollbart und Vollbier, voll Bierseligkeit amüsante Stories zum besten gab. Darin tat er sein Bestes, da war er ein Profi.

Auch die Sache mit dem Jahreswagen mißlang. Der Vater gelangte an solche Vorzugsobjekte, abgeschriebene Dienstwagen zu Billigstpreisen für Betriebsangehörige. Für 500,– DM besorgte er einen gebrauchten Kamerawagen, einen combi mit Außentrittleiter zum Dach, wo vormals die Kameras installiert waren. Ein geräumiges Auto, ideal für Transporte. Der Sohn bewerkstelligte damit unseren nächsten Umzug. Diesmal wurde die Familie stilecht in die neue Umgebung eingeführt. Die Aufschrift „Bayerisches Fernsehen" war natürlich nicht, wie vorgeschrieben, entfernt worden. Angeberei machte Spaß. Ein Telemensch zog ein, wurde bestaunt – aber nicht lange. Aus der geplanten Geldquelle, dem Kurierdienst in größerem Rahmen, wurde nichts. Die erste Geldstrafe wegen Alkohols am Steuer lief ein, der Sohn brauchte Geld, verkaufte das Auto. Das Beste des Vaters war wiederum ins Leere gelaufen.

Dann war da noch die Sache mit der Drechselmaschine.

Der Vater besaß seit langem eine solche, verbrachte viele Wochenenden in der als Werkstatt ausgebauten Zweitgarage, drechselte Kerzenleuchter, Stuhlbeine, eigene Kreationen zum Verschenken an liebe Freunde und Bekannte, die ihr Heim damit zu schmücken hatten. Er lernte den Sohn an, der Sohn schien begabt. Er erhielt das alte Modell, der Vater kaufte eine moderne Ausführung. Der Sohn drechselte in der Garage und fand Gefallen an altem Holz, Olivenholz aus dem teuren Fundus des Vaters. Man konnte es gut „auf Alt" trimmen, Holzwurmlöcher imitieren, Lackschäden programmieren, wachsen, schaben und den Antiquitätenhändler schröpfen. Erstmals floß Geld in die Kasse durch die selbständige Arbeit. Bis der Schwindel auffiel. Ein Betrugsdelikt. Der Vater war enttäuscht. Das Beste war wieder den Bach runtergegangen. Die Drehbank wurde verscherbelt für die Geldstrafe.

Das Optimum an Schwachsinn leistete Vaters Bestes-Wollen mit der Finanzierung eines Anteils an einem kleinen sogenannten Restaurant auf dem Lande, unweit von München. Besser hätte man einen Bock gar nicht zum Gärtner machen können. Nach außen hin war es ein kleiner Schankraum mit Küche, möbliert auf Rustikal, sauber auch. Jeden Tag sollte der Hobbykoch ein anderes Mahl für die Gäste zaubern, billig und doch exquisit, es würde weggehen wie die sprichwörtlichen warmen Semmeln. Axel holte sich einen Schein über die bestandene Prüfung für Gastwirte, bei der man Vorträge über Lebensmittelhygiene und Fleischbeschau anhören mußte, ansonsten aber kein Fachwissen vorgeschrieben war. Dann konnte er seiner Kochkunst frönen und die Gäste bewirten, neue Gerichte kreieren und Reste nicht gerade hygienisch zu Sonderspeisen verarbeiten. Nach und nach blieben die Gäste aus, weil das Essen nicht zu den bestimmten Zeiten auf den Tisch kam. Der Koch saß bei Korn und Bier und ließ Töpfe und Pfannen ruhen. Er ließ sich höchstens zum Zubereiten von Schmalzbroten und Dosensuppen herab und machte seine Geschäfte mit dem Hauptwirt, einem Ex-Knacki, dessen

Frau offiziell die Pinte führte und dafür ein paarmal in der Woche ordentlich verdroschen wurde, weil alles ihre Schuld war, wenn etwas schiefging. Und schief ging dann allerhand. Inoffiziell war es eine Hehlerkneipe. Damals waren Drogen noch nicht „in", damit wurde also noch nicht gehandelt. Die Belegschaft war auch intellektuell eine Nummer zu klein für große Deals. Man hielt sich an allerhand Dinge, die relativ günstig und ohne großen Aufwand zu verscherbeln waren. Schmarotzer machten sich breit und nutzten die Chance als „freie Mitarbeiter". Zu Gitarrenklängen und dem Gesang des neuen Halb-Wirtes heckte man neue Strategien aus. Wenn keine Ware parat war, besorgte man sich welche. Mit dem entsprechenden Blutalkoholspiegel ging man auf Tour. Ein Wolfgang mit besonders breitem Schädel, von Narben überzogen, tat sich als besonderes Großmaul hervor. Seine Vorstrafenliste erreichte bereits damals beachtliche Ausmaße. Axel ließ sich vom Profi einweihen in die Kunst des 18. Jahrhunderts, er sammelte seitdem Madonnen für Liebhaber zu Liebhaberpreisen, Marias mit und ohne Jesulein, Engelchen, Teufelchen aus Holz und Gips und auch schon mal eine hübsche Grabsteinskulptur, wenn sie nicht zu groß war. Eines Tages wurde der gutgehende Laden geschlossen. Marterlkönig Wolfgang den Großen nahm die Polizei gleich in Haft. Er bekam kostenlos Kost und Logis in Stadelheim, wo er gut bekannt war und in seine alte Clique aufgenommen wurde. Axel, der Anfänger, kam mit acht Monaten auf Bewährung davon und mit der Auflage, jeden Wohnsitzwechsel behördlich zu melden. Die Geldstrafe wegen Alkohols am Steuer nahm größere Ausmaße an. Aber der Vater zahlte alles, sogar den überflüssigen Rechtsanwalt zur Verteidigung seines Unschuldslammes. Der Name sollte sauber bleiben, aber das klappte bei diesem Erziehungsprodukt nicht. Wieder das alte Lied von der Vaterliebe, die Gutes tut, das Beste will und alles nur noch schlimmer macht.

Trotzdem wurde der verlorene Sohn immer wieder beherbergt, wenn ich ihn wieder einmal hinausgeworfen hatte.

Die warme Atmosphäre des häuslichen Alkoholdunstes empfing ihn und umhüllte ihn, bis sich die Wogen geglättet hatten. Der Vater ging seiner wichtigen Arbeit nach, gab dem Sohn ein ausreichendes Taschengeld und kaufte ihm Kleidung und Leberschutzpräparate, Vitaminpillen, Bierhefe, Knoblauch für den Kreislauf. Oma steuerte den Klaren bei, und wie man den Weinkeller knackte, hatte der Sohn nicht vergessen. Anstatt die Gelegenheit zu nutzen, den Sohn zu einer Entziehungskur zu veranlassen, ihm zumindest fach-psychiatrische Hilfe zuteil werden zu lassen, blieb alles beim alten. Bis es zu spät war. Ich drohte unterdessen mit dem Sozialamt. Inzwischen trank ich auch mehr, als mir guttat, um all den Frust und die Demütigungen hinunterzuspülen, mich besser zu fühlen. Es gab eine Cointreau-Zeit, zu der Oma beisteuerte, eine Jägermeister-Zeit, eine Wermut-Zeit, eine Himbeergeist-Zeit. Jede Zeit hatte ihren speziellen Geist. Es galt den Schein nach außen zu wahren. Die Kinder waren sauberzuhalten, der Haushalt auch, geregeltes Essen mußte auf den Tisch, Schulaufgaben waren zu kontrollieren – es funktionierte durch Heimarbeit, das Schreiben von Dissertationen und von Arztberichten für eine Klinik. Für den Bedarf ohne Axels Konsum reichte es. Aber er kam immer zurück. Das Sozialamt hatte abschlägig beschieden, es sei nicht zuständig, ich hätte Unterhaltsansprüche, sei ja nicht geschieden. Der Unterhaltsverpflichtete war mittellos, was die Damen nicht interessierte. Der Unterhaltsverpflichtete kehrte die Frage ins Gegenteil um und versoff das von mir verdiente Geld. Er klaute es ganz einfach. Diebstahl unter Ehegatten ist nicht strafbar. Ein Punkt für ihn. Sein Leben und mein Leben in ewigem Streit.

Oft habe ich gedacht, daß ich die schlechten Vorzeichen hätte beachten sollen. Damals war noch Gelegenheit, abzuspringen. Aber von der Liebe, die blind und dumm macht, habe ich schon geschrieben. Die nächste Gelegenheit zum Klugwerden hatte sich zwei Wochen nach der Hochzeit geboten. Nur war es damals nicht einfach, nach nur zweiwöchiger Ehe zuzugeben, daß die Sache ein absoluter Flop war. Immerhin war ich Fräulein Mutter. Damals wurde man mit Freude, Schadenfreude so angeredet. Nach der Hochzeit war ich Frau, eine Art Ehrenbezeichnung anscheinend. Eine Stufe rauf auf der Bewertungsskala, gleichgültig, welchen Mann man geheiratet hat. Einen Arzt zu heiraten hätte zwei Punkte bedeutet. Man dachte noch in alten Schablonen um die Wertigkeit des Weibes. Alice Schwarzers gute Zeiten sollten noch kommen. Uneheliche Kinder waren ein Stein des Anstoßes, des Verstoßes gegen überkommene gute Sitten, gegen die Bürgermoral. Hinzu kam noch der non-konformistische Lebensstil der jungen Mutter mit ihren Jeans, die Kleider ablehnte und Büstenhalter, die nicht in die Kirche ging, keine fremden Pfarrer ehrerbietig grüßte und eine Aversion gegen Bürokratismus und Order von oben hatte, die ihr Kind nicht in die Krippe schickte und nicht gegen Pocken impfen ließ und ihr Büro auf eigene Kosten verschönerte. Die Anfang der siebziger Jahre herrschende Pseudomoral machte es einem wirklich schwer, nach eigenen Prinzipien zu leben. Eine so schnelle Scheidung wäre für alle das gefundene Fressen gewesen, Stoff für monatelangen Tratsch unter dem gesamten Personal von der Putzfrau bis zur Küchenhilfe, der Sekretärinnenbande speziell, und als Exporttratsch wäre mein Fall in sämtlichen umliegenden Kliniken bekannt geworden. Daher hatte ich Angst. Anlaß war eine geliehene Fotokamera, eine Contaflex. Ich hatte nur eine Pocketkamera, und für die Hochzeitsfotos hätte sie auch gereicht. Eine Kollegin, ausgerechnet die Schwester meines Chefs, bot mir an, für die Festivitäten – die übrigens sinnigerweise auf dem Oktoberfest stattfanden – ihre Kamera auszuleihen. Ich willigte freudig ein und fotografierte zum ersten Mal quasi professionell. Die Negative wurden zum Fotodienst gebracht, die Kollegin hatte Urlaub, und so hängte ich den Apparat in die Flurgarderobe. Einige Tage achtete ich nicht auf sie, dann sah ich, daß sie weg war. Ich bat um Aufklärung. Axel erfand die Geschichte vom Bekannten, der ein Teleobjektiv besaß und es uns leihen wollte. Wir könnten hübsche Intimaufnahmen machen. Aber für den Fall, daß das Objektiv nicht passen würde, mußte er die Kamera sozusagen zur Anprobe bringen. Derselbige Tele-Objektiv-Besitzer sei aber nicht zu Hause gewesen, so habe er die Kamera dagelassen usw. Nach drei Tagen bat ich um den Namen und die Anschrift des sogenannten Bekannten. Es handelte sich um den Sohn einer Nachbarin Axels, der zur Zeit seinen Wehrdienst ableistete und noch nie ein Teleobjektiv in der Hand gehabt hatte. Zweite Version: Am Verschluß sei etwas kaputtgegangen, die Kamera sei zur Reparatur. Die Firma habe sie eingeschickt. Da es sich nicht um eine billige Kaufhaus-Kamera handelte, forschte ich nach: kein Auftrag auf unseren Namen. Die dritte Version sparte ich mir und stellte ihn zur Rede. Er spielte den Beleidigten. Die Kollegin mahnte jetzt die Kamera an. Die Kamera war weg. Ich versuchte es gar nicht erst mit Ausreden, wollte aber auch nicht sagen, daß mein geliebter frischgebackener Ehemann die Ursache dafür war. Ich fürchtete die Blamage. Unter Kolleginnen herrscht ja keine Schweigepflicht. Ich bot ihr einen Ersatz an, kaufte eine Contaflex in einem Fotoladen, gleiches Modell. Die Kollegin wollte ihre alte Kamera zurück. Eine verständliche Reaktion auf etwas, das sie als Vertrauensmißbrauch empfinden mußte. Daß die Auswirkungen auf das bisher gute Verhältnis hatte, ist klar. Die Atmosphäre kühlte ab. Der Chef, ihr Bruder, lud mich vor. Der Regierungsamtmann war anwesend, die offizielle Verwaltungsleitung war zur Verstärkung angefordert worden. Ich wurde gefragt, was denn nun wirklich mit dem Apparat geschehen sei. Sie ahnten irgend etwas, aber nicht das Richtige. Ich saß in der Zwickmühle. Sollte ich ihnen gestehen, daß mein Mann das Ding irgendwie zu Geld gemacht hatte, oder meine Unfähigkeit zugeben, mit anderer Leute Eigentum umzugehen? Ich entschied mich dafür, die Sache auf meine Kappe zu nehmen, anstatt die Gelegenheit zu nutzen, von diesem nichtsnutzigen Mann wegzukommen. Der Chef hätte mir sicher geholfen, aber der Verwaltungs-

mensch schüchterte mich ein. Die Kündigungsformulie-
rung, einvernehmlich, war schon vorbereitet. Ich hatte
meinen Job verloren. Die Kamera war übrigens auf ein Leihhaus gebracht worden zu einem Viertel ihres wahren Wer-
tes. Als ich den Pfandschein fand, war die Zeit bis zur Aus-
lösung des Pfandes verstrichen.

Der nächste Hammer kam mit dem Wohnungseigentümer und einem Verwaltungsbeamten der Wohnbaugesell-
schaft, die als eine Art Treuhand alles organisierte, von den
Mieteinnahmen über Nebenrechnungen bis zum Hausmeister. Ich wurde darauf aufmerksam gemacht, daß Mietern
die Hundehaltung verboten sei. Ich wies auf die zahlreichen
im Haus gehaltenen Hunde hin und bekam zu hören, daß es
sich um Eigentümerhunde handele. Ob ich vielleicht der
Eigentümergesellschaft angehöre? Für kleine Mieter galten
andere Gesetze als für die reichen Besitzer. Mein Fall war
also Vertragsbruch. Ich hatte bis Ende Januar die Wohnung
zu räumen und besenrein zu hinterlassen, die Wände frisch
getüncht und bitteschön ohne einen Dübel in der Beton-
wand zu lassen. So schnell ging das: Job weg, Wohnung
weg. Landleben angesagt.

Ich wollte nie aufs Land. Ich bin auf dem Land groß geworden und war froh, in der Anonymität der Stadt zu leben.
Aber die Mietpreise siegten. Großvater stellte die Kaution
für ein altes Haus im Chiemgau. Ich versuchte mich an die
Gegend zu gewöhnen. Landschaftlich sehr schön gelegen,
bot sie doch einem Nordlicht wie mir etliche Besonderheiten der Kultur, der Sprache, der Nachbarschaftsverhältnis-
se, die nicht unbedingt positiv für mich waren. Nicht-
Kirchgänger wurden seltsam angesehen, man tuschelte.
Jeans gehörten sich nicht für eine brave Hausfrau. Die Ver-
weigerung der Kittelschürze wäre ein neues Kapitel wert:
Stadtmaus gegen Hausmaus, erste Runde an Stadtmaus. Ich
fand sogar eine Halbtagsbeschäftigung als Sekretärin eines
alten Schriftstellers, der an einem kleinen, malerisch gelegenen See an seinen Büchern schrieb. Ich tippte Texte,
tippte die korrigierten nochmals, die dritte und die vierte

Fassung, jedesmal wurde eine Kleinigkeit geändert und das Ganze neu getippt. Ich lernte daraus und beschloß, diese Methode nicht anzuwenden, falls ich jemals ein Buch schreiben sollte. Ich habe mich an diesen Entschluß gehalten: In meinem Hause gibt es Tipp-Ex. Dann starb der alte Mann, die Erbengemeinschaft schrieb keine Bücher, konnte mit mir nichts anfangen, das Arbeitsverhältnis wurde aufgelöst. Das Arbeitslosengeld reichte nicht, andere Möglichkeiten sah ich nicht. Das Landleben mißfiel mir, und ich drängte auf eine Stadtwohnung.

Im Grunde ging es immer so weiter, wohin wir auch kamen. In München konnte ich bei einer Teilzeitfirma arbeiten. Aber um die Kinder nicht zu vernachlässigen, ging ich nur halbtags dem Job nach. Wenn ich mittags heimkam, lag Axel oft noch im Bett. Bei einer dieser Gelegenheiten drehte ich zum erstenmal durch und schlug ihn mit einer Flasche fast krankenhausreif. Als ich wieder einmal nach den anstrengenden Bürostunden das Chaos vorfand – es war etwa im fünften Jahr unserer Ehe –, übermannte mich die Wut. Ich tat wirklich mein Bestes, um die Familie über die Runden zu bringen, und der sogenannte Haushaltsvorstand machte sich auf meine Kosten ein schönes Leben. Die Jüngste, damals ein halbes Jahr alt, war seit meinem Weggehen in der Frühe nicht mehr gewickelt worden. Sie lag in ihrer vollgeschissenen Windel und würde einen wunden Po kriegen. Die zum Wärmen vorbereitete Babyflasche stak unangerührt im Elektrowärmer. Dora, inzwischen drei Jahre alt, turnte halbangezogen auf dem Balkon herum. Katharina hatte sich, bereits von der Schule zurück, da sie kein Mittagessen vorgefunden hatte, in ihr Zimmer zurückgezogen und nagte an den letzten Zwiebackresten. Der Hund war nicht herausgelassen worden und hatte seine Geschäfte im Flur erledigt. Nichts war aufgeräumt, nichts abgewaschen, nichts saubergemacht, nichts eingekauft. In dieser Wohnung herrschte das große Nichts. Kein Essen war gekocht worden, kein Kind gefüttert, keine Wäsche gewaschen. Die vom Vortag lag unberührt auf einem Küchenstuhl. Bügeln war ohnehin abgeschafft worden, seitdem das letzte Bügeleisen den Weg aller Elektrogeräte gegangen war und sich wahrscheinlich unter der Obhut eines Pfandhausbesitzers befand. Mein Angriff kam so überraschend, daß Axel sich nicht wehren konnte. Ich nahm seine halbvolle Schnapsflasche und schlug blind zu. Er lag im Bett und staunte und blutete. Ich wollte ihn nicht staunen sehen, sondern eine Rechtfertigung für sein Verhalten. Er sagte gar nichts. Eine dekorative Platzwunde an der Stirn bescherte ihm eine lebenslängliche Narbe. Das tröstete mich irgendwie. Ich hatte ihn gebrandmarkt. Der Verlust eines Zahnes fiel bei seinem lückenhaften Gebiß nicht auf. Ich goß den Rest aus der Flasche als Ersatz-Desinfektionsmittel über seinem demolierten Schädel aus, holte dann einen Eimer Wasser aus der Küche und kippte etliche Liter über die Sauerei. Das Bettzeug war ohnehin schlachtreif besudelt. Axel sprach noch immer kein Wort. Er hatte anscheinend begriffen. Er hielt sich die Stirn und sabberte blutigen Speichel. Ich fand ihn widerlich. Er versuchte sich aufzusetzen und nach mir zu greifen, kam aber nicht hoch und gab es auf. Dann heulte er nach seiner Flasche. Aber die hatte ich, und außerdem war sie leer. Bevor er zu viel Blut verlor, legte ich ein Stück Wegwerfwindel auf die Wunde, schnallte seinen Gürtel darum und zog fest an. Seine Haare waren verklebt, Blut war über sein Gesicht geronnen, er sah aus wie der Macho in dem komischen Film, der mal richtig einen auf die Rübe gekriegt hatte. Ich fühlte mich sauwohl. Er blieb liegen und erwartete wohl, daß ich ihm etwas Trinkbares ans Bett bringen würde. Er wartete vergeblich. Ich scharte die Kinder in der Küche um mich, schloß die Tür ab und bereitete ein provisorisches Mittagessen zu. Etwa zwei Stunden später hörte ich ein Rumoren. Axel hatte sich erhoben und war auf dem Weg ins Bad. Wahrscheinlich hatte er auch dort eine Notreserve an Hochprozentigem, denn er kam auffallend gestärkt zur Küchentür und verlangte Eintritt. Ich ließ die Kinder in der Küche, schleppte ihn ins Bad zurück, salbte seine Wunde mit Babyöl und assistierte freundlicherweise beim Verbandwechsel, wobei die Windel durch eine vom Format her praktischere Monatsbinde ersetzt und aus einer Mullwindel ein haltbarer Turban geflochten wurde. Eine Ex-Bauchnabel-Stretch-Binde rundete das Bild ab, und weil es Winter war, wurde die Kreation durch meine Wollmütze gekrönt. Der Hund sah während der Prozedur interessiert zu und schnüffelte eine neue Atmosphäre. Ich machte noch einige Bemerkungen über den verschwundenen Erste-Hilfe-Kasten im Großformat, den der liebe Großvater wohl in weiser Voraussicht zu Weihnachten beschert hatte. Axel sprach noch immer kein Wort. Aber er konnte schon wieder böse Blicke um sich werfen. Ich meinerseits warf ihm ein paar saubere Klamotten vor die Füße und machte mich daran, mich selbst zu säubern und einkaufen zu gehen. Vom Haushaltsgeld fehlte wieder ein Teil, es war abgezählt für alle Fälle, auch eventuelle Fälle wie diesen. Als ich vom Tengelmann zurückkam, war der Ex-Sonnyboy im Indian-Look verschwunden. Er hatte nichts ausrichten lassen. Ich fand es sehr erleichternd, daß ich zwei Wochen nichts von ihm hörte. Die beiden Kleinen versorgte eine bekannte Clique aus einer Wohngemeinschaft, von denen jeweils einer sogar die Zimmer säuberte. Essen konnten wir alle miteinander in den geräumigen Wohnküchenräumen. Es war wie Urlaub. Nur einmal beschwerte sich die Schwiegermutter, in deren Obhut sich Sohnemann befand. Sie drohte Streichung des Geschenketats an.

Das war ein Extremfall, und er blieb auf längere Zeit der einzige Fall von Gewaltanwendung meinerseits. Axels Übergriffe rechnete ich schon nicht mehr. Sie waren subtiler und nicht für die Außenwelt sichtbar. Aus Zufall traf ich noch einmal fast die gleiche Stelle an der Stirn, als ich mich in der Devensive befand und ihn aus sieben bis acht Metern genau mit einer Bierflasche traf. Ein Zufall. Filmreif.

In den letzten Jahren ging es mit unserer Beziehung dauernd bergab. Wir blieben trotzdem in der gleichen Wohnung, denn mit drei Kindern hätte ich keine billige Unterkunft gefunden. Und Axel weigerte sich auszuziehen. Ein Gerichtsbeschluß hätte nur Ärger bedeutet und an den Tatsachen nichts geändert. Das Leben wurde trister als je zuvor. Seine Sorgen waren nicht meine Sorgen, aber seine Krankheit wurde zu meiner Krankheit. Einer litt am anderen, sogenannte Aussprachen arteten in Tätlichkeiten aus. Nur bei einem gewissen gleichen, aber individuell verschiedenen Pegelstand des Alkohols im Blut konnten wir miteinander kommunizieren. Ansonsten war tote Hose. Es gibt genügend Bücher über derartige Beziehungen, auf die alltäglichen Kümmernisse werde ich daher nicht eingehen. Die Situation war klar. Und sie würde sich nur durch ein Wunder ändern.

Ein Wunder war es zwar nicht, was sich ereignete. Aber es passierte etwa, als unser weiteres Leben grundsätzlich umstürzte. Axel hatte einen Autounfall. Das war nichts Verwunderliches. Er hatte immer die Möglichkeiten, schrottreife Karren zu erwerben, sie aufzumöbeln und fahrbereit zu machen. TÜV und andere Sicherheiten interessierten ihn nicht. Deshalb mußte er allein fahren. Er fuhr dann zu sogenannten Freunden, dort wurde gesoffen in der üblichen Weise – immer die alte Leier. Diesmal erwischte es ihn auf einer Landstraße bei Erding, nachts um halb vier. Er war mit einem ebenfalls angetrunkenen Bekannten unterwegs. Seine Karre traf auf einen Mercedes, der vorschriftsmäßig rechts fuhr. Die Wagen waren lädiert, der Mercedesfahrer kaum, der Freund hatte sich angeschnallt und nur eine Quetschung. Axel hatte feuchtfröhlich gesteuert und war von der Spur abgekommen, hatte beim Aufprall eine Schnittwunde neben der alten Narbe davongetragen und dank eines stabilen Steuerrades ein paar Rippenbrüche. In einer Krankenhaus-Ambulanz nähte man die defekte Stirnstelle, entnahm eine Blutprobe, ein Polizist konfiszierte den Führerschein, und damit waren die auf Bewährung ausgesprochenen acht Monate fällig. Unseren letzten Wohnsitzwechsel hatte er nämlich auch nicht der Polizeibehörde gemeldet. Eine Strafe für die neuerlichen zwei Promille würde hinzukommen. Rückfalldelikt, strafverschärfend. Und ich saß in einem Hundert-Seelen-Dorf im Bayerischen Wald und erlebte ein Spießrutenlaufen. Die Bevölkerung, der „Preissin" ohnehin nicht gut gesonnen, tratschte und tuschelte. Neugierige Blicke im Krämerladen, vorsichtige Fragereien. Bisher wußte man nichts von Axels Vorstrafen, aber die würden jetzt ans Licht kommen, wenn er mehr als ein halbes Jahr wegblieb. Dann waren wir die Familie des Kriminellen, aussortiert aus der ehrenwerten Dorfgemeinschaft, auf Sozialhilfe und Fürsorgerinnen angewiesen, die unsere Kinder womöglich in ein Heim stecken würden. Die Aussichten waren trübe.

Das nächste, was ich von Axel hörte, war ein Anruf von der Insel Samos. Der Herr hatte sich abgesetzt, bevor er eingelocht werden konnte. Er schwärmte von der Gegend, in der man Gras über die Sache wachsen lassen konnte. Ich sagte ihm deutlich, was ich vom Graswachsen hielte, und beschloß, daß es an der Zeit sei, zu handeln. Ich organisierte einen astreinen Abflug. Ein bißchen Abenteuer mußte sein, es konnte nichts schlimmer werden. Großväterchen, der seinem Sohn die Reise in die Ägäis finanziert hatte, mußte auch für den Rest der Familie blechen. Ansonsten, so drohte ich ihm an, würden wir seinen Keller beziehen. Er gab nach, schickte Geld. Ich packte das Notwendigste. Mehrmals hatte ich meinen gesamten Hausrat und liebgewordene Andenken zurücklassen müssen. Das war nichts Neues für mich. Für die Kinder war es schwierig, aber es mußte aussortiert werden. Die Schule war gestrichen, ich schrieb Katharina krank, Dora bekam tatsächlich die Masern, und es bestand Infektionsgefahr. Niemand sollte von dem bevorstehenden Ereignis wissen. Ich wartete ab, ob die anderen beiden auch die Krankheit bekamen. Aber nach der vom Arzt genannten Inkubationszeit geschah nichts. Ich bestellte ein Taxi auf Opas Kosten, und in einer Winternacht fuhren wir Richtung München. Der Taximensch machte Theater wegen des vielen Gepäcks und verlangte einen Aufschlag. Der Hund kostete ebenfalls. Es war sehr stressig. Der Opa ließ uns drei Tage in seinem Haus und gab eine Abschiedsvorstellung für die Kinder. Der gute alte Mann, der immer nur das Beste gewollt hatte, war jetzt der Vater eines polizeilich gesuchten Kleinkriminellen. Er ging mit den Kindern ins Restaurant, in den Zirkus Krone. Alle wanderten noch einmal zum Friseur, und dann saßen wir endlich mit Proviant und der Resthabe im Hellas-Expreß nach Athen. Reisespesen hatte ich auch, Geld für einen Tag im Hotel und die Überfahrt nach Samos. Ich würde den Hallodri schon finden, so groß konnte die Insel nicht sein. Er hatte mich sitzenlassen, ich würde mich rächen. So einfach kam er mir nicht davon.

Natürlich fand ich ihn in einer Hafenkneipe. Man mußte nur nach dem bärtigen Deutschen fragen, der Cognac bevorzugte. Sein typisches Merkmal. Man sollte solche Spezialitäten auch in Steckbriefen berücksichtigen! Wir fanden ein kleines Haus in einem kleinen Bergdorf auf dieser kleinen Insel. Die Sache ließ sich besser an, als ich gedacht hatte: landschaftlich sehr schön gelegen, mit Blick auf den Hera-Tempel und die weite Bucht vom Küchenfenster aus, relativ viel Komfort, freundliche Nachbarn. Die Kinder hatten gleich Kontakt zu anderen Kindern, lernten problemlos die Sprache innerhalb kürzester Zeit und wurden Klassenbeste der Dorfschule. Mareike, zu diesem Zeitpunkt erst fünf Jahre alt, ging freiwillig mit und brachte tatsächlich gute Noten heim. Ansonsten blieb alles beim alten. Statt des Autos kauften wir einen alten Esel, der auch Betrunkene leicht heimführte. In dieser Zeit begannen sich bei Axel die ersten Symptome der Leberzirrhose bemerkbar zu machen: Knöchelödeme, beginnender Wasserbauch. Er hörte nicht auf zu trinken, zu machen war gar nichts. Es war sein Leben. Finanziell kamen wir so gerade über die Runden. Dann begann die übliche Tour mit dem Geld „leihen", diesmal von Touristen, die beschwatzt wurden. Und irgendwann war die Miete längere Zeit nicht bezahlt, beim Kaufmann stand eine Liste von Lebensmitteln im Schuldenbuch – es wurde wieder Zeit, das Revier zu wechseln.

Kreta folgte, ein Dorf in der Nähe von Souda. Das durchreisende Publikum, gerade von der Fähre angekommen, war die ideale Beute für den Geschichtenerzähler. Ein Haus für umgerechnet 30,– DM pro Monat mit dem Komfort einer Toilette und fließenden Wassers, einer Küche und zwei Zimmern war für diese Arme-Leute-Gegend angemessen. Großvater zahlte, um uns loszusein, finanzierte dem Sohn aber auch kleinere Extra-Trips nach Kos, Rhodos, Santorin. Dann kam der Tag, da er den geliebten Sohn persönlich in die Arme schließen und wieder sein Bestes für ihn tun wollte. Da dies nicht auf deutschem Boden geschehen konnte, wurde Innsbruck vereinbart. Der Sohn tripte nach Innsbruck. Er war einen Tag früher da und tat das Übliche wie an allen Abenden. Diesmal tat er ein wenig zuviel des Guten. Er wurde von Heimweh übermannt, fuhr bis zur Grenzstation mit dem Zug, stieg nachts aus und versuchte, Heimatlieder an Bayern singend, auf heimisches Territorium zu gelangen. Seine Stimme wies den nachfolgenden Beamten den Weg. Axel konnte seinen Rausch in einer Ausnüchterungszelle ausschlafen und wurde dann in den Luftkurort Bernau am Chiemsee verbracht, wo er vier Monate Aufenthalt verordnet bekam. Es war die ruhigste Zeit auf Kreta, die ich mitmachte und sehr genoß: mit den Kindern am zwei Kilometer entfernten Strand, endlich ein Privatleben, wenn auch unter Substitution des Anisschnapses Ouzo, auf den ich mich spezialisiert hatte. Dann war der alte Trott wieder da, und von nun an ging es rapide bergab. Die totale Pleite. Axel verschwand wieder einmal ungesehen. Ich konnte keine Miete zahlen, ließ die Lebensmittel anschreiben – und den notwendigen Ouzo –, klaute bei Dunkelheit Orangen in den umliegenden Hainen für die Kinder und Gemüse von den Feldern. Nachts schlich ich mich in die Friedhofskapelle und klaute die angebrannten geweihten Kerzen, die in Griechenland nur für wenige Augenblicke angezündet und dann in eine Kiste mit Sand gesteckt werden, also noch zu drei Vierteln nutzbar sind. Strom gab es schon lange nicht mehr, für Petroleum reichte das Geld nicht. Von der letzten Postanweisung kaufte ich die Fahrkarten zurück in die alte Welt. Ich ahnte, daß Großvater wieder das Beste wollte. Aber ich hatte nicht damit gerechnet, daß es mich so hart treffen würde.

Das Empfangskomitee am Hauptbahnhof München holte die Kinder ab. Schwägerin und Schwager, mit einem vom Großvater gekauften Haus in Oberbayern gesegnet, holten die beiden Kleinen ab, Katharina verschwand mit den Großeltern in deren Domizil. Axel legte mir ein paar Dokumente vor, die ich unterschreiben sollte: den Antrag auf Kindergeld, übertragbar auf seine Schwester während der Pflegezeit – immerhin würde es ja einige Zeit dauern, bis wir eine Wohnung finden würden, und so lange konnte ich nicht mit ihnen auf der Straße leben –, das gleiche für Katharina und Großvater sowie eine vorbereitete Erklärung, daß ich mich mit einer vorerst vorläufigen Pflegschaft einverstanden erklären würde. Mir blieb nichts anderes übrig als zu unterschreiben, denn natürlich sollten die Kinder nicht in ein Heim kommen. Ich bekam das Geld für einen Fahrschein, damit ich zu meinen Eltern fahren und mich dort etablieren könne. Immerhin seien sie mir unterhaltspflichtig. Ich dachte nicht daran, so schnell klein beizugeben, blieb eine Woche in München, schlief mich in der altbekannten WG durch. Ich machte den Schreibmaschinentest bei drei verschiedenen Teilzeitfirmen. Man hätte mich sofort eingestellt, wenn ich einen Wohnsitz und damit eine Lohnsteuerkarte gehabt hätte. Großvater war nicht bereit, seine Adresse dafür herzugeben. Der altbekannte Teufelskreis drehte sich: ohne Arbeit keine Wohnung, und vice versa. Ich sprach noch einmal bei den Schwiegereltern vor. Man ließ mich nicht ins Haus. Ich war die Outlaw, hatte das Leben des lieben Sohnes verpatzt, der todkrank darniederlag und sich von der Oma pflegen ließ. Ich konnte mir schon denken, mit welchen Desinfektionsmitteln. Aber tun konnte ich nichts. Es war Januar, nachts fror es, und ich stand auf der Straße. Im Gepäck hatte ich noch ein paar Schachteln des billigen griechischen Valiums, das man in

Athen in den Apotheken auch ohne Rezept bekommt. Ich suchte mir einen geschützten und schneefreien Platz und hoffte, nie wieder aufzuwachen, alles hinter mich lassen zu können, endlich die ewige Ruhe zu haben.

Man hatte mich ins Max-Planck-Institut für Psychiatrie gebracht, den Magen ausgepumpt, in ein Dreibettzimmer gelegt. Gruppentherapie war angesagt. Lauter andere verhinderte Selbstmörder. Das Erzählen der eigenen Geschichte solle beim Abreagieren helfen. Mich interessierte keine Gruppe. Fremde Leute, deren Schicksal ich hörte, machten keinen Eindruck auf mich. Ich wollte nicht reden, ich brauchte tatkräftige Hilfe, dann wäre ich selber wieder auf die Beine gekommen. Das mit dem Job würde klargehen, und ein Zimmer würde ich schon finden. Da fehlte halt das Geld für eine Kaution, die erste Miete, neue Klamotten. Derartiges hat eine Intellektuellen-Mannschaft von theoretisierenden Psychiatern nicht anzubieten. Im gleichen Zimmer lag ein junges Mädchen mit dem gleichen Einweisungsgrund. Sie lebte in einem Heim für ledige Frauen. Es seien noch Zimmer frei, sagte sie. Ich kümmerte mich von der Klinik aus darum, erhielt die Zusage, einziehen zu können. Man entließ mich. Im Heim Gruppendienst. Junge Mädchen, die abends ihr Taschengeld von 20,– DM pro Woche anderweitig aufstockten, Gruppenfraß, abends Lichtbildvorträge über Abtreibung, Drogen. Nichts für mich. Nach drei Tagen setzte ich mich ab. Von einer anderen Frau aus dem Max-Planck-Zimmer hatte ich 50,– DM geschenkt bekommen, von einer mitfühlenden Schwester 20,– DM. Ich aß noch einmal gut und machte mich auf den Weg. Ich wollte in Griechenland sterben. Es schneite und schneite. Ich umging die Autobahneinfahrt, indem ich durch halbmeterhohen Schnee stapfte, erwischte ein Auto bis Innsbruck. Von dort aus wollte ich über Villach nach Jugoslawien einreisen. Ich brauchte drei Tage, um dorthin zu kommen. Aber ich war in einem Zustand, in dem mir alles egal war. Ich hatte meine Kinder verloren, und Zeit zählte nicht mehr für mich. Irgendwann würde ich ankommen und all dem ein Ende setzen. Es sollte am Strand sein, möglichst mit ein paar Palmen in der Nähe. Eine Höhle vielleicht. Es würde romantisch sein. Vor allem würde man mich nicht gleich entdecken.

Nach einer Woche war ich in Athen. Ich versorgte mich mit Valium. Geld hatte ich inzwischen von einer Gruppe Touristen, die nach Saloniki unterwegs waren. Rucksackleute im VW-Kombi mit Gitarre und Hasch. Sie fuhren in die Türkei weiter. Ich suchte mir einen schönen Platz. Es war Februar und recht warm, die Asphodelen sprossen aus dem steinigen Boden oberhalb der Bucht. Ich konnte Athen überblicken mit der Akropolis in den frühen Morgenstunden, wenn noch kein Smog die Stadt einhüllt. Palmen gab es zwar nur weiter unten, aber dieser Platz unter einem alten Johannisbrotbaum gefiel mir. Mein Ouzo-Vorrat würde den Tag über reichen, dann wollte ich mich auf immer davonmachen.

Zwei Tage später sprach mich jemand auf englisch an. Es war offensichtlich eine Ärztin mit amerikanischem Akzent. Sie nannte mich Elisabeth und sagte dann etwas auf griechisch. Ich überlegte, ob ich im Jenseits in der falschen Abteilung sei. Wenn ich dort schon auf andere Mitbewohner treffen würde, doch nicht ausgerechnet Amerikaner. Vielleicht war ich aber bloß in einer Raumstation oder in einem Satelliten. Ein Mann erschien über mir, und ich sagte: „Hej, Capt'n" für alle Fälle. Die Frau sagte etwas von „auf das Zimmer bringen", ich wollte meine Ruhe und schlief drei weitere Tage. Dann war griechisches Osterfest, irgendwann Ende März. Wo ich in der Zwischenzeit war, wußte ich nicht. Larissa, die Ärztin, die Amerikanisch sprach, berichtete von einer Schlaftherapie. Ich fühlte mich ausgeruht und gut. Sie schenkte mir Kleidung – ich besaß nur das, was ich auf dem Leibe trug, und das war sehr schmutzig gewesen nach der Odyssee – und 3000 Drachmen. Dann fuhren sie mich in die Psychiatrie, zur Beobachtung. Ich bekam starke Drogen, und mit der Ruhe war es aus. Ein Saal mit dreißig Betten, Hygienezustände schlech-

ter als im alten Athen, Geschrei und Gezeter an allen Ek-
ken. Larissa besuchte mich, brachte Handtuch, Waschzeug,
nochmals 3000 Drachmen. Das Geld wurde von der Kasse
in Verwahrung genommen bis auf einen Rest Taschengel-
des. Der Klau ging um, Neid und Mißgunst überall, feindli-
che Blicke, desinteressierte Ärzte, Schwestern als Pillen-
verteilerinnen. Bald hatte ich die Tricks raus, durch vorhe-
riges Wohlverhalten nicht auf sich aufmerksam zu machen
und die verordneten Pillen verschwinden zu lassen. Ohne
Medikamente fühlte ich mich besser, konnte logisch denken und einen Plan machen. Donnerstags wurde Taschengeld gezahlt. Ich hob 1000 Drachmen ab unter einem Vor-
wand, entschwand in den Park, ging zum Haupteingang
und kaufte ein Eis. Um 12 Uhr wechselte der Kioskbesitzer,
das hatte ich schon ausspioniert. Nach dem Mittagessen
wartete ich bis gegen zwei Uhr ab. Dienstwechsel bei den
Krankenschwestern. Ich ging zu einem anderen Gebäude,
mischte mich unter die Gruppe der dort tätigen Schwestern, diesmal gut gekleidet dank Larissa und ganz normal
aussehend, ohne Drogeneinfluß, und ging wie selbstverständlich zur Pforte hinaus. So einfach war das. Larissa beherbergte mich bei sich zu Hause zwei Tage. Ich lernte ihre
Familie kennen. Mein „Coup" war akzeptiert, sie hätte an
meiner Stelle das gleiche getan. Sie ließ mich mit meinem
Bruder telefonieren, der organisierte über das Konsulat einen Flug nach Deutschland, holte mich am Airport ab und
brachte mich zu meinen Eltern. Und dann war ich genau
da, wohin ich eigentlich nicht wollte. Meine Verpflegung
war gesichert, ich bekam das ehemalige Zimmer meines
jüngeren Bruders, Taschengeld, mit dem ich einkaufen
konnte. Ich hatte Zeit zum Spazierengehen in der alten
Umgebung, in der mich niemand mehr kannte. Das Wetter
in Westfalen war noch genauso deprimierend wie früher,
die Gegend grün, so grün und die schwarz-bunten Kühe waren fett, so fett und die Wälder dicht, so dicht. Ich lieh mir
ein Fahrrad und machte eine Pättkestour wie als Kind, als
ich mit einer Schulfreundin die Tümpel erkundet hatte und

wissen wollte, ob es wirklich schaurig war, übers Moor zu gehen, wenn es wimmelt vom Heiderauche. Annette von Droste-Hülshoff hatte das so romantisch beschrieben, aber wir sahen weder die Heide rauchen noch irgendein Gewimmel außer von Ameisen. Die Tour brachte uns moorverdreckte Beine und eine Strafpredigt ein. Das hatte man nun davon, wenn man deutsche Literatur ernst nahm.

Ich meldete mich beim Arbeitsamt. Aber der Ort war von der Pleite auf dem Textil-Sektor betroffen und von Arbeitslosigkeit befallen. Keine Aussichten. Zu Hause gab es keine nennenswerten Probleme. Meine Mutter war friedlich, wir schwiegen die Vergangenheit tot. Mein Vater litt an der Parkinsonschen Krankheit und hatte kein Interesse an anderer Menschen Schicksal. Ich hätte gern mit jemandem gesprochen, ernsthaft. Aber da war niemand mehr, den ich kannte. Nach einer Woche kam dann der Anruf. Es war „der Verrückte von gestern abend".

Der Verrückte hielt es bei sich zu Hause nicht aus. Vater wollte immer noch sein Bestes und hatte durchgesetzt, daß uns Eltern das Sorgerecht entzogen worden war. Von dieser Aktion hatte ich keine Ahnung, ich hatte auch niemals Unterlagen darüber zu Gesicht bekommen. Weder ihn noch mich hielt etwas in diesem Lande. Wir waren um diese Zeit Sonnenschein gewohnt und Wärme. Es genügte uns nicht, Vollverpflegung zu haben. Axels Eltern betreuten Katharina. Der Bernhardinerhund bekam jetzt die Filets und Schnitzel, von denen der Sohn als Kind geträumt hatte, und all die Zuwendung der älter werdenden Leute, die sich der Junge ersehnt hatte: Sogar ein Gutenachtkuß wurde jetzt auf die seibernde Schnauze gedrückt. Nur der Weinkeller reizte noch. Axel schickte mir Fahrgeld. Oma hatte es ihm geschenkt. Oma hatte Verständnis und ein gutes Herz. Ich machte mich im Morgengrauen ohne Abschied davon, auf immer. Der Frühzug brachte mich bis ins Ruhrgebiet, wo ich umsteigen mußte. Am Spätnachmittag wurde ich in München auf dem Bahnsteig von Axel in Empfang genommen. Er war abgemagert und einigermaßen nüchtern. Aber nicht lange. Wir machten mangels Bettstatt in einer Kneipe durch, um fünf Uhr öffnete ein Lokal am Viktualienmarkt für das erste Frühstück. Axel hatte Geld für Schlafsäcke und eine Erstausrüstung mit Rucksäcken und Ersatzkleidung. Wir kauften ein und setzten uns in den Abendzug Richtung Italien. Irgendwann nachts überfuhren wir den Brenner. Unser Pennerleben begann.

## Wo die Zukunft aufhört

Axels Trinkerkarriere endete im Ospedale Maggiore in Bologna. Letal. Abgehakt und unterschrieben in dem ad acta gelegten Krankendokument als „deceduto", verstorben. Enddiagnose: Asystolie, Herzstillstand. Die letzten zehn Tage seines Lebens erschienen ihm als die längsten. Sein kraftloser Körper hat hilflos im Krankenbett gelegen, Kanülen in allen Körperöffnungen. Die Ärzte hatten noch ein paar neue hinzugebohrt: Dauerinfusion mit Nährlösung für Leberkranke. Der Mann konnte nichts mehr essen. Der Bauch war angestochen durch ein Trokar zum Ablassen des Bauchwassers, das sich immer wieder ansammelte. Beim erstenmal hatte man acht Liter herausgeholt. Die teure Apparatemedizin, italienisch-moralisch geprägt, bestand auf ethischer Nutzung, selbst bei nur wenigen Tagen „Lebens"-erwartung, auch bei Pennern. Der Mann im Bett hatte sich als Kunsttischler ausgegeben, im Andenken an seine Drechsler-Episode. Also galt er als gewöhnlicher Mensch, ein Tourist auf der Durchreise, ein Künstler, nicht als einer der vielen Bettler, für die die Sozialstationen gut genug waren. Der Mensch starb langsam, nach und nach verloren die Organe ihre Funktion. Das ersehnte Koma blieb aus. Ein Beta-Blocker verlängerte das Sterben. Das Koma hätte man künstlich herbeiführen können. Kein Problem für einen ausgebildeten Mediziner. Zuviel Eiweißzufuhr, und das Bewußtsein würde schwinden. Aber Dauerinfusion und Magensonde versorgten den Restorganismus mit den notwendigen Substanzen. Auch das Urinlassen funktionierte nicht. Ein Katheter im Penis erledigte die Entsorgung. Folge: Harnröhreninfektion, die Krankenhauskrankheit. An Fäkalien fiel kaum etwas an bei der Flüssigdiät. Der Tropf tröpfelte oben hinein, was unten abgesaugt wurde. Der Patient war pflegeleicht. Ab und zu wurden probeweise Bluttransfusionen verordnet, obwohl der Patient kein Blut verlor. Eine Aktion im Sinne und Auftrag der Pharmaindustrie, die an wehrlosen Studienobjekten interessiert ist. Aussichtslose Fälle kommen da gelegen. Da ist nichts mehr kaputtzumachen. Testobjekt Mensch. Der Mensch starb langsam vor sich hin. Niemand würde ihn vermissen. Aber der Vater würde das Beste tun, um eine würdevolle Beerdigung zu inszenieren. Das war er sich schuldig.

Meine Karriere als Nicht-Trinkerin begann mit der Reduzierung des Alkoholkonsums nach diesem Tod, damals in Rom, als ich den letzten Cognac verschenkte. Auch in den letzten fünf Jahren, in denen ich hier ansässig bin, ist es nie zu irgendwelchen Trinkgelagen oder Ausschweifungen gekommen, wie sie damals zu Pennerzeiten auf den Straßen des Stiefels üblich waren. Seßhaftsein betrachte ich als eine gewisse Verpflichtung, die auch relativ problemlos einzuhalten ist nach all den Jahren unterwegs. Auch im stillen Kämmerlein habe ich mich nicht betrunken. Allein machte das ohnehin keinen Spaß, dazu benötigte ich entweder Gesellschaft oder gravierende Probleme. Ich hatte keine Probleme, sondern endlich einmal keine Geldsorgen, ein Dach über dem Kopf, einen Garten mit Blick auf die Apenninen und die Adria, ich konnte in diesem Haus schalten und walten, wie es mir gefiel. Alles war so, wie ich es mir zu Landfahrerzeiten ersehnt hatte. Ich wollte so weiterleben, ruhig und friedlich. Es ging mir gut, besser als ich jemals gedacht hatte und sogar viel besser als in gewissen Zeiten meiner verdammten Ehe. Ich hatte viele neue Bekannte, freundliche und warmherzige Menschen, gastfreundliche Nachbarn. Ich wurde sofort akzeptiert als die *Tedesca*, die tatsächlich hier wohnen bleiben wollte, wo es doch sonst umgekehrt war: Die Italiener liebten Deutschland zum Leben und Arbeiten und Geldverdienen, um dann in die Heimat zurückzukehren und vom Ersparten ein Häuschen zu bauen. Ich wurde also zu Mittag- und Abendessen eingeladen, zu Geburtstagen, Hochzeiten, Taufen. Bei der Verwandtschaft der Nachbarn wurde ich herumgereicht und kannte innerhalb eines halben Jahres den halben Ort. Überall bekam man guten Wein aus eigenem Anbau angeboten. Und dieser Wein reichte mir, ich benötigte nichts Höherprozentiges mehr. Etwas anderes kam hinzu. Im Gegensatz zu der Vorzeit hatte ich nun etwas zu verlieren; zwar nicht Haus und Hof, aber doch einen guten Ruf. In dieser Umgebung konnte man es sich als Frau nicht leisten, einen über den Durst zu trinken wie der letzte Penner oder Pinocchio, der Schreiner, Paolo der „Heilige" und die Rentnerband nach der Rentenzahlung. Das *spettacolo*, mich in nicht gehfähigem Zustand nach Hause karren zu lassen, wollte ich der Bevölkerung auf keinen Fall bieten. Der ganze Ort würde sich darüber amüsieren, ich wäre die Zielscheibe gutmütigen Spotts oder beißender ironischer Anspielungen. Eine Anderthalb-Liter-Flasche *frizzantino bianco* gönnte ich mir täglich, diesen leichten prickelnden, Spumante-ähnlichen Weißwein. Irgendein Grund findet sich immer, nicht ganz aufzuhören. Das Getränk schmeckte mir ausgezeichnet, war leicht süß, aber nicht zu sehr und wirkte belebend auf die Phantasie, sozusagen als Inspirations-Initiator und Schwellenhemmer zum Schreiben von Essays und Zeitungsartikeln. Durch die – ganz nüchtern gesehen – chemische Reaktion von $C_2H_5OH$ wurde das Hirn aktiviert und produzierte andere Ideen als im trockenen Zustand. „Ohne" konnte ich zwar Haus- und Handarbeiten erledigen, im Garten arbeiten, nicht aber über Stunden hinweg gezielt Sätze formulieren und die Ideen literarisch verarbeiten. Es fehlte die Inspiration. Dachte ich und denke ich noch heute, denn ganz „ohne" fehlt gewissen Sentenzen der Esprit. Spirituosen mit höherem Prozentgehalt an Alkohol kamen für mich ohnehin beim Schreiben nicht in Frage. Ich reagierte darauf unproduktiv, mit Müdigkeit und Aggression.

Ganz weg vom Alkohol kam ich durch ein hepatisches Koma. Es traf mich ganz überraschend. Daß die Leber nicht voll funktionierte, wußte ich seit mehreren Jahren. Aber die regelmäßigen Bluttests waren nicht bedrohlich ausgefallen, die Symptome hielten sich in Grenzen. Die rapide Verschlechterung trat ein nach einer Anästhesie-Injektion beim Zahnarzt. Ich hatte so etwas befürchtet und den Besuch daher immer wieder aufgeschoben, jahrelang. Nun waren also meine Ängste bestätigt worden. Es entwickelten sich Beinödeme, die Bluttests zeigten eine abrupte Verschlechterung der Leberwerte. Es folgte eine leichte Gelbfärbung der Skleren und der Haut und ein fataler, vor allem nächtlicher Juckreiz. Ausschlaggebend für die ausgefallene Leberfunktion war letztendlich falsche Ernährung. Der Hausarzt hatte nicht auf eine besondere Diät hingewiesen, mit der trotz der aufgetretenen Symptome das Koma hätte verhindert werden können. Italienische Praktiker sind gut im Pillen- und Tablettenverschreiben, haben aber keine Ahnung von Diätologie und am allerwenigsten von Psychologie, wie ich im nachhinein bemerken mußte. Man wird auf Spezialisten verwiesen, die man selber zahlen muß und die horrende Preise verlangen. Kurz gesagt: ein Zuviel an Eiweiß, speziell Proteinen, konnte die vorgeschädigte Leber nach dem Zwischenfall mit der Lokalanästhesie nicht verkraften. Ein Zuviel an Fleisch und Fisch, an Shrimps, Scampi, mangelhafte Verdauung durch sitzende Tätigkeit, all das wurde zum Problem. Es entstanden Eiweißfäulnisprodukte im Darm, wodurch sich das giftige Ammoniak bildet, das die Hirnfunktion beeinträchtigt bis zur Bewußtlosigkeit – all das brachte den Körper in einen Zustand der Vergiftung. Dann kam noch der Genuß einer dick mit Pilzen belegten Pizza. Niemand hatte mir gesagt, daß Pilze wie Gift auf eine vorgeschädigte Leber wirken, nicht nur wegen des hohen Quecksilbergehaltes. Die Pizza war phantastisch, und natürlich kam diese Pizza nicht von ungefähr. Es galt einen italienischen Geburtstag zu feiern, wo natürlich der Wein in Strömen floß. Das letzte Abendmahl wurde spätnachts beendet, woraufhin ich zu Hause gut schlief und schlief und schlief, bis Freund Fritz auffiel, daß dies ein recht ungesunder Schlaf sei, ebenso wie die Hautfarbe, die sich auffallend in Richtung asiatischer Pigmentierung entwickelt hatte.

Später, als ich wieder denken konnte, einen Stift halten, sitzen, Gedanken in Zusammenhängen kreisen lassen konnte, schrieb ich in das karierte Heft, das man mir auf Wunsch ans Bett im Krankenhaus gebracht hatte:

„Das war es: ein sanftes Abgleiten in die Bewußtlosigkeit, ein Sich-fallen-Lassen voll Vertrauen ins Irgendwohin. Alles durchströmende Müdigkeit. Die Zeit hatte ihre Meßbarkeit verloren. Eine neue Dimension der Erfahrung war erreicht.

Später berichtete man der Patientin, sie habe wirr und unverständlich geredet. Bei ihr keine Erinnerung. Ausgelöschte Realität, der Körper vergessen, das langsame Aufwachen erlebt als ein Gewebe von Phantasie und der Erkenntnis, nicht befreit zu sein, sondern gefangen in einem nicht funktionierenden Körper, einem vergitterten Bett. Zu ihrer eigenen Sicherheit, sagte man der Patientin. Sie fragte: „Sicherheit – vor wem?"

Einen Monat vor dem Koma hatte sie in ihr Tagebuch geschrieben: ‚Sterben ist eine persönliche und intime Angelegenheit, bei der ich keine fremden Zuschauer wünsche. Sterben kann Glücksgefühl sein, ohne lautlos arbeitende Apparate, ohne hektisches Klinikpersonal, für das man ein Fall ist, eine Nummer, eine Akte, die nach Vollzug der Behandlung geschlossen wird. Wunschtraum: das eigene Bett, den geliebten Menschen in der Nähe, alte Lieblingslieder als Begleitung. Nicht allein sein, ohne Schmerzen aufhören zu existieren. Sonnenschein durch nicht abgedunkelte Fenster. Die Dunkelheit kommt früh genug; Sterben im Licht.'

Nach dem Koma begann sie zu zeichnen, zittrig noch und kraftlos, aber zielstrebig: Atome, Moleküle, bizarr anmutende Strukturen. Ein Arzt, professionell und unnahbar, versuchte wissenschaftlich die chemische Reaktion zu erklären, die sich in ihrem Hirn manifestiert hatte. Der nächste kleine Tod würde unabwendbar sein. Weitere würden folgen. Als er sagte: ‚Diesmal haben wir Ihnen das Leben gerettet‘, antwortete sie: ‚Ich hatte nicht darum gebeten.‘"

Als ich dies schrieb, wollte ich die Krankheit, wollte ich mich als Kranke nicht akzeptieren. Ich schrieb in der dritten Person von mir, als Außenstehende. Überfallen gefühlt hatte ich mich. Hinterrücks und entgegen allen statistischen Wahrscheinlichkeiten hatte die Krankheit ausgerechnet bei mir zugeschlagen. Ich fühlte mich betrogen, wollte nicht Ich sein. Ich wollte es so einrichten, daß ich irgendwer aus dieser Statistik war. Irgend jemand. Man.

Man hatte von dieser Krankheit seit Jahren gewußt. Sie verlief mit den üblichen organischen und chemischen Veränderungen, wie nach Lehrbüchern der Pathologie. Und doch hatte sie ihre individuellen Eigenheiten. Sie zeigte zunächst wenige Schäden und ließ sich Zeit mit der Ausbreitung. Der Hausarzt, regelmäßig konsultiert, checkte keine Alarmzeichen, verschrieb Vitamin B. Er kündete nur von einer schleichenden Vergiftung, die sich anbahnte. Ich kümmerte mich nicht um diese Aussage, da keine praktischen Ratschläge damit verbunden waren, hielt sie nicht für eine ernsthafte Warnung, da gesagt wurde, man dürfe alles essen, nur nicht so viel Fett und wenig Salz. Andere Leute wurden siebzig Jahre alt mit dieser Krankheit, trotz der Krankheit. Ich dachte nicht im Ernst daran, daß es mich selbst treffen konnte, dieses „plötzlich und unerwartet" aus den schwarzumrandeten Zeitungsanzeigen. Man dachte, die Krankheit habe genügend andere Befallene zur Auswahl für ihre Attacken. Personen mit schlechteren Befunden, in schlechterem Allgemeinzustand. Die Krankheit hatte eine große Variationsbreite. Man hatte keine Schmerzen, fühlte sich trügerisch wohl. Man aß weiterhin die falsche Kost, trank vom herben Rotwein und vom milden Frizzantino. Man liebte *Pizza con funghi* und die *dolci* des

Südens, das Strandleben bei Campari-Soda, die warmen Sommerabende in den Straßencafés beim *gelato,* all das mittelitalienische Leben in der Mitte des Lebens.

Irgendwann wachte das Hirn aus der Bewußtlosigkeit auf. Der Körper reagierte mit Reflexen. Er lag in einer schrägen Horizontalen inmitten von Licht. Große, orangefarbene, weiß umrahmte Scheiben, rund, oval, zogen vorbei. Ein glitzerndes Ding bewegte sich weit oben. Manchmal tauchten grünfarbene Schatten auf, vergrößerten und entfernten sich. Dazwischen immer wieder der Ruhe suggerierende Schlaf, ein friedvolles Dahindämmern. In Phasen der Helligkeit ein Gesicht, als solches vom Hirn erkannt. Das Hirn signalisierte: ein bekanntes Gesicht, ein gutes Gesicht. Das Hirn begann wieder zu funktionieren, wirr und unbeholfen Erinnerungen zu produzieren, lückenhaft und unvollkommen. Es meldete sich das „Da war doch noch was"-Gefühl, daß dieses Gesicht dem Körper nahestand, eins mit ihm gewesen war. Einst, in einer anderen Zeit. Was aber war Zeit? Zeit war relativ, Zeit war abstrakt, nicht mehr meßbar, unwichtig. Alles zu seiner Zeit. Hier gab es keine Zeit.

Der Körper lokalisierte Licht, erahnte Schatten, empfing das hell-dunkle Wechselspiel. Er befand sich im Post-Koma, im Stadium der Halbwachheit. Signale wurden falsch gesetzt, nur bruchstückhaft empfangen. Das Hirn bescherte dem Empfänger Halluzinationen. Ein Kreuz war das Opfer. Das Kreuz mit dem Gekreuzigten vor dem weißen Hintergrund schwebte heran. Es hatte keinen festen Platz mehr im Blickwinkel zwischen den fremden orangefarbenen Monden und dem sich ab und zu bewegenden Glitzerding. Das Hirn gab dem Körper Anweisung, das als Kreuz erkannte Gebilde doppelt zu sehen. Die Augen gehorchten. Zwei Kreuze kamen näher, umschrieben einen Kreis, schienen sich zu umarmen, verbeugten sich. Der Körper signalisierte Empfang, assoziierte den Begriff „Segen" und ergab sich zufrieden dem Ruhezustand. Das Hirn lockte mit Träumen. Die Augen suchten Kontakt, registrierten einen Tanz des Kreuzes in Ellipsen, Hyperbeln. Das Kreuz umschrieb ein rechtwinkliges Dreieck und hüpfte auf der Hypotenuse, bis eine Pirouette die Vorstellung beendete.

Körper und Geist, die Funktion des Hirns, arbeiteten nicht synchron. Beide schienen ihre eigene Welt zu haben, ein jedes vom anderen abhängig in ewigem Kreislauf. Das glitzernde Ding versorgte beide mit Nährlösungen. Nur der Tod konnte sie trennen, ein spezieller Hormon- oder Energieausstoß sie zusammenschalten zu einer Einheit. Beide, der Tod und das wiederinitiierte Leben, existierten aufgrund chemischer Reaktionen zwischen körpereigenen Substanzen und den durch Hohlnadeln zugeführten Stoffen. So wurden Träume, Halluzinationen kreiert aus der Synthese chemischer Elemente und meßbarer elektrischer Ströme. Das Hirn als Sender, der Körper als Registrator, Recorder, abrufbereit, präpariert auf Empfang, störungsanfällig.

Und so kam die Zeit des Ausgleichs, der Bilanz, der Krise. Man schloß die Augen, erschauerte. Das Hirn ließ filmartig Bilder vorbeiziehen. Ungeordnet, nicht chronologisch, Highlights und absolute Tiefen im Wechsel. Der Körper reagierte mit erhöhter Temperatur, setzte Emotionen um in wärmeproduzierende physische Energie, aktivierte einen Kreislauf von chemischen Prozessen und Reaktionen, erwiderte Abnormität mit Funktionsverlust der Organe, Verflüssigung des Blutes, Anstau von Säuren. Das Hirn akzeptierte kommentarlos Unvorstellbares: ein Hochgehobenwerden in das Licht, ein Schweben durch weiße Hallen mit weiß-orangen vorüberziehenden Monden. Man hörte Stimmen, unverständlich im Laut, nicht lokalisierbar, doch nah. Man spürte keine Schmerzen. Da war nur die alles umfassende Farbe Grün, sich bewegend, durchbrochen vom ewigen Weiß. Dann kam wieder das große Nichts. Körper und Geist waren eins im Unterbewußtsein, im Unbewußten. Gesicherte Informationen drängten aus dem Hirn, passierten auf Nebenleitungen die blockierte Ausfuhr. Die große Abwesenheit, Freiheit war da, das Glücksgefühl des Dahinschaukelns auf Wogen von Adrenalin, der Herzschlag reguliert durch Beta-Blocker. Da war das Weltall-Gefühl, ein Teil des Ganzen zu sein in einem allumfassenden Konzept. Die Imagination, ein Stück Materie zu sein in unendlichem Raum, zerfallend zu den Urelementen menschlichen Daseins, zerlegbar in ihre Bestandteile zu neuer Synthese nach endlicher Zeit: ein Teil des Regens zu werden, des Meeres, der Wüste, der Dosensuppe, des Hundebandwurms. Alles zu seiner Zeit. Gleiche Materie für alle, gleiche Molekularstrukturen in der Substanz von Eingeweiden und Mikroben.

Den Körper drängte es zu profanen Lebensäußerungen. Er ließ Luft ab, Flüssigkeiten frei. Hände bewegten sich tastend, der Magen knurrte, die Stimmbänder rieben, die Wangenmuskeln bewegten sich. Das Hirn erlaubte dem Mund die Anwendung der erlernten Sprache als Ausdruck der Rückkehr in die zeitlich meßbare Welt. Der Mund formte das Wort „Hunger". Man war wieder ein Mensch. Man empfand: das war *Ego*.

Ich war aufgewacht. Es war nicht irgendein Körper, dessen ich mich bediente. Es war meine Stimme, die sprach, mein Arsch, der furzte, meine Hand, die nach dem behaarten Mond griff, der ein Gesicht war. Ich begann im Personalpronomen zu denken. Mein Körper lebte. Ich war wieder *ich*. Ich erkannte die schaukelnde Infusionsflasche über mir und die Gesichter hinter den Kabeln, leicht vernebelt noch, aber bewußt. Die Gesichter redeten mit mir, noch verstand ich nicht, hörte die Stimmen undeutlich. Ich versuchte zu reden. Der Hungerappell war nicht angekommen, niemand hatte reagiert. Ich nahm meine Kräfte zusammen, um einen Satz zu formen. Es dauerte eine Weile, das Überlegen fiel schwer. Dann sagte ich deutlich nicht „Ciao" oder „Hallo" oder was andere Leute in solchen Situationen sagen, sondern eindeutig auf deutsch: „Das ist also endlich die Klapsmühle." Die Gesichter schnitten Grimassen. Eines beugte sich herab und sagte: „Calma, calma. Das hier ist das Ospedale Civile für ganz normale Menschen." Dann wurde mein Kopf hochgehoben, jemand schob einen Strohhalm durch eine Öffnung, der Schluckreflex setzte ein, und ich trank. Wasser!

Aus dem Gerede erfuhr ich, daß ich vier Tage im Koma gelegen hatte, fast einen Rückfall hatte. Ich war völlig desorientiert, was die Uhrzeit, das Datum, das Jahr betraf. Es interessierte mich auch nicht. Ich fragte mich, warum ich nicht tot sei. Auch das war mir egal. Ich war nicht tot. Auch gut. Also schlief ich weiter. In den wenigen Wachzuständen in den nächsten Tagen hatte ich immer noch kein Interesse an der Umgebung. Ich mußte mich um nichts kümmern, irgend etwas würde schon passieren. Vielleicht die große Überraschung, wenn ich dann doch als Geist über meinem dahingeschiedenen Korpus schweben würde, wie ich es in einem Buch vom Leben nach dem Tode gelesen hatte. Ich erinnerte mich sogar an den Autor, einen Doktor *Moody*, Sterbeforscher. Welch ein Job! Und was ihm die Leute alles erzählten! Wenn sie an der Schwelle zum Tod genausoviel Unsinn geträumt hatten wie ich, würde ich das akzeptieren, aber diese fast primitiven Berichte, wie man von Verwandten und Schutzengeln abgeholt wurde im großen Licht hinter einem Tunnel – auf solcherart Visionen habe ich es nicht gebracht. Ich sah viel Licht. Künstliche Beleuchtung, vermute ich. Aber niemand hielt mir meine schlechten Taten vor, und an der Grenze stand nicht mein Mann, um mich abzuholen. Ich hätte mich gefragt, ob die Hölle dort oben weitergehe.

Im nachhinein muß ich bemerken, daß es eine sehr bequeme Methode war, durch ein Koma vom Alkohol loszukommen. Von einer gewissen Lebensgefahr von im Mittel 80 Prozent einmal abgesehen, bewahrt sie vor einem schmerzhaften und in vielen Büchern als horrormäßig beschriebenen Entzug. Die ersten Tage wurden einfach verschlafen, bis das Gift aus dem Körper war. Außerdem, und auch das sehe ich als großen Vorteil, befand ich mich in einem ganz gewöhnlichen Krankenhaus auf der Medizinischen Station unter „Normal"-Kranken. In einer Entziehungsanstalt oder gar in der Psychiatrie wäre ich unter lauter gleichartig Betroffenen gewesen, die alle im Prinzip die gleichen Probleme hatten und wo das Tagesgespräch sich vermutlich um die Themen Alkohol und Entzug gedreht hätte. Hier fand ich das Getratsche über die Tagesrekorde an Blutzucker- und Cholesterinwerten interessanter und das Bewußtsein, nicht zu einer ausgegrenzten Gruppe zu gehören, sondern eine „Normal"-Kranke unter vielen anderen zu sein. Magen-, Zwölffingerdarm-, Gallen- und Leberschäden bildeten eine Krankheitseinheit auf demselben Flur. Zudem hätte mir die Motivation gefehlt, freiwillig in eine solche Institution für psychisch Kranke zu gehen. Und ohne Motivation funktioniert die Sache meines Erachtens nicht. Man muß selbst voll dahinterstehen, nicht durch äußeren Druck geschickt werden. Und gute Vorsätze allein genügen nicht. Sie sind bestenfalls ein Aufschub für einen bereits vorprogrammierten Rückfall. Nun, jetzt hatte ich meine Motivation: weiterzutrinken und ein halbes Jahr später recht unappetitlich abzukratzen, wahrscheinlich per Blutsturz – oder noch eine Weile länger zu leben in akzeptablem Zustand und für den Rest meines Lebens etwas Sinnvolles zu tun. Zum Beispiel, dieses Buch endlich zu Ende zu bringen, auch wenn der Wein zur Inspiration fehlt. Die Alternative war klar.

Ich entschied mich für das letztere. Meine statistische Lebenserwartung beträgt, keine Alkoholzufuhr vorausgesetzt, maximal zwei Jahre. Es kann etwas Unvorhergesehenes passieren, wie bei jedem anderen Menschen auch. Dann ist diese Zeit eben kürzer bemessen. Es kann gute Zeiten, schlechte Zeiten geben. Ich werde die Zeit nutzen. Das Wissen um die Begrenzung ist nicht schlimmer als das derjenigen, die an Krebs erkrankt sind und einen langen Leidensweg unter starken Schmerzen vor sich haben. Meine Krankheit zum Tode hat diesen Nachteil nicht. Auch die vielen Menschen, die einen Herzinfarkt überstanden haben, wissen nicht, wann sie eine neue Attacke erwartet. Es gibt viele Kranke, denen es schlechter geht. *Jetzt,* das ist mein Leben. Das Damals ist Erinnerung. Und die Zukunft ist kurz.

**Eine nicht immer ganz ernst zu nehmende Analyse
des Penner-Systems**

Während meiner Fahrten kreuz und quer durch Italien, zwischen Brenner und der sizilianischen Cammarata, von den Ligurischen Alpen durch die Po-Ebene nach Venezien und von dort bis Brindisi, während der Aufenthalte in den armen Gegenden des Apennineninneren in Molise und Basilicata bis zu den Büffelherden der Maremma machte ich unzählige Notizen und führte Tagebuch in karierten Schulheften. Ich schrieb über traurige, gewöhnliche und auch amüsante Begebenheiten im Vagabundenleben, über arme Schweine wie Franzosen-Henri, Schieber-Wolfgang, den Kärntner-Eddie und Brindisi-Helmut, den kleinen Igel und Toscana-Jutta, von Lebenskünstlern wie BWL-Ferdl, Messina-Blues, Quasimodo und Geier-Walli, etablierten Standard-Bettlern wie Fanta-Kurt, Schwaben-Uli und Titten-Sabine und natürlich über penetrante Schnorrer wie Blondie, Horror-Herbert, Salerno-Karin und den Wurzelsepp in ihren manchmal abenteuerlichen, meist eher langweiligen und oft frustrierenden Lebenssituationen. Ich traf so viele Gerhards, Peter, Klausis von der nördlichen Brennerseite, daß mir die Auswahl schwerfiel. Manchmal vermisse ich heute das abwechslungsreiche Leben. Aber ich habe meine Erinnerungen, und nach und nach verblassen die negativen Erlebnisse und machen den positiven Platz. Es kommt auch vor, daß ich im nachhinein Situationen, die ich damals fatal fand, nunmehr als amüsant und lehrreich betrachte. Und an kühlen Tagen, wenn ich vom Schlafzimmer aus in den Garten sehe und auf den Olivenhain, in dem ab und zu eine

Schafherde grast, hänge ich dem Gedanken nach, ob es auch in Rom regnet und Fanta-Kurt seine Gittertür verhängt hat, ob die Kumpels auf der Bahnhofsrampe in der Nacht wieder Begleitschutz angefordert hatten und wer heute wohl unter der Freitreppe des Verteidigungsministeriums haust.

Als Axel und ich damals vor Jahren nach Italien ausgewandert waren, um in der Wärme zu leben statt unter Isar-, Alster- oder Mainbrücken zu frieren, womöglich zu erfrieren, und uns mit deutschen Behörden herumzuärgern, hatten wir keine Ahnung von den offiziellen Zusammenhängen innerhalb des sozialen Gefüges, das uns erwartete. Erst nach und nach wurden wir mit den Feinheiten vertraut und machten unsere Erfahrungen durch peinliches Fettnäpfchentreten und übles Auf-den-Busch-Klopfen zwecks Informationserhalts. Dabei wurde uns klar, wie verwickelt die Sache sein kann, ähnlich den bekannten komplizierten Familienverhältnissen, in die ein Mann kommt, wenn er eine Witwe mit einer erwachsenen Tochter heiratet und sein verwitweter Vater diese Tochter. Dadurch wird seine Frau die Schwiegermutter ihres Schwiegervaters, ihre Tochter seine Stiefschwester und Stiefmutter. Der Sohn aus der Ehe seines Vaters mit der Tochter seiner Frau ist sein Bruder und gleichzeitig Enkel seiner Frau, der Sohn aus seiner Ehe Schwager seines Großvaters und Onkel seines Onkels, sein Sohn nennt seine Schwester Großmutter. Der Mann selbst wird zum Vater seiner Mutter und Bruder seines Enkels, die Frau zur Tochter ihres Schwiegersohnes und Schwester ihres Enkels, all das selbstverständlich auf Stief-Basis. Der Mann bekommt dann erhebliche, medizinisch zu würdigende Identifikationsprobleme. Die Gruppe „Truckstop" geht das Problem von einer anderen Konstellation aus an und läßt den demoralisierten Helden stöhnen: „Mein Opa, der bin ich!"

In ähnlicher Weise ergeben sich auf der Ebene der Soziologie und der korrekten terminologischen Zuordnung der Phänomene im Bereich Obdachlose/Nichtseßhafte/Penner gewisse definitiorische Schwierigkeiten. Im folgenden wird erläutert, warum ein Obdachloser kein Penner ist, ein Penner aber sehr wohl zum Obdachlosen werden kann und welche Qualifikationen ein umherziehender Nichtseßhafter erster Ordnung als Bettler aufweisen muß.

## Allgemeines

Um nicht noch mehr Verwirrung in die Angelegenheit zu bringen, möchte ich daher vorab einige Begriffe aus dem Metier grundsätzlich klären. Das Unwissen weiter Bevölkerungsteile auf diesem Gebiet ist erschreckend. Sogar der Redakteur einer Pennerzeitung, mit dem ich neulich telefonierte, konnte der Definition nach keinen simplen Handschnorrer von einem strategisch wirksam arbeitenden Bettler in der Schaufensterbranche unterscheiden. Wahrscheinlich ordnen die meisten Leute der Einfachheit halber alle Varianten der Bittsteller und Almosennehmer in die Kategorie „Schmarotzer, Parasiten, Nassauer" ein. Vorurteile sind ohnehin weit verbreitet, lassen aber nur auf Unkenntnis der subtilen Infrastruktur des Pennerwesens schließen. Allerdings ist die differenzierte Gliederung der Hierarchie auch einem Insider erst nach längerer Zugehörigkeit ersichtlich. Außenstehende erhalten kaum jemals einen Einblick. Axel und ich lernten nach und nach, uns zurechtzufinden. Es dauerte, wenn ich im nachhinein überlege, mehr als ein Jahr, bis wir die Grundbegriffe verstanden hatten und „Herrn Böhm" in geziemender Weise als den einstufen konnten, der er war, desgleichen den doofen Muckefuck, Schlager-Eugen und Hubert-das-Pferd. Eine Ausnahme ist Kaffee-Fritz, der im Laufe seiner Karriere mehrere Metamorphosen durchmachte, schließlich als römischer Edelpenner in Vincentos *soggiorno* herbergte und als der endgültige Aussteiger heute das Leben eines ländlichen Spießers fristet, ausgegrenzt, geduldet und beneidet von den Seilschaften der Habenichtse und Möchtegern-Aufsteiger.

Es ist wohl am besten, wenn ich eine zunächst theoretische Einführung in die soziologischen Strukturen innerhalb dieser in Devianz lebenden wirtschaftlich-desolaten Randgruppe der Pennerszene gebe. Dieses Thema wäre auch für wissenschaftliche Studien geeignet. Studenten der Soziologischen Fakultät könnten sich damit – selbstverständlich verbunden mit einem Praktikum – ebenso einen Namen machen wie Linguisten und Medizin-Soziologen oder Sozialmediziner, geht es doch um interne, durch praktische Erfahrung erworbene und bisher nicht veröffentlichte Erkenntnisse über die im Wandel befindliche Lebensform einer zahlenmäßig expandierenden, nicht weiterhin zu übersehenden und zu diskriminierenden Schicht mit eigenen kulturellen Traditionen, psychologischen Eigenheiten und ideologischen Vorstellungen, sozusagen eine gleichwohl antibourgeoise und antiproletarische Bewegung der Neuzeit. In der Vergangenheit machten sich große Wissenschaftler und Forscher nur durch theoretische Erkenntnisse aus der Perspektive ihres Elfenbeinturmes einen Namen in der Fachwelt. Neuerdings besteht eine Etikettierungsbewegung, gestützt auf die sogenannte „Labeling-Theorie", die eine höchst intelligente Variante der Definition eines Penners = Abweichlers schuf. Dieser ist dennoch Mitglied der Bevölkerungsgruppe „jener, die durch die Umwelt als solche definiert werden und dann informellen bzw. formellen Sanktionen ausgesetzt sind". Die Methode erinnert ein wenig an die der mittelalterlichen hungrigen Mönche in der Fastenzeit, die eine fette Ente kurzerhand „Fisch" tauften und die Sanktionen im Bratentopf vollzogen. Nach der Lehre gewisser Sozio-Mediziner sind Penner allesamt Soziopathen und Stadtneurotiker, was als enormer Fortschritt zu bewerten ist, da vor nicht allzulanger Zeit dieser sogenannte „Pöbel" von sozial engagierten Theologen in Arbeitshäuser, später „Korrektionsanstalten", wieder auf den Pfad der Ehre geführt werden sollte (denn Armut galt als persönliche Schuld, nicht als Auswirkung von Umwelteinflüssen und politischer Mißwirtschaft). Und noch nicht lange liegt die Zeit zurück, in der Adolfs Eliteärzte Hobby-

kurse im Pennersezieren veranstalteten, um der minderbe-
mittelten Unterschicht mindere geistige Fähigkeiten und
bestimmte negative Rassenmerkmale unterschieben zu
können. Heute bestehen eher andersgeartete pädagogische
und medizinische Interessen.

Mittlerweile stellen auch die Penner einen beträchtli-
chen Wirtschaftsfaktor dar, der sein eigenes Konsumverhal-
ten zeigt und damit indirekte Auswirkungen auf politische
Entscheidungen ausübt. Man denke nur an die Einnahmen
an Alkohol- und Zigarettensteuer, ohne die eine Regierung
gleich welcher Couleur nicht den Finanzetat zu berechnen
vermag, und nicht zuletzt auch an die Tausende von Ar-
beitsplätzen in den betroffenen Industriezweigen, deren
aufwendige Public-Relations-Finanzierungen und die Spon-
soren auf dem Sportsektor. Was wären Rennfahrer ohne gewisse Zigarettenmarken-Symbole und -gelder? Sie müßten
wie Steffi Graf Eiernudeln durch einen Tennisschläger
streichen und würden damit ebenso unglaubwürdig wie
Helmut Kohl beim Kauf eines Geschirrspülmittels. Insbe-
sondere in Italien, dem klassischen Land des „arrangiarsi"
genannten Familien- und Beziehungs-Klüngels, erinnern
sich Dauerpolitiker und die, die es werden wollen, durchaus an ihre eigenen, dem Spenden-Nehmen nicht unähnli-
chen Prinzipien der Parteifinanzierung und überdenken
ihre neu zu festigenden Machtstrukturen, um sich auch
weiterhin als nebenberufliche Spaghetti-Fabrikanten oder
Zeitungszaren ihr Pöstchen zu sichern und keine Wähler-
stimmen an politische Pro-Penner-Organisationen zu verlieren. Auch im Rahmen der Bevölkerungspolitik stehen
Konflikte an, wenn die zuständigen Referenten sich nicht
an den negativen Beispielen der Dritte-Welt-Länder orien-
tieren, die sie ja mit Spenden offiziell unterstützen. Immerhin besteht deren Population bereits im jetzigen Stadium
der Überbevölkerung – zu dem katholische Staaten wie Italien ohnehin neigen – größtenteils aus diesen Unterschich-
ten, die schon optisch durch verwegene Slumhütten und
hungerbäuchige Kinder auf Mißstände im System hinwei-

sen. Im Süden Europas wird sogar ernsthaft nicht nur an einen Klimaumschwung geglaubt, sondern auch an eine Art Völkerwanderung durch Gastbettler aus dem Norden.

Um also die Vielschichtigkeit des Problems nicht nur dem interessierten Laien, sondern auch einem fachlich geschulten Leserpublikum näherzubringen, veröffentliche ich meine Erfahrungen in der Hoffnung, zum neuesten Wissensstandard auf lebendige und doch informative Weise beizutragen.

Vorab einige allgemeine Bemerkungen zu fachübergreifenden Lebensregeln, die für alle Kategorien von nichtseßhaften Personen, den Pennern, gelten, die ihren Lebensunterhalt auf der Straße verdienen.

1. Was die *Ausführung* der Berufsausübung betrifft, so sind der individuellen Gestaltung kaum Grenzen gesetzt. Solche Grenzen liegen weitgehend im persönlichen Geschmack, dem hereditären IQ – in Grenzfällen der Genialität – des Penners, aber auch in vorgegebenen Faktoren wie der lokalen Wirtschaftsstruktur des gewählten Einsatzortes, den ortskirchlichen und lokalpolitischen Besonderheiten, gewissen meteorologischen Verhältnissen und nicht zuletzt in der Dienstbereitschaft der die Staatsgewalt ausübenden Organe der Exekutive. Grenzen entfallen dagegen im privaten Bereich, da die Einzelpersonen freiberuflich tätig sind und weitgehend autonom leben. Sie entscheiden selbständig über den Einsatz vorhandener materieller Hilfsmittel, das Timing und eine adäquate Gestaltung des Arbeitsplatzes und ihrer Freizeit. Obligatorisch in Italien ist die Information über geographische und topologische Verhältnisse des Zielortes mittels kostenlosen Werbematerials der örtlichen Fremdenverkehrsämter EPT, von welchen detaillierte Stadtpläne ausgegeben werden.

2. Zur Klärung der berufsinternen *Sprache* und der allgemein üblichen Bezeichnungen des Pennerstandes, die aus der mittelalterlichen Gaunersprache, dem „Rotwelsch" abgeleitet werden können wie der Begriff „Schnorrer", ist zu bemerken, daß typische Merkmale vor allem in einem ei-

genartigen Gebrauch von Syntax und Deklination liegen, im Weglassen des Genitivs und der Einebnung unregelmäßiger Verben zu neuen Wortschöpfungen, so daß durchaus von einer kreativen Nuance zu reden ist, auch wenn diese den Hochformen der deutschen wie der italienischen Landessprache zuwider läuft. Spezielle Konzeptionen über Pronomina bestehen nicht. Auch hier besteht die Kunst vor allem im Weglassen. Urlaute dagegen wie „aah", „ouh", „aii" sind als Komplettsätze anzusehen. Bei der Artikulierung ist der zugrundeliegende Heimatdialekt zu berücksichtigen.

Als Gesamtbeurteilung würde ich die Kurzform „salopp, prägnant, informa-primitiv" wählen.

Was die Literatur betrifft, so besteht ein komplettes Manko. Leider ist die Tradition der Wandergesellen und ihrer Lyrik ausgestorben („Schätzel, ade-ade") und eine neue Poesiebewegung mangels Interesses nicht in Sicht. Es wäre daher an der Zeit – und hier sind die Linguisten gefordert –, eine Anthologie alter und zeitgenössischer Penner-Lyrik zu erstellen. Es ist beschämend, daß auf diesem Sektor bei deutschen Vertretern der Vagabundengruppe wie Hinkebein-Bernie und Hubert-dem-Pferd so wenig Neigung zu Eigeninitiative besteht und auch die Stadtstreicher, die in Italien ebenfalls die ehrenwerte Bezeichnung *vagabondi* tragen, keinerlei Intentionen aufbringen, das Schatzkästlein der Poesiealben zu bereichern. Durch die rasante Weiterentwicklung des öffentlichen Verkehrssystems haben gerade die wander- und fahrbereiten Individuen unter ihnen die Möglichkeit, den weiten Horizont der Meere und die Impression majestätischer Berge gleichermaßen zu würdigen. Besangen noch unbedarfte, aber edle fahrende Rittersleut ihre Minnefrauen des Mittelalters mit der Intention, Zugang zu den himmlischen Schlüsseln des Keuschheitsgürtels zu erlangen, und thematisierten die studierten Vaganten die skandalösen sittlichen Zustände in Klöstern und bei Hofe, erfreuten sich dereinst Feingeister wie ein Herr Seume an einem Spaziergang von Leipzig nach Syracus (der

Name Goethe soll in diesem Zusammenhang nicht genannt werden), so läge es doch heute nahe, daß zeitgenössi-
sche Originalgenies der Landstraßen und Eisenbahnwege
nicht nur die „Mundorgel" im Gepäck haben, sondern
durch Eigenkompositionen ein besseres Niveau als „Mein
Vater war ein Wandersmann" bieten sollten. Auch das
Liedgut italienisch vagabundischer Folklore-Versdichtung
könnte durch volksübergreifende Sentenzen in Anlehnung
an die Moritaten erweitert werden. Da wären Balladen wie
die in Ansätzen vorhandenen Übungslieder „Die bösen Büf-
fel der Maremma", „Laß doch, Klaus" oder „Hubert verlor
seine Latsche / in Madonna della Pace" genau das Richtige.
Die italienische Literatur ist bereits in höhere Sphären der
Beschreibung defizitärer Zustände auf dem Entsorgungs-
sektor aufgestiegen, wie das Gedicht von Gaio Fratini mit
dem Titel „Rom 1982" beweist:

> „Eine schöne Stadt, Rom,
> wirklich eine schöne Stadt.
> Müllsäcke, die aussehen wie Kissen,
> Kissen einer perversen Gesellschaft,
> in der jedes Ding
> etwas anderem gleicht."

Italien wartet auf Neuerscheinungen, der Berlusconi-Verlag
steht bereit.

3. Was die *Kleidung* der Penner betrifft: Der sogenannte
Vagabunden-Look ist weitgehend außer Mode. Übelrie-
chende bärtige, fetthaarige, zerlumpte Gestalten, diese tra-
ditionsbewußten und unbelehrbaren Altfiguren, die nie mit
der Zeit gehen, setzen ihre Existenz aufs Spiel durch provo-
kante Demonstration ihrer Armut. Old-age-Klamotten mit
blankgeriebenen Gabardinehosenboden, Opas Knickerbok-
kers, volkstümelnde Alpentrachten im Wander-Wadeln-
Stil sind ebenso mega-out, wie Karojacketts à la Peter Fran-
kenfeld, Udo-Lindenberg-Schlapphüte zum Kaschieren
mottenartig zerfressener Kahlschläge über dem Stirnhirn
und durchlöcherte Schuhsohlen. Das Ex-Gammler-Desi-

gnermodell der siebziger Jahre, die Flower-Power-Hippie-Masche werden garantiert ein Flop. Modebewußte Italiener/innen, ob im Armani-Dreß oder im New-Wave-Hausfrauen-Style mit Netzstrümpfen, Flamenco-Röckchen und Nylon-Bustier werden dem Almosenbittsteller zunächst mit den besten Empfehlungen einen Zettel mit der Anschrift der nächstgelegenen Klamottenausgabestelle überreichen, dazu den entsprechenden Fahrschein und ein Zehrgeld. Größere Beträge sind in diesem Zustand nicht zu erwarten. Aber nicht selten ist es vorgekommen, daß Vorübergehende vom Anblick und Geruch käsetriefender Stinkstiefel so überwältigt waren, daß sie den Träger nach der Konfektionsgröße fragten und diesem kurze Zeit später ein Paar bequemer neuer Schuhe schenkten. Auch passende Allround-Jeans und lässige Oberbekleidung für den nachlässigen Stadtstreicher wird durchaus gerne angeboten. Stadt-Italiener sind Ästheten und leiden am Anblick offensichtlicher Modemuffel. Selbstverständlich bleibt es jedem unbenommen, auch in reiferen Jahren noch auf Micky-Maus-Pullis und Schlaghosen zu bestehen. Aber ein Erfolg wird sich eher in spöttischen Blicken bemerkbar machen als in barer Münze. Und natürlich wird sich auch niemand mit ein bißchen Grips unter der Mütze Ringe durch Nase oder Lippen stecken oder das Zahnfleisch mit Sicherheitsnadeln an den Wangen befestigen. Im Interesse der Füllung des Klingelbeutels oder der Sammelschachtel, also aus einem instinktiven Selbsterhaltungstrieb heraus, wird man dieses extravagante Vorgehen tunlichst unterlassen und nur als Freizeitbeschäftigung betreiben. Wer als Punk-Schnorrer mit buntgefärbtem Haarkamm in Italien Kohle machen will, hat schneller einen Tritt in der Hosentasche als eine Lira. Und auch die Läuse-Freaks werden bemerken, daß das Publikum Abstand hält. Sie können daher nur mit Kleingeld rechnen, da es sich damit besser wirft als mit flatternden Scheinen, die in falsche Hände kommen könnten. Es sei denn, der Spender beschwert sie mit einer Dose *Anti-Pulci*-Pulver. Und wer zu den Großmäulern gehört, die sich mit Netzhemden über schwellenden blautätowierten Knackibrüsten bekleidet schon als Großverdiener sehen, hat sich in der Klientel getäuscht. Nur wenige Italien-Bewohner teilen diese Vorliebe. Und dann gehören sie in der Regel nicht zu der pekuniär positiven Spendergruppe. Daß Springerstiefel und Militärlook in einem freien demokratischen Land der Kasse nicht förderlich sind, läßt sich denken, wenn man sich den liberalen Lebensstil der Südländer vor Augen führt. Italiener lieben zwar Uniformen, aber sie müssen chic sein. Man wird kaum einen Carabiniere treffen, der nicht mit straff gebügelter Hosenfalte einherstolziert, keinen noch so jungen Marinesoldaten, dessen Ausgehuniform nicht piekfein weiß ist, der Kragen steif gestärkt. Krawattenzwang besteht in der Regel nicht. Es gilt aber in bestimmten Edelschnorrerkreisen als besonders fein, die diversen Aktionen bei der Schlacht ums kalte Buffet und die Jagd auf das nie wieder herausgerückte Leihgeld in VIP-Lounges, bei Vernissagen, Premieren und in den besten Touristenhotels in geziemender Aufmachung zu absolvieren.

Ganz allgemein kann gesagt werden, daß die bei den kirchlichen und caritativen Klamottenstellen zu erhaltende Kleidung immer sauber, frisch gewaschen oder gereinigt, gegebenenfalls gebügelt ist und auch durchwegs modern. Die italienischen Mütter, die bei einem neuen Modetrend die Kleiderschränke ihrer Lieben ausmisten, lassen sich nämlich nicht von obskuren privaten Kleidersammlungs-Organisatoren übers Ohr hauen, sondern bringen die von den Kids und Männern und ihnen selbst nicht mehr als stilgerecht empfundene Bekleidung direkt zu einer Kirche oder Caritasstelle. So wissen sie, wo die Andenken an die letzte Epoche landen, und sie unterstützen dadurch konkret die Armen ihres Bezirkes und die durchziehenden fremden *vagabondi*. Meist handelt es sich um die Kollektion des Vorjahres, die aufgrund falscher Labels nicht mehr aktuell ist, sich aber ansonsten nur durch unwesentliche Details vom neuesten Trend unterscheidet.

Zusammenfassend ist zu sagen, daß Geschmack und Zurückhaltung ebenso wie im bürgerlichen Leben mehr Geld einbringen als Extravaganzen oder ein ordinäres Auftreten, das leicht mißverstanden werden kann und im Einzelfall abschreckend wirkt.

## Systematisierung einer Lebensform

Der Versuch einer nicht ganz ernsthaften Begriffsklärung:

*Devianz*
– ein recht unbekannter Begriff. Jedenfalls gehört er nicht zum gewöhnlichen Wortschatz der Bevölkerung, die durch ihre Beurteilung und Vorurteile alle anders als der Durchschnitt Lebenden zu Außenseitern deklariert. Und genau das ist es, was dieses von Soziologen erfundene hübsche Fremdwort bedeutet: es ist die offizielle Bezeichnung all derer, die im Widerspruch zu geltenden Normen und Werten des umgebenden Systems stehen. Der Begriff ist weit gefaßt und angeblich wertneutral, bezeichnet also alle diejenigen, welche als

*Abweichler, Außenseiter, Neudeutsch: Outsider*
ihr Leben fristen. Nun hat ja wohl jeder irgendeine kleine Macke, auch wenn er es nicht gern zugibt. Aber harmlose Spinner und penetrante Witzbolde sind ebensowenig gemeint wie missionierende Weltuntergangspropheten oder heimlich saufende Oberstaatssekretäre. Es muß schon schlimmer kommen. Nicht jeder Arbeitslose ist daher ein Abweichler, im Gegenteil: er wird bald zum Regelfall werden. Gemeint ist erst der Arbeitslose, der gar kein Geld mehr hat und auf die Straße gehen muß. Dieser Schritt ist schnell getan. Und die Gesellschaft sieht nicht die Ursachen, sondern nur, was der Mann ist. Er ist jetzt ein Außenseiter, steht plötzlich im Widerspruch zu den geltenden Normen und darf gemieden werden. Die Gesellschaft

bringt Presseberichte über versoffene Penner, über erfrorene Penner, über faule Penner und will die Arbeitshäuser des Bodelschwingh oder der Nazis zurück. Sie zeigt auf clevere Outsider, die in Zelten am Strand schlafen, und verbietet ihnen das Nächtigen außerhalb des dafür vorgesehenen und teuer zu zahlenden Campingareals. Sie verscheucht schutzsuchende Penner, die sich ein Nest aus Sperrmüll unter Brücken gebaut haben, angeblich zu deren eigenem Schutz vor Brand- und Einsturzgefahr sowie aufgrund mangelnder hygienischer und sanitärer Anlagen. Sie predigt Zucht und Ordnung, verbietet Alkoholgenuß auf Parkbänken und holt den Flachmann aus dem Smoking, den Frühstückssekt aus dem Schreibtisch, das Mittagsbier aus der Kantine und den Abendtrunk aus der Kneipe. Die Gesellschaft bestimmt, wer ein Wermutbruder ist und wer ein Party-King, wer eine Jägermeister-Liesl ist und wer eine trostsuchende grüne Witwe mit Alkoholproblemen. Die Vertreter dieser Gesellschaft verurteilen einen prominenten Schauspieler wegen eines Unfalls mit Todesfolge des Opfers zu einer lächerlichen Minimalstrafe und den mehrfachen Familienvater aus dem Obdachlosenheim, der mal seinen Frust wegtrinken wollte, zu einer Strafe in gleicher Höhe wegen Beamtenbeleidigung. Der Unterschied, den die Devianz ausmacht, liegt darin, daß diese Summe vom Filmschauspieler aus der Portokasse bezahlt wird, daß sie für den Abweichler aber fünfzig Tagessätze Sozialhilfe bedeutet. Von der Deliktsart mal ganz abgesehen. Die Beispiele könnten weitergehen mit Vergleichen zwischen Steuerhinterziehern und Eierdieben, zwischen gesellschaftlich wertvollen Waffenschiebern und dem „Abfall der Nation" in akuter Finanzkrise, der Nachbars Kirschen stiehlt. Kurz gesagt: positive Abweichler sind nicht gemeint, auch wenn sie alle Werte und Normen für sich in Frage stellen. Es geht um Randgruppen wie Penner im allgemeinen, Zigeuner im besonderen, Huren, Stricher, Dealer, Fixer, Aids-Kranke, Punks, Skinheads und all das Gesindel, Sie wissen schon welches. Und natürlich betrifft es die

*Obdachlosen und die Nichtseßhaften.*

Auch dieser Unterschied muß erklärt werden, da der Gesetzgeber, also indirekt das Volk, die Gesellschaft, bereits deutlich unterscheidet. Ein Obdachloser ist nicht so obdach-los, wie sein Name besagt. Er hat nur derzeit keine feste Wohnung und lebt von Staats Gnaden in einer Behelfsunterkunft oder in einem sogenannten Beherbergungsbetrieb. Er ist also eigentlich ein Wohnungssuchender und ein Fall für das Wohnungsamt. Bekommt er durch einen der Zufälle des Lebens einen Mietvertrag für die von ihm benutzte Wohnung, wird aus ihm mit der Unterschrift ein Mieter und ein Fall für eine andere Abteilung des Sozialamtes. Ein Obdachloser, der sein Obdach bewohnt, hat also eine feste Anschrift, wenn es auch nicht die feinste ist, und kann jederzeit eine Lohnsteuerkarte erhalten, um sich in die Arbeit zu stürzen, aus sich Außenseiter wieder einen vollwertigen Menschen des umgebenden Systems machen. Geregelt ist diese Definition mit dem irreführenden Wort übrigens in § 2 PSVO. Wer also romantisch unter dem Sternenzelt nächtigt, unter Brücken schläft und an antiken Brunnen herumlümmelt, ist nach § 4 PSVO ein *Nichtseßhafter*. Dabei unterscheidet der Gesetzgeber zwei Arten: da sind einmal die *umherziehenden Nichtseßhaften* und auf der anderen Seite die sich zur Vorbereitung auf eine Teilnahme am Leben in der Gemeinschaft oder zur dauernden Betreuung in einer Einrichtung der Nichtseßhaftenhilfe Aufhaltenden. Wenn besagter Personenkreis also für symbolischen Lohn in der „Herberge zur Heimat" seinem Endziel entgegenstrebt, in der „Heimatkolonie", wie man heutige Arbeitshäuser elegant-beschönigend umschreibt, einer sogenannten sinnvollen Tätigkeit nachgeht wie Plastikrosen in Tüten stecken oder Kartons knicken, handelt es sich um die zweite Kategorie eines Nichtseßhaften. Obwohl er jetzt ein Dach über dem Kopf hat, ist er trotzdem kein Obdachloser. Übernachtet der umherziehende Nichtseßhafte in einer Übernachtungsstätte oder einem Asyl, bleibt er trotz des Obdachs immer noch der Nichtseßhafte und

Nicht-Obdachlose. Ich habe lange überlegt, weshalb diese Unterscheidung gemacht wird. Dabei ging ich von der Annahme aus, daß der Gesetzgeber sich wohl irgend etwas dabei gedacht haben müßte, auch wenn es für juristische Laien schwer nachvollziehbar ist und gewisse Gedankengänge nur mit fachspezifischer Spitzfindigkeit erklärt werden können – oder gar nicht. Ich kam zu dem unbewiesenen Entschluß, daß es sich um praktische Abwägungen gehandelt haben müsse, die bei der Regelung der Sozialhilfesätze entscheidend sind. Nicht entscheidend war sicherlich der Aspekt, daß die Gesellschaft für den Obdachlosen die Miete zahlt, vom Nichtseßhaften aber Bußgelder für wildes Schlafen kassiert. Man hat sicher den damals existierenden Warenkorb zur Berechnung des Regelbedarfs gepackt, um dem ausführenden Beamten die Berechnung leichter zu machen. So hat ein Obdachloser für sein Obdach einen Anspruch auf Tafelgeschirr, Gläser und Besteck, wohingegen der umherziehende Nichtseßhafte ein Plastik-Set entgegennehmen kann und der Nichtseßhafte in der Heimatkolonie mit dem angeschlagenen Arbeitshausgeschirr vorliebnehmen muß. Hat der umherziehende Nichtseßhafte Anspruch auf einen Schlafsack, kontert der Obdachlose mit Bettwäsche, und der arbeitende Nichtseßhafte guckt wieder in die Röhre. Die Kinder des Obdachlosen bekommen einen Zuschuß für Schulartikel, die der umherziehenden Nichtseßhaften werden ins Heim abgeschoben oder sind ohnehin bei der Oma, und die Arbeitshäusler haben keine Kinder zu haben. So hat alles seine Ordnung, die Werte und Normen der Gesellschaft behalten ihre Kraft und ihren Sinn, und Nichtseßhafte wie Obdachlose können noch so züchtig und ordentlich sein. Den Anschluß finden sie nicht mehr.

Nachdem dieser gravierende Unterschied nunmehr geklärt ist, denke ich, daß keiner der Leser/innen mehr eine Verwechslung begeht und von den armen Obdachlosen spricht, die im bitterkalten Winter erfrieren, denn diesen ist der Heizkostenzuschuß vom Sozialamt gewiß. Diese umherziehenden Nichtseßhaften, die nicht so blöd sind, sich in einem Arbeitshaus ausbeuten zu lassen, sind das, was man auch schon vom Wort her erkennbar als

*Penner*

bezeichnet. Nun müssen aber alle Menschen irgendwann pennen. Pennäler pennen in ihrer Schule, der „Penne". Echte Penner pennen öffentlich. Sie pennen obdach-los. Die Nichtseßhaften in den Nichtseßhaften-Einrichtungen sind also ebensowenig Penner wie die Obdachlosen. Aber ob ein echter Penner in einem Nichtseßhaften-Asyl übernachtet oder im Kölner Domhotel, weil er in einer Talkrunde bei Hans Meiser auftritt, er bleibt doch ein Penner. Wohingegen Manager, die Überlebenstrainingskurse machen, um in ihren Chefetagen weiterhin dem Herzinfarkt entgegenzumanagen, während ihrer Zeit im Dschungel, wo sie sich halbnackt und unbewaffnet von Spinnen, Käfern, Schlangen und Mäusen ernähren und die Variabilität der heimischen Suppenküchen übertreffen, was exotische Spezialitäten wie Fliegen in Buttermilch und Schweinezähne im Paprika-Hack-Eintopf angelangt, immer die Manager-auf-Urlaub bleiben und nicht auf das gesellschaftliche Niveau von Pennern herabsinken. Der Herr Doktor jur., der im Adamskostüm in verlassenen Affenbetten dämmert und Herrn Tarzan begegnet, bleibt eben der Herr Doktor. Die entscheidende Rolle spielt dabei natürlich das Geld. Penner sind diejenigen ohne wirtschaftlich gesicherte Grundlage, auch wenn sie regelmäßig Sozialhilfe kassieren. Andererseits gibt es, wenn auch selten, Personen der Gesellschaft, die Bettelei als Hobby betreiben. Diese schwarzen Schafe werfen ein dunkles Licht auf die Integrität der Penner-Gruppen, obgleich sie als Pseudo-Bettler nicht dazugehören, sondern allenfalls zu den Obdachlosen. Besagte Personen fahren nach erfolgtem Dienst mit ihrer Beute in teuren Automobilen in ihr Villen-Obdach, wechseln mit dem Ambiente das Outfit, setzen ihre Brot-für-die-Welt-Spende von der Steuer ab und fühlen sich wieder als Mitglieder der ordentlichen Gesellschaft, zu deren Nutzen und Frommen sie hauptberuflich leben und deren Normen und Werte sie nach außen hin verkörpern.

Die echten umherziehenden Penner, also Penner erster Ordnung, das waren wir: wir auf Italiens Straßen. Wir, die Gruppen vom P 500, die Penner vom Rondell im EUR-Park, die *Barboni Tedeschi*. Wir, die *vagabondi* von den calabresischen Stränden und den sizilianischen Küsten und noch 150–200 andere Deutsche, die von deutschen Normen und Wertvorstellungen die Nase voll hatten. Wer will, kann uns Gast-Penner nennen. Wir hatten die Normen und Werte des liberalen Mittelmeerstaates akzeptiert.

*Berber*
ist das Synonym für umherziehende Penner, also im Grunde dasselbe, nur feiner ausgedrückt. So wie man seinen Hund lieber „Hund" nennt und nicht „Straßenköter". Über die Herkunft der Bezeichnung ist mir noch nichts Näheres bekannt. Auch die wenigen Kollegen, die sich Berber nannten und die ich fragte, warum sie das taten, wußten als Antwort nur, daß ihnen der Name nicht so diskriminierend vorkäme – immerhin schienen sie frei zu sein von rassistischen Vorstellungen – wie das Wort „Penner", außerdem höre es sich exotischer an, jedenfalls nicht so gewöhnlich. Bei der Wahl der Bezeichnung handelt es sich also um das ganz ordinäre Beschönigungswunschdenken der unteren Klassen, wie es auch die Putzfrau hat, die lieber als „Raumpflegerin" höher eingestuft werden möchte, oder der Fensterputzer, der zum „Gebäudereiniger" avanciert ist. Wer auch immer den außergewöhnlichen Begriff in die Pennerszene eingebracht hat, scheint die Bezeichnungen „Berber" und „Nomaden" verwechselt zu haben. *Nomaden* sind die dunkelhäutigen, weißverschleierten Gestalten, die ohne festen Wohnsitz in Nordafrika herumziehen mit höckerigen Kamelen, die Dromedare heißen. In Italien nennt man *Zigeuner* Nomaden. Das trifft die Sache schon genauer. In Deutschland heißen sie offiziell *Landfahrer* und fallen unter eigene Gesetze. Sie sind nicht mit Landstreichern zu

verwechseln und haben in dieser Systematik keinen Platz. Bei den Pennern auch nicht. Echte Berber sind in Nordafrika herumziehende Pflugbauern mit Weideland und Viehzucht, die sehr wohl ein Obdach haben auf eigenem Grund und Boden, auch wenn es in diesen Breiten ein Zelt ist. Sie entstammen einer uralten Mittelmeerkultur, wohingegen bei Pseudo-Berbern von Kultur nicht viel zu bemerken ist. Echte Berber haben eine eigene hamitische Sprache mit festen Grammatikregeln, wohingegen sich Pseudo-Berber allenfalls einiger Begriffe aus der rotwelschen Gaunersprache bedienen können.

Was den Arbeits- und Lebensraum des Penners betrifft, so unterscheidet man

*Stadtstreicher und Landstreicher.*
*Landstreicher* entstammen einer alten Tradition, in der sie vorübergehend *Vagabunden* genannt wurden und sich einmal sogar in einer Burschenschaft organisierten, die ein echtes Klassenbewußtsein hatte und 1929 sogar einen Kongreß veranstaltete. Heute ist die auch „*Tippelbrüder*" genannte Spezies, die – wie der Name schon sagt – nur ländliche Gegenden heimsucht, fast ausgestorben. Moderne Vagabunden bevorzugen anstatt der ausgetretenen Wandersmann-Pfade und der Pättkes durchs schaurige Moor das Reisen per Bus und Bahn. Sie übernachten nicht mehr in brennbaren Scheunen und in Bauers Kuhstall wie dermaleinst ihre Vorfahren, sondern streben Beherbergungsbetrieben zu. In Italien habe ich nur zwei von der Sorte kennengelernt. Sie nannten sich der alten Spitznamen-Tradition gemäß, um Verwechslungen mit anderen Personen gleichen Namens auszuschließen, Hubert-das-Pferd und Hinkebein-Bernie. Fraglich ist, ob Hubert-das-Pferd einer Sondergruppe angehört, die ausschließlich von ländlicher Brauerei zur nächsten ländlichen Destillerie wandert und die Beherbergung in Mönchsklöstern verabscheut. Deutsche Landstreicher kenne ich nur aus der Literatur zu den Zeiten, als man noch vom Volk der Dichter und Denker re-

den konnte (Vagantenlieder, „Cherubinischer Wandersmann", „Wilhelm Meisters Wanderjahre" und ein Roman
über den flotten Heinrich, dessen Titel ich vergessen habe),
aus volksdeutschem Liedgut („Mein Vater war ein Wandersmann", „Muß i denn zum Städtele hinaus", „Wir wollen zu Land ausfahren", „Hoch auf dem gelben Wagen"),
schmonzigen Schlagern („Bin nur ein Vagabund"), insbe-
sondere von Heino, der die Szene auf eine andere Ebene ver-
lagert und den internationalen Penner-Jet-Set besingt, die
Kosmopoliten unter den Landstreichern, nunmehr Tramps
genannt, die sich in der Karibik und in Mexiko herumtrei-
ben, sich in Tampico mit Tequila vollaufen lassen, immer
sangesfroh, stets ein Musikinstrument sowie das wunder-
schöne Mädel greifbar, und das, obwohl sie nachweislich
und wie sie auch selbst zugeben keine Dollars und Peseten
haben: Tramps im Idealzustand. Das Image des Draufgän-
gers reicht, auch wenn sie zerlumpt und zerschunden und
stets im Suff sind. Die langweiligen deutschen Landstreicher sollten sich mal ein Beispiel nehmen und ihre dauernd
benölte Szene farbenfroher gestalten. Dazu würden sie auch
öfters zu Talkrunden eingeladen und könnten im Fernsehen auftreten. Bisher sah ich nur einmal einen Bruder der
Landstraße in der „Schwarzwaldklinik", der großzügiger-
weise von Professor Brinkmann kostenlos behandelt wurde, obwohl ja im Ernstfall das zuständige Sozialamt des Or-
tes die Kosten übernommen hätte, und einen in einer „Tat-
ort"-Folge, aber nur als Leiche, was bekanntermaßen keine
großartigen schauspielerischen Leistungen erfordert.

Der Begriff *Stadtstreicher* ist vergleichsweise neu, obwohl es auch im Mittelalter schon Arme gab, die an eine
Stadt gebunden waren und von der Kommune sogar einen
offiziellen Bettelbrief erhielten, einen frühen Gewerbeschein also, dafür aber auch die Abzeichen ihres Standes am
Revers tragen durften. Meines Erachtens dürfte es sich dabei eher um Obdachlose gehandelt haben, die in den damals
noch nicht Slums genannten Vororten untergekommen waren. Heute bevorzugen die Stadtstreicher, die ja in Städten

umherstreifen, staatlich subventionierte Übernachtungs-
heime mit Kontrollinstanzen und Weckruf-Verordnung.
Der Großteil aber will von derartigen Schikanen verschont
bleiben und zieht provisorische Brückenunterkünfte, leerstehende Häuser, Parkbüsche, Bahnhofstoiletten und U-
Bahn-Schächte vor. Er lebt vom Angebot der Suppenküchen, pfarrkirchlichen Essensausgabestellen mit Gebets-
zwang, Wärmestuben und auf öffentlichen Parkbänken, soweit die deutsche Wetterlage einen Aufenthalt im Freien
gestattet, ohne die Gesundheit zu gefährden. Zu Risiken
und Nebenwirkungen wurde noch keine Befragung durch-
geführt. Eine Minderzahl von Stadtstreichern mit nur un-
vollständig entwickeltem Wandertrieb wechselt in unregel-
mäßigen Abständen, wohl auch witterungsabhängig, das
Revier und streicht von Großstadt zu Großstadt. Von einer
klimatisch bedingten Auswanderungswelle nach Süden ist
bisher nichts bekannt.

*Merksatz:* Landstreicher halten Stadtstreicher für blöd
und eingleisig fixiert auf Konsumdenken. Stadtstreicher
spotten über hinterwäldlerische und zurückgebliebene fuß-
kranke Landstreicher, denen der Wandervogel im Hirn sitze.

Beide Gruppen haben Anspruch auf staatliche Sozialhilfe.
Wenn Sozialhilfe nicht beantragt, willkürlich abgelehnt
wurde oder nicht ausreicht, gehen die Stadtstreicher in den
Städten und die Landstreicher auf dem Lande einem Ne-
benerwerb nach, um ihr Existenzminimum zu sichern. Je
nach Art der Nebentätigkeit unterscheidet man zwischen

*Bettlern und Schnorrern.*
Zunächst die gravierenden Unterschiede:

Bettler machen entweder *Sitzung* oder *Stehung.* Bei der
Sitzung sitzt der Bettler, bei der Stehung steht er. Manche
machen zunächst Sitzung und dann Stehung. Dieser Zustand ist meist hämorrhoidalabhängig oder eine Sache der
Fußpflegekultur.

*Merksatz:* Es heißt: „Sitzung machen", nicht etwa „Sitzung halten". Letztere Formulierung ist in Pennerkreisen verpönt, sie beschreibt eine Tätigkeit aus dem Fäkalienbereich.

Schnorrer machen keine Sitzung, wohl aber *Stehung* und *Gehung*. Bei der Stehung steht der Schnorrer, bei der Gehung geht er. Meist geht er neben, vor oder hinter jemandem her. Er kann auch rückwärts gehen. Er sitzt nur privat oder im Knast.

Wer von *Ziehung* lebt, ist ein Dieb und fliegt aus der hier vorgelegten Systematik.

Beiden Gruppen, den Bettlern und den Schnorrern, geht es um das Einkassieren von Almosen. In übertragenem Sinne könnte man von einem privaten Inkassobetrieb sprechen. Die Gesellschaft mit ihren festgelegten Normen und Werten hört das nicht gern, da sie an die Millionen denkt, die an Steuereinnahmen verlorengehen. Die gesammelten Erträge werden *Spenden, Almosen, Obolus, Beute, Knackgeld* genannt. Sachspenden kommen auch vor, sind aber weniger beliebt beim Empfänger, außer es handelt sich um günstig weiterzuverkaufende Gegenstände. In diesem Fall werden sie *Sore* genannt.

*Merksatz:* Einen Bettlerkönig gibt es nur bei Brecht. Wer sich selber so nennt, hat nur einen in der Krone. Schnorrer sind zu vulgär, um ein Oberhaupt zu haben. Sie stehen in der Hierarchie weit unten, gleich vor den Zigeunern, deren Stil sie nachahmen.

Zu den Unterschieden in den Arbeitsmethoden ist zu sagen:

Bettler sitzen stumm an ihrem Sitzungs- oder Stehungsplatz, sprechen niemals Leute an und nehmen in Empfang, was freiwillig gespendet wird. Schnorrer fordern den potentiellen Geldgeber unmißverständlich zur Übergabe der Moneten auf und gelten als eine Vorstufe der Verbalerpresser.

Bettler benötigen einen *Sitzungsplatz* oder einen *Stehungsplatz*. Beliebt sind Kaufhauseingänge zum Sitzen und Stehen, wettergeschützte Stellen an Häuserfassaden, Kircheneingänge und -stufen. Für den Sitzungsplatz benötigen sie eine *Sitzgelegenheit*. Die meisten Bettler nehmen ihren Rucksack als Hinternunterlage. Zur Werbung benötigen sie eine *Bettelpappe*. Diese wird aus einem Stück Karton gefertigt, mittels eines möglichst dickschreibenden Stiftes beschriftet und dient der Information des Publikums über das Anliegen des Bittstellers. Bekannt sind Sprüche wie „Obdachlos und arbeitslos", wobei auf die Bedeutung des Wortes „Obdachloser" hingewiesen wird, das selbst Insidern nicht in seiner Tragweite bekannt sein kann. Bessere Formulierungen sind „Ohne Wohnung, ohne Arbeit, ohne Geld", worauf man allerdings auf das zuständige Wohnungsamt und Sozialamt verwiesen werden kann. Ausländisch aussehende Spaßvögel unter den Bettlern nutzen politische Gegebenheiten und beschriften ihre Pappe mit „Flüchtling aus Sarajewo", wahlweise „. . . aus Lampedusa" oder „. . . aus Hinterhutchistan", je nachdem wo der nächste Krieg stattfindet. Italienische Bettler versuchten eine Weile die gut funktionierenden französischen Clochard-Schilder zu imitieren und machten aus „J'ai faime" ein eindringliches „Ho fame". Der Effekt war, daß sie direkt am Einsatzort angeschlepptes Essen sofort verzehren mußten, was bei meinem Ex-Kollegen Peter dazu ausartete, daß er zunächst eine gut belegte Mortadella-Semmel, kurz darauf eine halbe Pizza und gegen Mittag noch ein halbes Hendl essen mußte, so daß er zu weniger gesundheitsgefährdenden Werbetafeln überging. Zuguter Letzt ist als ebenfalls wichtiges Arbeitsgerät der *„Klingelbeutel"* zu nennen, der als Sammelbehälter für die Spenden fungiert. An Material kommen diverse Schüsseln und Teller ebenso in Betracht wie Schuhkartons und Blechnäpfe, die den Vorteil haben, daß man nach Dienstschluß auch daraus essen kann. Für Notfälle reicht die Hand, die aber der kleinen Öffnungsfläche wegen nur ungern verwendet wird.

Schnorrer hingegen können mit Hand und großem Maulwerk auskommen.

*Merksatz:* Bettler und Schnorrer sind Konkurrenten. Bettler können Schnorrer nicht ausstehen, da diese mit ihrer teilweise aggressiven Methode die Klientel der Bettler ver-graulen. Schnorrer halten Bettler für geistig beschränkt („Arschhocker"). Wichtig in diesem Zusammenhang ist der Fakt, daß ein noch so gut poliertes Emailleschild mit der Aufschrift „Betteln und Hausieren verboten" seine Wirkung verfehlt, da es für echte Bettler nicht gilt. Sobald jemand an eines anderen Tür klingelt und um eine Spende bittet, ist er ein Schnorrer. Richtig müßte es also heißen: „Schnorren und Hausieren verboten". Hausieren ist Beschiß mit Warenverkauf und fällt nicht in diese Systematik, da weder Bettler noch Schnorrer irgendeine Gegenleistung erbringen.

Bettler sind Bettler und nicht in kleinere Spezialeinheiten einzuordnen.

Schnorrer unterscheidet man je nach Einsatzgebiet. Landstreicher sind durchwegs Schnorrer, da sie unterwegs persönlich vorstellig werden und um Geld bitten (nicht betteln). *Kirchenschnorrer* haben sich darauf spezialisiert, bei Kirchen und Klöstern nach einem Obolus zu fragen, also primär gezielt anzugreifen an ideologisch geschultem Kirchenpersonal, das seiner Lehre nach zum Almosengeben prädestiniert ist und auch biblische Anweisungen spezieller Art befolgen muß. *Ladenschnorrer* gehen von Geschäft zu Geschäft, eine in Italien weitverbreitete Methode, da es dort noch viele sogenannte Tante-Emilia-Läden gibt. Als besonders großzügig sind Metzger bekannt. Genaue Ursachen kennt man nicht. Ladenschnorren betreiben auch die dort grassierenden Bettelmönche, die barfuß in Sandalen und mit brauner Kapuzinerkutte direkt an den Kassen vorsprechen und als Dank Gebetbuchbildchen verteilen, die aus Spenden finanziert werden. Die *VIP-Schnorrer* sind eine Edelversion, die sich nur an den Geldern von Geldigen vergreift und sich bei kalten Buffets durchfrißt. Diese Art des Vorgehens erfordert eine gewisse Art von Intelligenz und Benehmen der höflichen und zuvorkommenden Tour, die den meisten Schnorrern aufgrund ihrer primitiven Lebenseinstellung und wohl auch Ausbildung fehlt. Politiker gelten nicht als VIP-Schnorrer, auch wenn sie Spendengelder akzeptieren.

Man sieht, als wie vielschichtig sich das Spektrum des Außenseitertums bei näherer Betrachtung entpuppt. Eine klare Zuordnung ist selten auf den ersten Blick zu treffen. Bei dem stillen Mann, der am Straßenrand sitzt und laut Eigeninformation obdach- und arbeitslos ist, handelt es sich in Wirklichkeit womöglich um einen umherziehenden Nichtseßhaften, der von seinem wahren soziologischen Status gar nichts weiß. Auf jeden Fall ist er ein Bettler, soviel steht fest. Und aus einem der Arbeitshäuser ist er auch nicht. Solche Leute werden unter Verschluß gehalten. Der Handschnorrer, der mit seiner „Hasse ma ne Maak Masche" die Mitmenschen nervt, ist vielleicht sogar seßhaft und nicht nur obdachlos. Meist behauptet er solches auch gar nicht, weil ihn niemand fragt. Mama gibt ihm womöglich zu wenig Taschengeld, und er verdient sich steuer- und sozialversicherungsfrei ein Zubrot zum Arbeitslosengeld. Landstreicher auf der Durchreise können möglicherweise mit Stadtstreichern verwechselt werden, unterscheiden sich aber von diesen durchwegs durch eine andersgeartete Gepäckzusammenstellung. Was die Kirchenbettler und -schnorrer betrifft, so dürften sie in der BRD in weitaus geringerer Anzahl zu finden sein als im katholischen Italien. Das mag mit dem System der Verflechtung von Kirche und Staat zusammenhängen – oder von Religion mit Politik –, aber auch mit der weitaus größeren Bereitschaft südländischer Geistlichkeiten, ihr zweitausend Jahre altes Lehrbuch tatsächlich ernst zu nehmen und, wie ihr Lehrmeister vorlebte, keine Armen von der Schwelle zu weisen, die Hungrigen zu stärken und die Durstigen zu tränken. Das betrifft auch die Almosenregelung, die gesondert aufgeführt ist. Wie man mit diesem System bestmöglich umgehen kann, ist eine Sache des Know-how – und des Übens am tauglichen Objekt.

**Die Sache mit dem Engel**

Auch Axel und ich wurden auf dem Kirchensektor angelernt. Es war die Sache mit dem „Engel", die ganz überraschend unser bis dahin kärgliches Penner-Dasein veränderte. Die Grundbegriffe des Bettelns hatten wir zwar verstanden und ausprobiert, aber mit mäßigem Erfolg. Uns mangelte es an Erfahrung, dem praktischen Wissen, das man
sich erst im Laufe der Zeit zulegt. Wenn wir kamen, waren
die besten Plätze meist schon mit Profis besetzt. Das Timing stimmte noch nicht, und auch an Verspätungen im
Bus- und Bahnverkehr waren wir nicht gewöhnt. So mußten wir uns mit bescheideneren Sitzungsplätzen an der Pe-
ripherie und in ärmeren Stadtregionen begnügen und hatten vorerst nicht die Gelegenheit, aus der Second-Kategorie
in die Spezies der Upper-class-beggars aufzusteigen. Konkret bedeutete dies, daß ein Pensionszimmer nicht finan-
zierbar war. Das konnte ich mir erst später als „Edelpenne-
rin" leisten.

Damals hatten wir Quartier bezogen unter einem gut ge-
wachsenen, weit ausladenden Nadelbaum in einer Parkanlage vor dem Bahnhof von Livorno. Der Platz war ruhig,
was Belästigungen betraf.Störend war nur der Lärm der vor-
beifahrenden Züge. Die unteren Zweige des Baumes hingen
bis fast zum Boden, so daß Sichtschutz garantiert war. Den
Unrat von Ex-Picknicks und Ex-Schäferstündchen hatten
wir weggeräumt. Was noch störte, waren die harten oberir-
dischen Wurzeln des Baumes, auf denen es sich recht unbequem schläft, wenn man nicht die genügende Menge an
Pappkartons zum Randausgleich hat. Als ich gerade im Be-

griff war, die Gegend nach Bettpolsterung abzusuchen, hatte Angelo seinen Auftritt. Er fragte, ob es erlaubt sei, einzutreten, schlug einen herabhängenden Ast zur Seite wie einen Bühnenvorhang und betrat die Szene, die er von nun an beherrschen sollte.

Er war ein eher unscheinbarer „Engel": etwa Mitte fünfzig, recht kleinwüchsig wie die meisten Süditaliener, rucksackbehängt, auf einem Bein hinkend. Als Geh-Hilfe benützte er einen schwarzen Regenschirm. Angelo stellte sich vor und packte dann aus: ein noch dampfendes halbes Hendl, eine große Tüte mit heißen Pommes frites, eine Flasche Ketchup bester Marke, einen in Alufolie verpackten Gurkensalat und drei Stück Kuchen. Wir staunten neidisch und dachten an die belegten Brötchen, die wir täglich reinwürgten, die Eintöpfe der Caritas, den Billigwein aus Plastik-Alu-Tüten, unterste Kategorie. Angelo hatte auch eine Flasche Chianti ausgepackt – dachten wir. Jedenfalls stand das auf dem Etikett der Korbflasche. Unser „Engel" prostete uns zu und lud uns zum Mahl ein. An seinem Hendl wollten wir uns nicht vergreifen, aber bei den Pommes schlugen wir zu, probierten den lange vermißten Salat und natürlich den Vino, der sich als Likörwein entpuppte. Beim dazugehörigen Schwatz berichtete Angelo von seiner Zeit als Schiffssteward, bevor er nach einem Unfall mit Beinverletzung mit einer Minirente aufs Altenteil geschickt wurde. Er war viel herumgekommen, sprach recht gut Deutsch, Holländisch und Englisch. Vor allem hatte er viele Anekdoten auf Lager, die er amüsant zu erzählen wußte. Nach der Mahlzeit vertraute er uns sein Gepäck an. Er wolle noch ein bißchen Geld machen, und außerdem bräuchten wir ja auch etwas zum Abendessen. Er würde einkaufen und etwas Gutes mitbringen. Wir staunten. Der Mann, so klein und dünn er war, hatte einen gesegneten Appetit, und er sorgte noch für uns! Nach einem Dieb sah er nicht aus. Er schien einen besonders einnehmenden Trick zu haben.

Hatte er. Abends kam er zurück mit einer Tüte Obst, einem Kilo Wurstaufschnitt, frischem Brot, Butter, einigen

Dosen Thunfisch und natürlich einer neuen Ladung Wein. Ein Feinschmecker-Penner, konstatierte ich. Er stimmte dieser Einstufung zu und lud uns zum Mahl ein.

„Brüder und Schwestern der Landstraße und des Eisenbahnwesens, der Bürgersteige und der Kaufhauseingänge", deklamierte er pathetisch, „ihr müßt noch viel lernen!" Dabei ließ er eine Scheibe Wurstbrot nach der anderen in seinem fast zahnlosen Mund verschwinden und den Wein hinterhergluckern. Dann drohte er mir: „Morgen bist du dran! Es wird Zeit, daß ihr mal etwas Vernünftiges lernt, sonst verhungert ihr ja so langsam. Von den Suppenküchen allein kann man nicht leben, kein Nährwert in der Pampe. Penner haben einen erhöhten Kalorienverbrauch und müssen sich ordentlich was hinter die Kiemen stopfen, sonst fällt das Fell zusammen."

Der Morgen kam. Wir hatten die Herbstnacht einigermaßen komfortabel auf den mit Pappkartons gepolsterten Baumwurzeln verbracht. Lange noch hatten wir geredet und des „Engels" Seemannsgarn angehört. Um sechs Uhr weckte mich Angelo. Er hatte tatsächlich einen Wecker. „Auf geht's", befahl er, „ran an die Arbeit!" Und das mir, der passionierten Langschläferin! Und dann noch in eine Kirche gehen müssen! Eine absolute Zumutung! Schläfrig trottete ich hinter Angelo die Straße entlang ins Zentrum der Stadt bis zum großen Patriotenplatz mit den obligatorischen Reiterdenkmälern. Ich wachte erst richtig auf, als wir vor einem Kirchenportal standen. „Erste Lektion", deklamierte Angelo, „du gehst jetzt da rein. Ganz einfach. Links neben dem Altar ist die Sakristei. Um sieben Uhr ist Messe. Steht immer ein Plan vorn dran am schwarzen Brett, merk dir das. Um zehn vor sieben erscheinst du da, ganz einfach. Dann ist der Pfaff beim Umziehen. Warte, bis er seine Dessous sortiert hat und sein weißes Schlabbergewand überstreift. Das ist der Moment, Mädchen, dann greifst du an, ganz einfach. Er hat dann keine Zeit für Diskussionen und wird dir was geben, ganz bestimmt. Also, los jetzt!" Und er schubste mich in Richtung Portal.

Die Sache war mir nicht ganz geheuer. Meine Sprachkenntnisse waren damals minimal. Ich hätte nicht gewußt,
was ich sagen sollte. Aber auch diese Bedenken räumte Angelo aus. „Macht nix", informierte er mich, „je weniger du
sagst, um so besser. Außerdem weiß der Typ sowieso, um
was es sich handelt. Wer um diese Zeit in die Sakristei
kommt, will garantiert nicht beichten oder eine Taufe an-
melden."

Also ging ich, es blieb mir nichts anderes übrig, man
zwang mich, ich gehorchte, und ich wollte Geld. So war
das. Aber es war ein abscheuliches Gefühl beim Gang durch
die fast leere Kirche. Hallende Schritte, Statuen, die mich
mit ihren Gipsaugen zu verfolgen schienen. Ich kam mir
sehr klein vor in dem hohen Gewölbe. Andererseits dachte
ich an die Delikatessen eines halben Hendls, an Pommes
mit Mayo, einen gutgewürzten Salat und ein Stück Pizza
con funghi. Dann war da die große, geschnitzte Holztür zur
Sakristei. Sie stand einen Spalt weit offen. Ich lugte leise
und auf Zehenspitzen anschleichend herum und durch den
Schlitz. Da stand tatsächlich der Herr Pfarrer in einer Art
Nachthemd, wie es Angelo beschrieben hatte: über schwarzen Socken in braunen Slippers trug er ein knöchellanges,
mit Lochstickerei garniertes Gewand. Er legte sich gerade
einen bestickten Schal um, der sehr teuer aussah, und griff
zu einer Flasche im holzgeschnitzten Regal, goß eine Portion in einen goldenen Kelch und eine kleinere in die dane-
benstehende geblümte Tasse. Der Meßwein! Jetzt dämmerte mir einiges, und Angelos Chiantiflasche mit Likörwein bekam andere Dimensionen. Seinen Instruktionen
zufolge wurde es nun Zeit, anzugreifen. Ich klopfte zaghaft.
Aber bei der massiven Holztür war nichts zu hören außer
einem Soft-Ton. Ich faßte mir ein Herz, atmete tief durch
und trat ein. Zurück konnte ich ohnehin nicht mehr. Draußen wartete Angelo, der Trainer. Ich sagte gar nichts. Der
Pfarrer nahm einen tiefen Schluck aus der Tasse. Dann bemerkte er mich. Ich wollte etwas auf Italienisch sagen, zumindest „Guten Morgen", aber es fiel mir absolut nichts

ein. In meinem Kopf herrschte totale Leere. Mein Debüt als Kirchen-Fachfrau schien den Bach runterzugehen. So blöd konnte sicher nur ich mich anstellen. Aber gleich zurückgehen wollte ich auch nicht. Diese Blamage mußte noch eine Minute lang dauern, damit ich Angelo die Ausrede auftischen konnte, der Herr Pfarrer sei nicht gut bei Kasse oder Laune gewesen, er habe nichts herausgerückt, mich gar hinausgeworfen. Aber der Herr Pfarrer nickte bedächtig und griff in die rechte Schublade des Renaissance-Tisches. „Für die Armen", sagte er und überreichte mir einen 10 000-Lire-Schein. Ich war noch sprachloser als vorher, falls sowas möglich sein sollte. Ich muß wohl ein rechtes Schafsgesicht gemacht haben. Aber ein Pfarrer ist ja von Berufs wegen ein guter Hirte und an Schafe gewohnt. Den Dank brachte ich gerade noch über die Lippen. Vorsichtshalber rettete der Priester seinen Meßwein, die Meßdiener erschienen, fanden ihr Zubehör. Der Kirchendienst begann.

Ich dachte, für mich sei der Tag gelaufen. 10 000 Lire auf einen Schlag, das war eine Sternstunde für Anfänger. Für soviel Geld mußten wir damals lange Zeit Sitzung machen. Da kleckerten nur so nach und nach die Münzen und die 1000-Lire-Scheine in den Klingelbeutel. Damals gab es sogar noch Fünfhunderter in Scheinen. Freudestrahlend hielt ich Angelo meine Beute vor die Nase. Er schien wenig beeindruckt. „Alter Geizkragen", bemerkte er boshaft, „hat gleich gesehen, daß du Anfängerin bist. War das der Alte, der süffelt?" – „Er hat den Meßwein probiert", räumte ich ein. „Am Abend gehst du noch mal hin", diktierte der „Engel", „dann muß der Kollege arbeiten, zehn vor sieben bei der Abendmesse. Der rückt mehr raus. Und jetzt weiter!" Ich protestierte. „Hör mal", sagte ich, „diese 10 000 Lire hier reichen für heute, das ist eine fette saftige Pizza für 4000 Lire, der Rest ist für Semmeln und etwas Mortadella und Wein, das reicht. Was brauchen wir denn noch?" – „Training", bemerkte Angelo lakonisch. „Jetzt oder nie, Schwesterchen, sonst verpaßt du die Gelegenheit. Du wirst noch lange an diese Lektionen denken."

Womit er recht hatte. An seine Lektionen erinnere ich mich noch heute. Damals starteten wir einen zweiten Versuch. Italienische Städte sind voller Kirchen, Angelo kannte sie alle in Livorno. Bei der nächsten fing die Morgenmesse um halb acht Uhr an. Wieder die gleichen Instruktionen: zehn Minuten vorher auftauchen, das absolut günstigste Timing, damit keine Zeit für Diskussionen aufkommen kann, sozusagen der Überraschungseffekt. Mit den bereits kassierten 10000 Lire in der Hosentasche und somit einem gesicherten Background für den Tag trabte ich, diesmal schon forscher, die Statuenallee ab, direkt auf die Sakristei zu. Same procedure as last time: Erst ein Blick hinter die Kulisse. Der Herr Pfarrer, diesmal ein jugendlich-forscher in hellen Socken, darüber dieses Nachthemd-ähnliche Gewand mit Spitzenbordüren, streichelte ein paar Tauben, die sich auf dem total verdreckten Fenstersims niedergelassen hatten, und bröselte Brosamen zur Verköstigung der Vögel. Immer mehr Graugeflügelte flatterten von der nahen Piazza herüber. Das Gratisessen sprach sich in der Vogelsprache herum. Ich näherte mich dem wohl allmorgendlich stattfindenden Zeremoniell. Angelo hatte mir geraten, als Begrüßung das alte lateinische Wort „Salve" zu verwenden, „Buon giorno" sei zu profan für dieses Ambiente. Für wenige Augenblicke betrachtete ich noch diese idyllische Szenerie, die filmreif gewesen wäre, zumal der Priester Ähnlichkeit mit Adriano Celentano hatte. Aber ich dachte auch an das Zeitlimit und brachte dann irgendwie mein „Salve" heraus, als die letzten Brösel verstreut wurden. Der junge Priester wandte sich um und grinste! Er sah meine Verlegenheit, lächelte aber nicht überlegen. Er grinste ganz einfach, kratzte sich am Ärmel, wo eine Taube ihn getroffen hatte, griff in die Armengeldschublade und faltete einen Schein so klein zusammen, daß ich nicht erkennen konnte, um welchen Betrag es sich handelte. Und dann sagte er nicht so etwas in der Art wie „Gottes Segen sei mit dir" oder was man sonst von einem Gottesmann erwartet, sondern ganz freundlich „Good luck!". Er drückte mir den kniffligen Schein in die Hand, schwang elegant sein farbiges Meßgewand über das lochgestickte Unterkleid und pfiff nach den Meßdienern, die in Jogginganzügen angerannt kamen und ihre Uniformen überstülpten. Alle verabschiedeten sich mit einem Winken und vielen Grüßen. Es war überwältigend. Nicht nur die Szene, sondern auch der Schein: 50 000 Lire.

Natürlich konnte das nicht immer so weitergehen. Später gab es Tage, an denen wir mit 2000 Lire, damals etwa 1,50 DM, und ein paar frommen Sprüchen vor der Tür abgespeist wurden. Aber das waren Ausnahmefälle. Auch für solchen Leerlauf hatte Angelo vorgesorgt. „Ganz einfach", hatte er gesagt, „gegen fromme Sprüche helfen nur fromme Widersprüche." Und er hatte es uns bei einer seiner abendlichen Lektionen erklärt: „Man muß sie mit ihren eigenen Waffen schlagen, das ist jedenfalls meine Taktik. Das Schwierigste daran ist immer, daß einem auch der richtige Spruch zu der passenden Gelegenheit einfällt. Strategisch günstig ist es immer, erst den anderen ausreden zu lassen. Dann weiß man, woran man ist, und kann gezielt parieren."

Und dann folgte die erste Bibelstunde. Angelo hatte tatsächlich eine Bibel im Gepäck. Eine Dünndruckausgabe, ziemlich abgegriffen und mit Spickzetteln bestückt. „Kostenlos", grinste er und nahm genüßlich einen Schluck Meßwein bester Sorte, „mit freundlichen Grüßen von den Zeugen Jehovas." Die Lektion begann mit solidem Grundwissen. „Da steht also einer vor dir mit seinem Spitzenrock, und der hat miese Laune. Kann vorkommen. Prediger sind auch nur Menschen und haben mal einen schlechten Tag. Dann ist Psychologie gefragt." Angelo bediente sich aus einem Glas saurer Gurken. Seine Aussprache wurde zischelnd. „Ein paar Standardsprüche solltet ihr jedenfalls auf Lager haben. Das ist mal das bekannte ‚Geben ist seliger als Nehmen'. Gleich notieren, auch wenn du den Sermon kennst." Er reichte mir seinen Schreibblock, auf dem er sonst seine Einnahmen und Ausgaben notierte. „Am besten besorgt ihr euch eine eigene Bibel. Ganz einfach. Ihr seht im Telefonbuch nach, wo die Weltuntergängler ihren Tempel haben. Königreichssaal nennen sie den. Sagt ihnen schöne Grüße von Bruder Angelo. Sie wissen dann zwar nicht, wer das ist, aber der Name ist so häufig, die haben mit Sicherheit einen anderen Angelo in ihrer Sekte. Wenn nicht, macht nichts. Ist es eben ein Bekehrter auf der Durchreise, der sich dankbar erweisen will und ihnen jemanden zum Anmissionieren schickt. Klar soweit? Sie rükken aber nur Werbematerial heraus, absolut keine einzige Lira oder auch nur ein Butterbrot. Leben so christlich, und dann das. Na ja, so kurz vor dem Weltuntergang, da muß man sparen . . ." Der Rest ging im Kauen eines Thunfischbrötchens unter. Es folgten die üblichen Sprüche wie: „Wer bittet, dem wird gegeben, wer suchet, der findet, und wer anklopft, dem wird aufgetan werden", über die Nächstenliebe, über die Armen und vor allem über Matthäus 6. Da steht, daß Almosen gegeben werden sollen, aber nicht, um damit vor anderen anzugeben, sondern „im Verborgenen", nicht vor aller Augen. Jetzt konnte ich mir auch das Ausliegen von Spendenbriefumschlägen in den Kirchen erklären.

Angelo pickte die Stellen aus der Bibel heraus, die ihm in den Kram paßten, wie Rosinen aus dem sprichwörtlichen Kuchen und im Prinzip in der gleichen Weise, wie es – jeder unter dem Aspekt seines eigenen Vorteils oder dem seiner Lehre – auch die Zeugen Jehovas taten, die Prediger anderer Kirchen vor dem Zusammenstellen ihrer Predigt und die Pfarrer zur Vorbereitung ihres „Wortes zum Sonntag", das ja immer unter einem bestimmten Motto steht. „Es kann vorkommen", unterwies uns Angelo weiter, „daß die Herren zurückschlagen. Das sind die echten Bibel-Leser, die solltet ihr nicht unterschätzen. Dazu müßt ihr aber noch viel Italienisch lernen, sonst seid ihr denen nicht gewachsen."

Und dann erzählte er eine seiner alten Stories, wie ihm ein Pfarrer mit dem Spruch kam: „Seid nicht besorgt für euer Leben, was ihr essen und was ihr trinken sollt, noch für euren Leib, was ihr anziehen sollt. Ist nicht das Leben

mehr als die Speise und der Leib mehr als die Kleidung?"
Und dann kommt das hübsche Gleichnis mit den Vöglein
des Himmels, die der himmlische Vater ernährt, obwohl sie
nicht säen und nicht ernten, von der Feldlilie, der reinen,
die ihr feines Gewand ebenfalls der höheren Ebene ver-
dankt. „Tja", überlegte Angelo, „da fällt es sogar mir
schwer, zu kontern. Der Typ wollte also absolut nichts her-
ausrücken. Daß er selbst auch von Spendengeldern gekleidet ist und sich seinen Meßwein nicht selber kauft, sondern
theoretisch zwar vom Herrn dort oben serviert kriegt, aber
doch im Umweg über die Kollekte, konnte ich ihm
schlecht direkt sagen. Immerhin war da noch die Chance,
daß ich ihn überreden konnte. Also griff ich mal darauf zurück, daß ich leider nun mal kein Vöglein sein kann und
eine reine Lilie erst recht nicht und daß ich in diesem Fall
mit ein bißchen Regen ja auch zufrieden wäre. Aber als
Mensch hätte ich im Gegensatz zu ihr einen Magen, und
zwar einen leeren. Und er, der gute Hirte mit all den Scha-
fen und Vöglein und Lilien, habe doch einen direkten Draht
nach oben, er könne doch da sicher was vermitteln für einen armen Menschen. Auch Arme haben Beine, und nackt
wie die Vöglein des Feldes kann man nicht herumlaufen,
das ist dann eine Sünde, was für den Vogel normal ist. So
zum Schluß sagte ich dann noch was zu diesem Almosen-
Paragraphen." Angelo nahm einen Nachschlag aus der Pla-
stikschale mit Salat. „Außerdem", mümmelte er, „hätte
ich auf von Gott geschickte Dürrezeiten hinweisen können, wo die Vöglein massenhaft baden gehen – oder eben
nicht. Aber das ufert dann irgendwann aus. Jedenfalls: die
Sache ging in meinem Interesse aus, Monsignore rückte ein
Scheinchen heraus, und ich verdrückte mich. Im nachhinein fiel mir ein, daß ich noch mal Glück gehabt hatte. Er
hätte mir ja auch mit der alten Ägypten-Expedition unter
der Regierung Moses kommen können, wo die Menschen
Heuschrecken essen mußten und so was Obskures wie
Manna . . ."
Bei uns ging es später meist ohne Evangelium ab. Aber

tatsächlich half uns Angelos Wissensvermittlung über manche Situation hinweg, in der wir normalerweise unverrichteter Dinge wieder abgezogen wären. Da war zum Beispiel der Priester in einer Kirche in der Nähe des Bahnhofs von Verona, bei dem wir zu ungelegener Zeit anklopften. Wir waren so pleite, daß wir nicht den richtigen Zeitpunkt für die Abendmesse abwarten konnten, sondern gleich vom Zug aus den nächsten Kirchturm angepeilt und an der Pfarrhaustür geläutet hatten. Der Herr in Schwarz öffnete unwirsch. Bereits nach den ersten Worten unterbrach er uns: „Ihr seid doch Deutsche, was wollt ihr hier in Italien?" Wir bestätigten die Tatsache der Nationalität, die am Akzent ohnehin unüberhörbar war. „Ich hasse die Deutschen", entfuhr es dem heiligen Mann, mehr als fünfzig Jahre nach Hitlers und Mussolinis Zeiten. Er mußte als Kind viel mitgemacht haben. Im Geiste aber flüsterte mir Angelo zu: „Auf ihn mit der Psychologie!" Und ich konterte: „Hochwürden", woraufhin sich Hochwürden ob der unerwarteten Höflichkeit den geplanten Rückzug überlegte und aufhorchte, „hat nicht Jesus gesagt: Du sollst deine Feinde lieben!?" fuhr ich fort, „und daß man, wenn man auf die rechte Backe geschlagen wird, dem Widersacher auch noch die linke hinhalten soll?" Monsignore wurde sichtlich sauer. Aber es waren die Worte, die er seinen Gläubigen predigte. Er kramte unwirsch in den Falten seiner schwarzen Robe, fand einen schwarzen Geldbeutel und entschied sich für zwei 5000-Lire-Scheine in einem Seitenfach. Bevor er die Tür hinter sich schloß, bemerkte er zu einer Person im Hintergrund des Hauses: „Diese Penner werden immer frecher!" Wir hatten wirklich bei etwas gestört. Auf dem Weg zu einem Supermarkt philosophierte ich darüber, wie man einen Gegner zunächst auf die rechte, dann erst auf die linke Backe haut. Nun der Gute war nicht geschlagen worden, diese Stelle hätte ich mir sparen können und es bei der Feindesliebe belassen sollen. Aber ich machte mir so meine Gedanken, wem es dann nutzen würde, die andere Backe herzuhalten, außer zu provozieren. Und funktionieren konnte das eigentlich nur von hinten mit dem Schlag, oder aber man schlug mit dem Handrücken zu. Möglicherweise war das damals so Sitte in der Gegend da unten. In Italien zeigt man ja auch den Stinkefinger anstatt sich wie die höflichen Deutschen lediglich an die Stirn zu tippen.

Rückblickend fallen mir noch einige spektakuläre Einnahmen im Bereich von 50000 Lire und mehr ein. Auf's Ganze gesehen waren das aber Ausnahmefälle, und deshalb erinnere ich mich besonders gut an sie. Immer aber gedachten wir Angelos und seiner livornesischen Unterweisung, an das Glück – oder an den Zufall –, der ihn ausgerechnet zu uns geführt hatte.

Da war zum Beispiel Bruder Michele, ein wohlbeleibter Kellermeister in einem Kloster in Foggia, der keinen Geldbeutel benutzte, sondern das, was er „Kleingeld" nannte, mit diversen Büroklammern in verschiedenen Taschen seiner Kutte untergebracht hatte. Nicht ganz Mönch-like, aber praktisch, weil gleich vorsortiert. Bruder Michele machte seine Sache spannend. Wie ein Magier kramte er in diversen Regionen seines Gewandes herum, förderte einige offensichtlich bisher verschollene Fundsachen zutage, fand dann einen angeknitterten Briefumschlag und steckte diskret (das Almosen-Gebot!) einige Geldscheine hinein. Er war sicher Verwalter seines unterirdischen Weinlagers und konnte über den Etat verfügen. Bruder Michele bat uns, noch einen Augenblick zu warten, kramte in etlichen Schubladen, stempelte und unterschrieb einige formularähnliche Papiere. Wir ahnten schon Übles. Als er diese dann aber zum Geld steckte, atmeten wir auf. Beim Abschied drückte er uns noch eine Restaurant-Adresse in die Hand mit der Bemerkung und auf seinen wohlgerundeten Leib hinunterblickend, das *Ristorante* sei etwa hundert Meter entfernt gelegen auf der linken Straßenseite, nicht zu verfehlen. Dort könne man gut essen, vor allem aber auch reichlich. Bruder Michele strahlte Wohlwollen aus, als er uns zur Tür geleitete. Er war sicherlich ein glücklicher Klosterbruder und ein guter Kellermeister.

Draußen betrachteten wir die „Beute": ein großer Schein, mehrere kleinere. Und dann lasen wir die „Formulare": es waren zwei Essensgutscheine für das von ihm benannte Restaurant. Das bedeutete für jeden von uns ein Drei-Gänge-Menü à la carte, inklusive einem halben Liter Wein pro Person.

Bis dahin hatte mir die Stadt Foggia nicht recht gut gefallen. Vielleicht lag es am Wetter. Es hatte leicht geregnet, die Stimmung auch der Einwohner war trübe. Aber dieses Erlebnis ließ mir sogar die verregneten eintönigen Straßen in einem, helleren Licht erscheinen. Ich muß wohl nicht betonen, daß wir den ungewohnten Service sehr genossen, auch wenn die übrigen Restaurantbesucher uns und unsere Rucksäcke kritisch musterten. Bruder Michele hatte uns in ein Upper-class-*Ristorante* geschickt. Während des Mahles gedachten wir wieder Angelos, des „Engels", in besonders würdiger Weise. Wir bestellten Tutti-frutti, seine Lieblingsnachspeise.

Auch in Chieti kamen wir auf unsere Kosten. Wir hatten dort Zwischenstation auf dem Weg von Rom nach Pescara gemacht. Die Bahnstation war uns von einem früheren Aufenthalt bekannt. Im Wartesaal standen noch die bequemen alten Holzbänke, die wir „Schlafbänke" nannten. Das Personal hatte uns damals mit unserem Einverständnis nach Abfahrt des letzten Zuges der wenig befahrenen Strecke eingeschlossen, so daß wir vor Dieben und anderen unliebsamen Besuchern geschützt waren und in Ruhe schlafen konnten, bis die neue Besatzung zur Frühschicht kam.

Der Besuch des Domes am nächsten Vormittag verlief ausgezeichnet. Sei es, daß wir einen guten Eindruck machten oder daß der Hausherr ein privates Erfolgserlebnis feiern wollte, er war bester Spendierlaune. Außer einem Geldschein der gehobenen Klasse bekamen wir zwei Essensgutscheine, diesmal für ein Lokal direkt am Domplatz, das mit feinem Gedeck aufwartete und einem freundlichen Service für die beiden Penner. Wir dankten dem Domherrn und natürlich dem unvergessenen Angelo.

In Tarent hatten wir nach einem Mißerfolg am historischen Dom in der Altstadt, der wegen Renovierung geschlossen war, den Weg zu Fuß zur neuen Kathedrale gewählt. Wir mußten über die Drehbrücke gehen und dann immerzu geradeaus den Corso entlang, wo ein Geschäft nach dem anderen ist, eine schnurgerade, schätzungsweise zwei Kilometer lange Straße. Am Ende steht imposant und provozierend die neue Kathedrale, ein architektonisch avantgardistischer Sakralbau, bei dem wir nicht wußten, ob diese Konstruktion ernst gemeint sei, ob als Originalität zu werten oder als Super-Kitsch. Unterwegs hatte uns ein überraschender Gewitterregen total durchnäßt. Den Knirps hatte ich wieder einmal im Zug liegengelassen – eine schlimme Angewohnheit von mir, die sich aber in italienischen Zügen dadurch ausgleicht, daß auch andere Leute Schirme vergessen und niemand einen solchen Billigartikel in ein Fundbüro schleppt, wo er garantiert nicht abgeholt wird. Für die paar Lire macht sich niemand auf den Behördenweg.

Wir hatten uns unter das Portal gestellt zum Abtropfen, und gleich beschlagnahmte uns eine Horde von Scouts. Dem Gelächter und Gerede konnte ich entnehmen, daß sie gerade dabei waren, ihre gute Tat des Tages zu begehen, und das ausgerechnet an uns. Das würde hoffentlich gutgehen. Nicht daß wir deutsche Wanderlieder singen oder ein echtes Stück Goethe rezitieren mußten. Einem anderen Kollegen war einmal so etwas passiert, und natürlich war ihm absolut kein Goethesprüchlein eingefallen. So hatte er etwas von Ringelnatz rezitiert, das sehr gut ankam. In unserem Fall sollte ein gewisser Don Giovanni eine Rolle spielen. Und der erschien sogleich und entpuppte sich als der Leiter der begeisterten Pfadfinder, ein junger, sportlich aussehender Priester. Seine Herde scharte sich um ihn, zupfte ihn am Rockzipfel, beschwatzte ihn unbarmherzig. Schließlich tat er ihnen ihren Gefallen und griff für die armen Besucher in die Kasse für die *poveri*. Etliche der jungen Leute legten von ihrem Taschengeld noch einiges zu. Ein

Abendmahl bekamen wir nicht, aber eine wohlgefüllte große Tüte mit Lebensmitteln, und bei dieser Gelegenheit auch passende Regenmäntel. Angelo sei Dank, wir konnten sie gut gebrauchen.

## Wallfahrts-Ferdl in Aktion

Wir blieben noch eine Weile in Tarent. Es war die Woche vor Ostern. Die Geschäfte liefen gut, weil die Italiener sehr traditionsbewußt sind und wohl jeder Haushalt eines der obligatorischen Riesenschokoladenostereier in Bunt-Alufolie mit Tüllschleifchen kauft, dazu die *colomba*, die Hefefriedenstaube mit Zuckerguß und Puderzucker, und natürlich die ortsüblichen Süßigkeiten. Was *dolci* betrifft, so liegen die Italiener wohl an der Spitze Europas in der Herstellung und im Verzehr. Bei den Metzgern wurden die garnierten Osterlämmer abgeholt und in den zahlreichen Damen- und Herrenbekleidungsgeschäften am Corso die Wintergarderobe ad acta gelegt. Es wurde Frühling. Einen Winterschlußverkauf gab es nicht, aber das Volk kaufte trotzdem. Auch den Bettlern standen gute Zeiten bevor, zumal Karfreitag, der Haupteinkaufstag, in Italien weder ein gesetzlicher noch ein kirchlicher Feiertag ist und die Geschäfte wie üblich bis um acht Uhr abends geöffnet sind. Eine Ausnahme bilden nur diejenigen in den Straßen, die von der Karfreitagsprozession begangen werden.

In diesem Jahr wollten wir erstmals die große Leidensprozession mitmachen. Nicht aktiv natürlich, sondern sozusagen als Nachtarbeiter mit der Aussicht auf nicht unbeträchtliche Nebeneinnahmen. Karfreitagsprozessionen werden der Tradition gemäß in nahezu jedem noch so kleinen italienischen Dorf bühnenreif inszeniert. In Städten wie Tarent gelten sie als historisches *spettacolo*, das sogar live im Fernsehen übertragen wird: ein Riesenaufwand an Statisten, an Vorbereitungen, Proben. Es bedarf eines Regisseurs, um die Beleuchter der Szenerie zu instruieren, die

Teilnehmer in der gewünschten Reihenfolge einzugliedern, eines Dirigenten zur Koordination der verschiedenen Musikkapellen – und einer Menge Spenden, um dies alles zu finanzieren. Den Rest erledigt die Ortspolizei: das Fernhalten der Menschenmassen vom in Blumenornamenten geschmückten Kreuzweg, die knieend das Defilee der aktiven Teilnehmer verfolgen. Wer die gleiche Zeremonie, ob im römischen Bildungsurlaub am *Colosseo* am Papst-Karfreitag oder im deutschen Fernsehen einmal beobachtet hat, bei der der Papst persönlich mit einem modernen Kreuz aus Leichtmetall den Leidensweg des Herrn nachvollzieht, kann sich diesen Menschenauflauf und die Vorstellung ausmalen. In Städten wie Tarent hat man zwar keinen Papst, aber immerhin einen Bischof. Und eine mittelalterliche Tradition, die eine bestimmte getragene Musik vorschreibt und Kostüme. Die Darsteller treten nicht in alten römischen Gewändern wie Toga und Tunika auf, wie sie zu Jesu Zeiten bei den alten Römern in Mode waren und wohl auch bei der Besatzungsmacht über das damalige israelitische Volk. Die Hauptakteure, eine auserwählte – und zahlende – Elite der Honoratioren, tragen einen Sarkophag durch die mit brennenden Fackeln erleuchteten und saubergekehrten Straßen der Stadt, verhüllt in schwarze, wallende Gewänder. Auf den Köpfen imponiert eine oben spitz zulaufende Haube mit Sehschlitzen. Die Verkleidung ist recht makaber, wenn auch sehr fotogen. Diese finsteren Gestalten schreiten barfuß fürbaß in einem seltsam swingenden Rhythmus, den die ihnen folgende Blaskapelle mit Dumpftrommlern intoniert. Eine sich stets wiederholende, nicht unmelodische, nicht atonale Melodie, die hypnotisierend wirken könnte. Mich persönlich erinnerte der Aufzug der Kapuzenmänner und die Atmosphäre tatsächlich an eine Hinrichtung. Und das war es ja auch, was damals mit Jesus vollzogen wurde, allerdings unter südlicher Sonne und höchstwahrscheinlich ohne Blasmusik und Schergen in Schauergewändern. Aber auch trotz all dieser Erwägungen war das Erlebnis überwältigend und faszinierend: die nach dem Sarkophag in wohlgeordneten Reihen dahinschreitenden schweigenden Nonnen und Mönche der städtischen und umliegenden Klöster in ihren verschiedenen Trachten, in braunen, schwarzen, weißen Kutten, gesenkten Kopfes und barfuß die einen, stolzer dahergehend und hoch erhobenen Hauptes die anderen. Dann die Abordnungen der Schulen, die Studenten und natürlich die Vertretungen der weltlichen Macht: der Herr *sindaco* und seine Adlaten, die Deputierten der christlichen wie der kommunistischen Parteien, vereint in einem Schauspiel mittelalterlicher Perfektion.

Interessanter für Pennerzwecke war allerdings das Publikum, das dem Pulk in ungeordneten Haufen bis zum Endsammelpunkt hinterherlief und sich vor dem Dom wolkenartig ausbreitete. In den Altstadtgassen waren die Stände der fliegenden Händler aufgebaut, und bereits vor Beendigung der Zeremonien mit Chorälen und geistigen Gesängen waren sie von Kindern und ihren Eltern umlagert. Man benahm sich ganz ungebührlich profan, anstatt den schmerzhaften Rosenkranz zu beten. Wir beobachteten das abendliche Treiben, das bis in die Nacht hinein dauern würde. Als Bettler beurteilt man eine solche Veranstaltung ja nicht nach touristischen, sondern nach finanziellen Gesichtspunkten, wie die Händler auch. Und so betrachteten wir die Leute. Da waren die leuchtenden Augen der Kinder, die für vergangenheitsträchtige Kostümierungen keinerlei Interesse bezeugten, sondern sich freuten, endlich wieder – wie sonst nur in den dreimonatigen Sommerferien – eine Nacht lang aufbleiben zu dürfen, die es nicht erwarten konnten, bis die Stände mit all den Herrlichkeiten an *dolci*, den Luftballons, dem Spielzeug geöffnet wurden und all die gebrannten Mandeln, die Zuckerwatte, die Gummibärchen und -Micky-Mäuse in ihren kleinen Mägen verschwinden konnten. Und das zu einer Zeit, die eigentlich Fastenzeit war, ihr Höhepunkt sozusagen. Die Kinder erlebten vorgezogene Ostern beim Jahrmarktsrummel.

Am Eingang des Festplatzes trafen wir den Ferdl, ebenfalls gelernter Kirchenbettler wie wir. Er arbeitete jedoch professioneller, war der Oberspezialist auf diesem Gebiet. In jungen Jahren, während der Studentenrevoluzzerzeit anno 67/68, hatte er aus persönlichem Protest gegen das Vaterhaus neben Betriebswirtschaft auch katholische Theologie studiert. So wußte er auch in seiner Situation als Penner Geschäftsinteressen mit religiösen Lehrinhalten zu verquicken und gleitende Arbeitszeit mit Freizeitinteressen. Er war der einzige, den ich auf der Straße kennenlernte, der konsequent im voraus disponierte. Für das Timing hatte er einen Terminkalender, worin sämtliche Wallfahrten und lokalen Heiligenfeste notiert waren. Ferdl war also beim Patronatsfest des hl. Franziskus garantiert in Assisi anzutreffen. Franziskus war Ferdls Lieblingsheiliger, hatte er doch den ersten Bettelorden gegründet. Und auch heute noch sieht man – wie bereits erwähnt – die meist bärtigen Bettelmönche in ihren Sandalen und der braunen Kutte von Geschäft zu Geschäft gehen und Spenden sammeln. Bei Franz kam die ganze theologische Bildung Ferdls in all ihrer Vielfalt zum Tragen. Ferdl hatte natürlich auch die Gegenseite studiert und kannte sich aus in psychologischen Beurteilungen. Auch für ihn war jemand, der seine Tiere, die Tiere überhaupt liebte, ein guter Mensch. Aber wenn sich Gestalten wie dieser Assisi-Bruder damit befassen, sie „Brüder und Schwestern" zu nennen, den Vöglein zu predigen und den Fischen, den Gänsen, Enten und Hühnern, dann gehe das seinem aufgeklärten Verstand entschieden zu weit.

„Weißt", meinte er im Gespräch über den seltsamen Heiligen, „ich glaub' ja nicht alles. Aber was das dumme Volk so schluckt, all diese Märchen, das ist schon richtig schön. Dönkes erzählen sie, und die stehen auch in den offiziellen Touristenfetzen, die man an der Basilika kaufen kann. Also, da schnallst ab, hör mal eine von denen . . .", und er berichtete gleich mehrere, von denen ich nur eine behalten habe, nämlich die, daß dem Heiligen mal eine Laus auf seine verdreckte Kutte gefallen war, daß er sie vorsichtig zwischen die Finger nahm, sie küßte und zu ihr sagte:

111

„Liebe Schwester Laus, lobe mir den Herrn." Und dann hatte er das Untier wieder zwischen seine verfilzten Haare gesteckt. Der laute Peter, der dabei war, betrachtete nachdenklich seinen Hund, der sich kratzte. Wahrscheinlich überlegte er, wieviel Zeit er täglich mit Lauseküssen zubringen könnte. Die Eigentumsregel des Heiligen Franz hatte er irgendwo in seinen Sachen verpackt, wußte aber auswendig zu zitieren: „Die Almosen sind unser Erbe, Almosen unsre Gerechtigkeit, das Betteln unser Zweck und unsere Königswürde . . ." Ein guter Zweck, der auch für BWL-Ferdl noch heute sehr einträglich ist.

Ferdl hatte am folgenden Tag, als wir uns in der Fischerkneipe am *Mar Piccolo* trafen, weitere Erinnerungen aus seiner Kirchen-Bettler-Zeit zum besten gegeben.

Die hl. Lucia etwa interessierte Ferdl aus strategischen und damit wirtschaftlichen Gründen. Nie konnte er sich vorher entscheiden, zu welchem ihrer großen Lichterfeste er fahren sollte. Ihm fiel die Auswahl schwer zwischen der großen Handwerks- und Spielwarenausstellung auf der Piazza Bra in Verona, dem traditionellen Keramikmarkt in den Straßen rund um die Kirche der hl. Lucia in Siena, und dann dem mit großem Pomp und zahlreichen Prozessionen am 13. Dezember gefeierten Patronatsfest der Stadt Syracus, mit dem selbstverständlich allerlei Festivitäten weltlicher Art verbunden waren und die Kassen aller Beteiligten, auch die der Bettler, klingeln ließen. „Syracus ist phantastisch im Dezember", begeisterte sich der Ferdl, „Verona, Siena, da oben ist es saukalt um diese Jahreszeit. Aber man verdient dort mehr, nicht nur wegen der reicheren Gegend. Und schließlich gehe ich davon aus, daß das Geld bis zur Weihnachtswoche halten muß. Das heißt, wenn ich schon da oben bin, muß ein Hotelzimmer dabei rausspringen. Schließlich bin ich kein Anfänger mehr und habe es nicht nötig, mir den Arsch abzufrieren." Die Sizilianer, so nickt er anerkennend, seien sehr spendabel an ihren Feiertagen. Da schaue man nicht auf einen Schein mehr oder weniger, für die Bettler falle immer etwas ab. Aber das Revier sei dermaßen überlaufen, an manchen Stellen saßen sie dicht an dicht. „Unschön", so sein Kommentar. Letztes Jahr habe er sogar Quasimodo getroffen, der sonst nie bis über Messina–Palermo hinausführe. Er habe ihn fast nicht erkannt. An seinen schielenden Basedow-Augen natürlich, aber Quasimodo habe eine neue Sonnenbrille gehabt und ein Sonntagsgewand getragen: einen Cordsamtanzug mit einem sauberen Hemd! Santa Lucia hatte ihn perfekt eingekleidet.

Den Vorabend des Nikolaustages verbrachte der Ferdl gewöhnlich bei einer seiner Lieblingsfeierlichkeiten, die so schön italienisch-urtümlich sind, daß man sie sich nirgendwo anders vorstellen könne. In einem kleinen Abruzzenort gibt es ein auf mittelalterliche Ursprünge zurückgehendes Saubohnenessen für die Öffentlichkeit. „Bei Ortona", mehr rückte Ferdl nicht heraus. Er wollte dort ungestört sein und keine Kollegen sehen. Das war sein Geheimtip, er hatte das Fest vor Jahren für sich entdeckt. Inzwischen war er bei der Bevölkerung bekannt. Man nannte ihn Fernando, und er war überall gut gelitten. Seinem Geldbeutel kam es auch zugute. „Die Schau ist", erzählte Ferdl-Fernando, „daß es ein ganz außergewöhnlicher Nikolaus war, der dort gehaust hatte. Das war ein Heiliger, der noch was tat für seine Leute. Eben nicht der Bischof von Myra, das ist heute Türkei, aber der Patron der Schiffahrt, der Kaufleute. In diesem Kaff an der Adria also soll er ein Riesenwunder getan haben, ähnlich wie das mit der Speisung der Tausende durch die wundersame Vermehrung von ein paar Broten und Fischen. Der abruzzische Nikolaus rettete seine Bevölkerung, die wieder mal von Piraten überfallen und ausgeraubt worden war, natürlich wieder vor der obligatorischen Hungersnot stand, auf ganz unkonventionelle Weise. Er rächte sich nämlich, was ein Bischof und Heiliger sonst nicht von sich behaupten kann." Die Geschichte ist zumindest originell, wenn sie denn schon nicht stimmt: Der Niko fuhr also mit sechs Fischerbooten aufs Meer hinaus und kam dort auf bisher ungeklärte Weise an sechs Bootsladungen von Saubohnen. Über die Beschaffungsmethode ist ebenfalls nichts bekannt. Doch da diese Art von Gemüse normalerweise nicht im Meer wächst, ist die Möglichkeit nicht ausgeschlossen, daß er sie den Piraten abgeknöpft hat. Italiens Heilige haben oft sehr menschliche Züge.

Heutzutage ist der Ort ein Mini-Pilgerort für einen Tag im Jahr. Pilger aus anderen Ländern und Staaten reisen an, um Saubohnen zu essen und den als Wettbewerb gestalteten Heiligenschmaus kochen zu sehen, sich dabei an heißem Wein zu erwärmen und in später Nacht auf der Piazza zu tanzen. In Anlehnung an die magische Zahl Sechs, die sechs Boote selbstverständlich, werden sechs große Kupferkessel aufgestellt. Die von den Bauern der Umgebung gespendeten Saubohnen, ein Wintergemüse, müssen von zwei Mannschaften schnellstmöglich zum Kochen gebracht werden, das Auffüllen der Behälter mit Wasser und das Anfeuern mit Olivenholz inbegriffen. Sind die Bohnen gar, werden sie unter Glockengeläut von den Honoratioren der Kirche mit Salz abgeschmeckt und ihnen Olivenöl zugesetzt. Vor der malerischen Kulisse der Kirche, der flakkernden Feuer und der mit Fackeln erhellten Häuser rund um die Piazza werden die Bohnen unter das sich drängende Volk verteilt. Auch bei Kälte vergnügt sich die Bevölkerung mit den Besuchern aus der Umgebung und den Fremden beim Tanz. Die Blaskapellen der umliegenden Orte spielen auf, und es werden Volkstänze nach der Musik des für diese Gegend typischen *Organetto* vorgeführt, einer kleinen Ausführung des Akkordeons.

Der rotgewandete, zipfelmützige Santa Claus mit Schlitten und Rentier und seiner Angewohnheit, sich an gewissen Tagen mit Proviant für eine nicht notleidende Gesellschaft durch schmutzige Kamine zu zwängen, um waschmaschinensauber die nächsten bezahlten Lieferungen persönlich vor Ort zu bringen, stößt hier auf Unverständnis.

Die gestrenge deutsche Form des bischöflichen Kinderschrecks ruft hier Kopfschütteln hervor. Heilige müssen in Italien liebenswert sein, auf welche Weise auch immer.

Eigentlich sei immer was los mit Heiligenfesten in Italien, meinte Ferdl. Man müsse sich nur eine schöne Route heraussuchen. Aber es schade auch nichts, zu manchen großen Festen extra anzureisen, auch von weit her. Die Spesen kämen immer herein, und für gute Unterhaltung sei dann auf jeden Fall gesorgt. „Nicht so langweilig, wie es die etablierten Dauersitzer in Rom haben", empfahl Ferdl seine Lebensweise. „Immer denselben Platz, immer dieselbe Gegend, nicht zum Aushalten." Natürlich, räumte er ein und griff zum Glas, ab und zu hänge ihm die Szenerie auch recht zum Hals raus. Das Herumschleppen der Gipsheiligen, dazu die schräge Blasmusik, die ewigen Litaneien, auch das wurde zur Routine eines Tages. Aber die Sache bringe Geld, und er komme viel rum. Außerdem gebe es ja zur Abwechslung die Dorffeste und Stadtfeste, etabliert selbstverständlich die Wein-Festivals, im Norden schon mal Klein-Oktoberfest. Und dann seien da noch die Pferderennen, in Siena zum Beispiel im Juli, im Januar in Catania, bei Viterbo gäbe es ein Cowboy-Festival, in der Nähe während der Fastenzeit ein Stockfisch-Festival – die Italiener wüßten eben zu feiern. Im Karneval von Venedig und Viareggio sei mordsmäßig was los, im Sommer würden in den Hafenstädten die Schiffe gesegnet, wer Berge habe, der lasse diese segnen, alles Gute käme von oben und der Ferdl sei immer mitten drin. Es lohne sich auch, dem Papst hinterherzufahren, bemerkte er grinsend. Der sei zwar meist im Ausland unterwegs, aber auch mal im Aosta-Tal oder am Gran Sasso zum Schifahren oder offiziell auf Weihwassertour. Sizilien zum Beispiel, da sei er auch gewesen, als er die Mafiosi verdammt habe. Überall, wohin der auch komme, liefen die Menschen zusammen, die potentiellen Spender. Das lohne sich, aber leider hatte sich der Tip ohne sein Zutun in der Branche herumgesprochen, und wer das Fahrgeld vom Munde absparen könne, würde dorthin reisen.

Nach Ostern wollte der Ferdl ein bißchen ausspannen von der harten Arbeit. „Irgendein nettes Kloster im Süden", stellte er sich vor. Karges Zimmer, gutes Essen, verdammt guter Wein. Gewußt, wie!

Ich hatte den Ferdl bereits in Rom kennengelernt. Damals hatte er mir den alten „catweasle" gezeigt. Die Geschichte begann damit, daß Holländer-Helmut, der auf mich ansonsten nicht so gut zu sprechen war, mir einen Tip gab. Er tat dies mit so verschwörerischer Miene, daß ich Unrat witterte. Das Zielobjekt betreffend, ließ er nur verlauten, ich solle zur Metrostation Pyramide fahren, dann rechts die Straße hinaufgehen, dort sei unübersehbar ein Kloster mit Park drumherum und auch sonst mit allem Drum und Dran. Ich machte mich also auf eine Überraschung gefaßt. Trotzdem wagte ich den Versuch und erlebte einen unvergeßlichen Gag.

In der Metrostation begegnete ich einem schwer bepackten dünnen Mann in meinem Alter, der auf einen Zug wartete und eine *Bild*-Zeitung las. Sehr deutsch sah er aus, fast wie ein später Interrailer, mit weißen Söckchen, am Rucksack baumelndem Blechgeschirr, Intellektuellenbrille. Ich hätte gewettet, er habe jedes Paar Socken einzeln verpackt und die Seife nicht neben die Lebensmittel gelegt. „Was gibt's Neues?" fragte ich. Er antwortete lapidar: „Was *Bild* so bringt." Und damit war der Kontakt hergestellt. Wir kamen ins Gespräch, und ich fragte ihn nach der sagenumwobenen Pyramide und dem ominösen Kloster. Ob er das eventuell kenne? „Alle Klöster in Rom kenne ich", bemerkte er trocken. „Hast du noch nie von mir gehört?" Irgendwie angeberisch klang es schon, als müsse er ein Bettlerstar sein, überall bekannt und beliebt. Deshalb sagte ich für alle Fälle: „Nein", obwohl ich mal vom Ferdl hatte reden hören. Er war nicht beleidigt. Nicht jeder Straßenköter kann die prämiierte Laterne kennen. Wir redeten trotzdem. Natürlich kannte er den Laden. „Geh nur hin", meinte er und grinste. „Wenn's dir eh' schon der Holländer gesagt hat. Stimmt schon." Auch er kam nicht mit Einzelheiten heraus. Die beiden wollten mich anscheinend verschaukeln. Und ich dachte: Jetzt erst recht! „Wir treffen uns dann im EUR", rief er mir noch nach. Er kannte also nicht nur Klöster, sondern auch viele Schlafplätze außerhalb solcher heiligen Hallen. Aber wo Holländer-Helmut schlief, war nicht schwer zu erraten, das sprach sich immer gleich herum.

An der Pforte sollte ich nach „Bruder Johannes" fragen, hatte man mir aufgetragen. Sie selbst hatten ihn „catweasle" genannt nach dem alten Zauberer aus einer etliche Jahre zuvor gelaufenen Fernsehserie gleichen Namens. Diese Wundergestalt war ein kleiner, hagerer Magier, dessen Haare wild vom Kopf abstanden wie bei Herrn Einstein. Die Frisur war ihrer beider Markenzeichen. Ich hatte also etwas verunsichert nach „Bruder Johannes" gefragt und war vom Pförtner in ein Wartezimmer verwiesen worden. Er benachrichtigte den Konfrater, sagte: „Kollege kommt gleich" auf deutsch und winkte ein Addio für alle Fälle, falls wir uns nicht beim Herausgehen sehen konnten. Dem Zeitplan nach hatte er in einer Viertelstunde dienstfrei. Bruder Johannes erschien an der Tür und machte seinem optischen Vorbild alle Ehre. Die Ähnlichkeit im Aussehen war wirklich verblüffend. Er trug leicht zerknitterte Kleidung, die sichtbar mit Ascheresten befleckt war, dem Relikt der Sünde des Rauchens. Er blickte mich an, sagte nur „Aha!" und verschwand wieder. Ich war so dumm wie zuvor und sah mich im Raum um. Da stand ein Karton mit Altkleidern, an den ich mich vorsichtig heranwagte. Ich fand ein Paar roter Sandalen in meiner Größe und eine bunt geblümte Bluse, dazu einen bequemen Wickelrock – genau das Richtige für Ausflüge an den Strand von Ostia. Daß Bruder Johannes zurückkam, bemerkte ich erst, als er wieder in der Tür stand und mich beim Wühlen beobachtete. Ich lief rot an und entschuldigte mich wegen dieser ungebührlichen Kramerei in anderer Leute Sachen. „Hast schon recht", meinte er, „das ist zum Austeilen an die Armen, frisch hereingekommen. Wenn du willst, nimm dir mit, was dir gefällt. Normalerweise wird alles erst noch mal gewaschen, aber ich nehme an, das kannst du auch selber erledigen." Diese Sache war noch mal gut ausgegangen, und ich war recht erleichtert. Auch Bruder Johannes hatte einen Briefumschlag dabei. „Ich hatte gerade mit unserem Herrgott etwas zu besprechen", meinte er schmunzelnd und rieb sich das nicht frisch rasierte Kinn. „Denk mal an ihn!" Und er überreichte mir das Kuvert. Wir nickten uns zu. Was hätte ich darauf antworten sollen! Angelos Instruktionen halfen hier nicht. Besondere Formen der Dankesbezeigungen waren eine individuelle Angelegenheit. Er gab mir die Hand und den Briefumschlag. Draußen öffnete ich ihn neugierig. Er enthielt fünfzig Deutsche Mark, einen Betrag in österreichischen Schillingen und mehrere Essensgutscheine für komplette Mahlzeiten in der dem Kloster zugehörigen Mensa außerhalb des Gebäudes in der Innenstadt. „Catweasle" hatte anscheinend nicht nur einen direkten Draht zum lieben Herrgott, sondern auch zu germanischen und alpenländischen Geldquellen. Später erzählten mir die, die ihn bereits kennengelernt hatten und denen Ähnliches widerfahren war, er schreibe für seinen Orden in Österreich Bücher und erhalte von dort Zuwendungen für die Armenkasse, da er selber kein Geld besitzen dürfe. Er kenne seine „Pappenheimer", es hatte sich herumgesprochen, daß der freigebige Mönch jederzeit zum Helfen bereit war. „Catweasle" wird bei vielen unvergeßlich sein.

Teidl hatte mich an jenem Abend erwartet, als ich am Schlafplatz ankam. Wir waren damals eine Gruppe von sieben bis zehn Personen, schliefen unter den Vordächern eines inzwischen eingeebneten Pavillon-Rondells. „Na, wie war's?" fragte er scheinheilig. „Eins auf die Mütze gekriegt?" Ich bedachte ihn mit einem speziellen Blick, und er lachte. „Nimm's nicht tragisch", meinte er, „wenn man den Leuten vorher erzählt, wie leicht das ist, dann ist ja der Gag weg!"

### Igel unterwegs

Damals schlief der „Igel" zeitweilig in unserer Gruppe am Rondell. Es war grundsätzlich für alle Platz, die unseren Schlafplatz kannten. Wir waren eine lockere Gemeinschaft verschiedenartiger Personen mit verschiedenen Charakteren, verschiedener Herkunft. Soziale Schranken gab es nicht. Wir alle waren Penner. Das Davor war nicht entscheidend. Wer unnötig mit verlorenen Reichtümern protzte, erntete weder Mitleid noch Ressentiments. Unter uns war er Gleicher unter Gleichen. Nur das *Jetzt* zählte. Wir waren Bettler und Schnorrer oder Jahrmarktshelfer, Kistenschlepper beim Gemüsemarkt, Straßenmusikanten. Alle waren Alkoholiker, Alkoholikerinnen. Wir waren die Außenseiter.

Der „Igel" war etwas Besonderes. Kleinwüchsig und rundlich, allezeit lustig und guter Dinge, sprühend vor witzigen Einfällen und dann wieder im Igelfell vergraben, nicht ansprechbar, abweisend. Manisch-depressiv. Der „Igel" kam aus dem Hessischen, nannte sich „Ischel" und wurde von uns ebenso gerufen. Den richtigen Namen erfuhren wir nie. Der „Igel" hatte ihn zur Vergangenheit erklärt wie sein vorangegangenes Leben. Der Spitzname stammte vom provozierenden Bürstenhaarschnitt, der mit einer Nagelschere sorgsam getrimmt wurde und tatsächlich etwas Widerborstiges an sich hatte wie die ganze Person. Der Einfachheit halber werde ich im folgenden die Anführungszeichen weglassen und nur vom Igel berichten. Igel war siebzehn Jahre alt. Eigentlich war es ein Igelein.

Als wir Igel kennenlernten, war sie solo. Über Bologna und Florenz war sie nach Rom gekommen, die große Freiheit witternd, benommen vom Prunk der Prachtstraßen und von den überall herumstehenden echten antiken Altertümern, hungrig wie ein Wolf, demoralisiert von den Ereignissen der letzten Wochen und neugierig auf ein neues Leben. Igel hatte das Elternhaus verlassen, nachdem man ihr das Baby, das einzige Wesen, das sie liebte, weggenommen und in eine ihr unbekannte Pflegefamilie gegeben, sie selbst in ein Heim mit sozialpädagogischer Betreuung gesteckt hatte. Igel wollte nicht betreut und beaufsichtigt werden. Igel empfand jede professionelle Hilfe als Zwang und Unterdrückung. Igel lehnte sich dagegen auf, verließ das Heim auf dem Klofensterweg. Man griff sie mittellos wieder auf, verschubte sie in ein strengeres Heim. Igel rückte wieder aus, stahl Lebensmittel, lebte von gelegentlicher Prostitution, fand ihren Weg zur Flasche. Es lief alles nicht so, wie sie es sich gewünscht und vorgestellt hatte. Ihr psychischer Zustand verschlimmerte sich. Eine Depression folgte der anderen, bis Igel herausfand, mit welchem Quantum an Alkohol als Betäubungsmittel sie die Situation beherrschen konnte. Igel sann trotzdem auf eine Möglichkeit, endgültig zu verschwinden, ohne Angst leben zu müssen, daß sie jemand wieder in ein verdammtes Heim steckte. Die Chance ergab sich. Igel berichtete nie darüber.

Diesmal setzte sie sich ganz ab aus Deutschland, per Autostop wie ich damals. Für jemanden wie mich, der über gültige Personalpapiere verfügt, ist es einfach, eine Staatsgrenze zu passieren. Dokumentenlos ist es schwieriger und bedeutet, vor der Grenzstation auszusteigen, einen Umweg per pedes zu machen und nach der Gefahrenzone wieder bei dem netten Fahrer einzusteigen. Igel hatte Glück. Der Fahrer fuhr bis Italien und machte das Spiel am Brenner nochmals mit. Für Gegenleistung, versteht sich. Igel verbrachte zwei Tage und Nächte in einem Hotel in Bozen. Italien gefiel ihr, vor allem, weil man dort ein so sympathisches Deutsch sprach. Aber es war keine gute Gegend für Schnäppchen, das merkte sie schnell. Igel setzte die Tramptour bis Rom fort, wo sie auf pennerische Landsleute traf, die sie mit zum Schlafplatz nahmen, ihr bei den Mutter-Teresa-Nonnen am Termini eine Wolldecke organisiert hatten, ihr von ihrem Essen abgaben. Igel fand zum erstenmal Leute, die sie nicht ausnehmen wollten, ihr keinen Schaden zufügten, keine Gegenleistung für Gaben forderten und sie nicht herumkommandierten. In der Gruppe am Rondell fand sie die Gemeinschaft, in der alle gleich waren, wo es unwichtig war, aus welchem hohen oder niederen Milieu jemand stammte, welcher Nationalität er war, welcher Ideologie er nachhing. Hier lebte jeder sein eigenes Leben, ohne die anderen zu stören, ohne offizielle Gesetze und Regeln, aber doch in stillem Einverständnis über die Grenzen des Zusammenlebens. Hier wurden keine Großmäuler zu Leadern. Niemand war der Erste, niemand der Geringste. Igel staunte. Niemand war da mit moralisierenden oder sozialpädagogischen Thesen und Forderungen. Das war die absolute Freiheit.

Igel stieg sofort aus ihrem Prostitution-Nebenerwerb-Job aus – als solche wäre sie nicht geduldet worden, das hatte man ihr klargemacht, der Strich sei hinter dem Park an der Ausfallstraße, und wenn sie diesem Gewerbe nachgehen wolle, solle sie auch bei den Kolleginnen schlafen, nicht bei uns – und wurde im Betteln angelernt. Nach drei Tagen als „Assistentin" traute sie sich allein loszugehen. Einer von uns zeigte ihr einen abgelegenen, abgelegten, nicht sehr frequentierten Sitzungsplatz zum Üben. Es war leichter, sich bei wenig Publikumsverkehr einzuüben in die Kunst des Dasitzens und womöglich Angestarrtwerdens. Wenn nichts dabei herauskam, hätte sie trotzdem wieder zu uns kommen können. Aber es klappte unerwartet gut, nachdem sie ihren provozierenden Bürstenkopf unter einem kunstvoll geflochtenen leichten Schal verpackt hatte.

Igel wurde es auf die Dauer zu langweilig in Rom. Sie gehörte zu den Wandertypen, die es nirgends lange an einem Platz aushielten, die nur einen Stammplatz benötigen, an den sie immer wieder zurückkehren konnten. Wie Axel und ich. Wir hatten inzwischen eine weitere Kirchenbesichtigungs-Tour durch Lazio gemacht. Als wir zurückkamen, fanden wir Igel ribbelnd vor. Sie hatte sich mehrere große bunte Pullover besorgt, die sie auftrennte, die Wolle in einem Spezialverfahren auf Pappkartonspulen wickelte und durch Draufsitzen glättete, wobei sie den lieben Nachbarn des öfteren eine Überproduktion unter den Hintern schob. Aus den Wollfäden häkelte sie kleinere und größere Quadrate, die sie zu Fleckerldecken zusammenstückelte. So verbrachte sie ihre Mittagspausen und die Abende bei Kerzenschein, Vino und Fachsimpeleien über das Neueste auf dem Penner-Sektor, die gestiegenen Metro- und Zigarettenpreise, das italienische Polizeisystem mit seinem Konkurrenzdenken zwischen den *poliziotti*, all den öffentlich auf der Straße rauchenden *vigili* und den piekfeinen *carabinieri*. Und es kam der Tag, an dem Igel eine Idee hatte, die ihr die Möglichkeit des Herumfahrens zum Sondertarif bot: Igel wurde zur Kaffeefahrten-Spezialistin.

Für die deutsche Phantasie ist es schwer, Kaffee und Kirche unter einen Hut zu bringen. Nicht so in Italien. Die Anbieter überteuerter Rheumadecken mit Anti-Erdstrahlen-Effekt, ausgelaufener Porzellangeschirr-Modelle, von Mohair-Unterwäsche und von unentbehrlichen Küchengeräten passen sich dem Publikumsgeschmack an, was die Reiseziele betrifft. Und da machen sich in diesem Land am besten die Reisen zu kirchlichen Sehenswürdigkeiten, reliquienhaltigen Basiliken, gütigen Heiligen. Wenn es denn schon keine Wallfahrt sein soll, so doch eine Kaffeefahrt an die Heiligtümer. Eine ideale Verbindung für Veranstalter und potentielle Käufer. Der Veranstalter hatte jedoch bei diesen Fahrten ausreichend Zeit für die Besichtigung und den Kauf von Souvenirs zur Verfügung zu stellen, d. h. seine Veranstaltung nicht zu überziehen. Sonst hagelte es Proteste, wobei die *nonna* nach ihrem Heiligen jammert und der Begleit-Opa seinen Krückstock schwang wider die rohe Gewalt des Fernhaltens versprochener Freuden. Der Publikumsdruck ist also wesentlich stärker und der italienischen Mentalität adäquater als das bei vergleichbaren Touren in Deutschland der Fall sein dürfte.

Igel hatte eine Werbebroschüre gefunden, auf der zwei Fahrten annonciert waren. Die Reisespesen waren wesentlich geringer als bei der ohnehin billigen Staatsbahn. Die Ziele sagten ihr zu. Vom Sakristeischnorren hatte sie durch Ferdl gehört und von uns. So wollte sie es einmal mit dieser neuen Masche versuchen. Ein Personalausweis war nicht erforderlich, wohl aber eine Adresse zwecks Voranmeldung, eventueller Rückfragen und der Planung von Bushaltestellen. Als gute Kunden kamen wir gut mit den Inhabern der nahe gelegenen Metro-Bar aus. Die Tochter gab ihr Einverständnis, deren Anschrift zu benutzen. So gab es gleich ein Problem weniger. Igel freute sich bereits darauf, auf interessante Weise herumzukommen, Leute kennenzulernen, stinknormale Leute, und als eine von ihnen im Bus zu sitzen, nicht als Außenseiterin gebrandmarkt. Und dazu noch Spesen zu sparen, denn die *Ferrovia*-Methode per Bahn, ohne schwarzzufahren, wie Axel und ich sie praktizierten, war aufwendig. Aber zunächst galt es das Igel-Äußere so zu verändern, daß es für die neue Lebenssituation adäquat gestylt war. Igel mußte die Nagelschere an den bildlichen Nagel hängen und wachsen lassen, was wachsen wollte. Bis dahin mußte sie den Normalo-Bettler-Job machen. Mit dem Stoppelkopf konnte sie sich nicht unter Hausfrauen und Rentnerinnen wagen, ohne unangenehm aufzufallen. Italiener sind tolerant, aber auch in gewissen Dingen konservativ. Für die Busfahrt wäre es nicht recht wesentlich gewesen, aber zum Besuch von Heiligen Stätten hatte man ordnungsgemäß gekleidet zu sein. Solange das Haar nachwuchs, um einen Kurzhaarschnitt zu dulden und die nach einer Sitzung von einem Supermarkt erstandenen dünnen Dauerwellen-Lockenwickler zu akzeptieren, wurde die Kleidung beschafft. Statt der maroden Jeans schleppte der Igel zwei Sommerkleider an, und die Runde vom Rondell sah erstmals in ihren Reihen eine Vorführung der Sommermode durch ein angeschminktes Modell mit Toupierkamm und Lipgloss, eine Generalprobe für die hausfrauengerechten Benimmregeln in Kaffeefahrtentracht. Das Outfit mit echten Leinenkleidchen stand ihr nicht schlecht. Eine Sonnenbrille ließ Igel mindestens wie achtzehn Jahre alt aussehen, also im vertragsfähigen Alter. Aus Punk-Igel wurde eine damenähnliche Erscheinung. Für längere Fahrten wurde der Rucksack ersetzt durch eine zusammenfaltbare Kunstlederumhängetasche, groß genug für Schlaf- und Rucksack und die Bettlerarbeitskleidung. Statt eines Brotzeitbeutels besaß Igel einen „Notzeitbeutel", der ihre obligatorische Flasche verbarg und Kleingeld für die nächste. Wenn der Bus kam, hielt er unterhalb des Rondells auf der Straße. Igel stieg ein, winkte kurz und wandte sich dann der Häkelnadel zu. Sie schwatzte mit den Busnachbarinnen – die Sprache hatte sie schnell erlernt – und verkaufte im Nebeneffekt einige ihrer Fleckendecken, die großen Anklang fanden als originelle Handarbeit. Die Vorführungen ließ sie als notwendiges Übel über sich ergehen und dachte an die gesparten Spesen und daß sie in Kürze an dem Ort sei, wohin sie gewollt hatte, um auf spannende Art ihr Einkommen zu sichern. Einem Mädchen in ihrem Alter erschien das alles als ein Abenteuer. Für den normalen Fahrpreis hätte sie lange vor einem Kaufhaus sitzen können, womöglich im Regen. Da war es hier bequemer, auch wenn sie keinen Kaffee anrührte und ab und zu auf der Toilette verschwand, um von ihrem Lebenselixier nachzutanken. Daß diese weiten Fahrten für mehrere Tage ausgelegt waren, störte sie nicht. Man zahlte nur den Buspreis, Hotelkosten und Verköstigung waren bis auf besagten Kaffee und ein Stück Billigkuchen selbst zu tragen. Igel hatte andere Pläne. Bei Besichtigung des Reisezieles stieg sie erleichtert aus, fand einen Platz zum Umziehen und erleichterte die Geistlichen der Basilika um eine Spende für die Armen. Am liebsten waren ihr Klöster mit Bettelmönchen. Auch diese lebten von der ihnen zugeführten Substanz an Almosen, und das in weitaus aufwendigerem Stil. Was die Reiseziele betraf, so war sie wählerisch. Sie besuchte den hl. Antonius in Padua in seiner Prunkkirche, von dort aus gelangte sie nach Assisi, kam über ein paar Umwege nach Loreto, und schließlich führten alle Pilgerwege und viele Kaffeefahrten von auswärts in die Heilige und Ewige Stadt. In der ersten Nacht schlief Igel am Bahnhof, graste am nächsten Tag alle größeren Kirchen der jeweiligen Stadt ab, bis sie herausfand, ob ihr die Stadt gefiel oder nicht. Fühlte sie sich wohl, blieb sie länger. Ihr gefiel das Leben zwei Wochen lang in Florenz, zwei Wochen unter den Kumpels von Pisa. Igel fuhr Wassertaxi in Venedig und merkte, daß man Touristenkirchen wie San Marco nicht schröpfen kann, sondern nach Mestre hinausfahren muß, wo normale Menschen leben. Sie besuchte Mailand ebenso wie Turin, fuhr bis nach Sizilien und zurück und kam immer wieder zum Rondell. Ihre Ankunft war ein Ereignis. Wenn andere „heim"kamen, gab es zwar auch vielerlei Neuigkeiten über Kollegen, die man unterwegs getroffen hatte, über veränderte lokale Bedingungen an den bekannten Orten, über die Großwetterlage über Apulien oder Umbrien. Igel übertraf sie durch ihre amüsanten und spritzigen Erlebnisberichte mit Schilderung der Mitfahrerinnen, der gewieften Verkäufer von Gummisocken, der Schilderung von auch fiktiven Abenteuern – und all das in ihrem babbelischen Hessisch, das unter den Platanen von Rom ein wenig lächerlich klang. Aber alle hörten gerne zu.

Regelmäßig überfiel sie nach der Rückkehr die Depression, wenn sie das einigermaßen geregelte Leben unter dem Rondell sah. Ihr Problem war die Isolation trotz der Aufnahme in die Gruppe. Da hatte jeder seine Zweierbeziehung, Dreierbeziehung, da gab es die Grüppchen der Gruppe. Und Igel war allein, hatte zwar Kontakt, war überall gern gesehen, aber zu einer echten Freundschaft, wenn auch nur auf Zeit, reichte es nicht. Sie sah Porno-Schorsch, wie er sich auf zehn Quadratzentimeter hohen Pappeschichten in der Sonne lümmelte und seine Bildheftchen „las", ungestört und bekannt als Wichser. Sie sah Ferdl beim Ausarbeiten einer neuen Tour, die er strategisch plante, um Umwege zu vermeiden und Fahrtkosten zu sparen. Sie sah uns, das ewig zerstrittene alte Ehepaar, Holländer-Helmut und Kärntner-Eddie um die Zubereitung des Mittagessens zankend. Sie konnte zu jedem gehen und war doch niemandes Intima. Man kümmerte sich nicht speziell um ihre Probleme. Wenn sie Hilfe brauchte, war welche da. Im Gegenzug erwartete man keine Hilfe oder gar Dankbarkeit von ihr. Das war einfach okay so, darüber gab es nichts zu reden. Sie wurde so akzeptiert, wie sie war, und hier hatte jeder seinen Spleen. Jeder hatte sein *Damals*, das ihn irgendwann wieder einholte. Und während Igel mit Stories aus dem Kaffeefahrten-Dasein die Kollegen unterhielt, um ein bißchen persönliche Wärme bat, nach außen hin leben-sprühend und lustig, lenkte sie sich und uns ab von ihren Problemen. Die depressiven Zustände überfielen sie immer wieder. Aber die Ursache war nicht zu ändern. Ihr Kind würde sie nie wiedersehen. In Deutschland würde man sie wieder in ein Heim sperren. Es gab keinen Weg zurück. Kein Arzt hätte sie aufmuntern können. Sie hatte alles verloren, es gab nichts zu ersetzen.

Igel zog sich mehr und mehr in das Igelgehäuse zurück, schlich nachts durch den Park auf den Mussolini-Palazzo und betrachtete von dort oben zwischen den monumentalen Statuen Roma by night mit dem ewig brausenden Verkehrsstrom, der heraufsummte, dem orangefarbenen Licht der Straßenbeleuchtung, dem Dunst über dem Tiber. Sie beobachtete die Pärchen in ihren Autos auf dem Parkplatz des Palazzo, zählte in der Frühe die weggeworfenen Kondome und stand immer wieder auf der drei Meter hohen Brüstung. Eines Nachts tat sie es.

Sie sprang. Vielleicht versuchte sie zu fliegen, zu fliehen. Es war ein Hilferuf. Sie sprang mit den Füßen voraus. Ein solcher Sprung endet meist nicht tödlich. Igel blieb mit gebrochenen Beinen liegen. Die nächste Polizeistreife fand sie, brachte sie zur Erste-Hilfe-Station am Parkplatz, organisierte den Notarztwagen, benachrichtigte uns. Wir vom Rondell waren den Beamten gut bekannt. Sie fuhren auch dort im Streifenwagen vorbei, grüßten, fragten dienstlich, ob wir Dealer gesehen hätten. Wir galten als zuverlässig. Wo Penner hausen, halten sich keine Rauschgiftsüchtigen auf. Diese Fronten sind geklärt. Wir erfuhren, in welches Krankenhaus der Igel eingeliefert worden war, besuchten sie, brachten ihr zu trinken, zu lesen, Obst, bis sie ein wenig gehen konnte. Der hausinterne Sozialdienst gab ihr ein Paar Krücken zum Üben. Igel übte Gehen. Igel wollte da heraus, wieder frei sein. Über ihren „Unfall" sprach sie nie. Wir auch nicht. Jeder hat seine Privatsphäre, die akzeptiert werden muß.

Der Sozialdienst des Krankenhauses vermittelte Igel eine

Schlafstelle. Ich erfuhr: ein Heim für Frauen in der Nähe des *Colosseo*, von Mutter-Teresa-Schwestern geleitet. Aufenthalt kostenlos mit Frühstück und Abendessen, tagsüber geschlossen. Das klang nach Obdachlosenasyl, war aber etwas Schlimmeres. Ich wußte, daß man Igel dort nicht finden würde. Igel liebte die Freiheit, sie würde sich dort nicht einsperren lassen, nicht in dieser Gesellschaft. Ich kannte das Heim. Einmal hatte ich dort übernachtet, in Unkenntnis der Dinge, die mich erwarteten. Jemand hatte es mir als Übergangslösung empfohlen nach Axels Tod. Das Heim war Auffangstation für all diejenigen, die während der Auflassung der psychiatrischen Anstalten in Italien Anfang der siebziger Jahre entlassen worden waren, weil harmlos, nicht gemeingefährlich, nur gestört. Dort schliefen die „Tütenweiber", die tagsüber auf den Bahnhöfen ihre Habe in Plastikbeuteln um sich sammelten, die Inhalte auspackten, einpackten, neu sortierten, einpackten, ein stundenlanges Geknister und Vor-sich-hin-Gebrabbel, unterbrochen vom Auspacken der mitgebrachten Mittagsspeisung oder einer Neulieferung des Bahnhofssozialdienstes an warmer Suppe. Diese Frauen standen unter Medikamenteneinfluß. Die barmherzigen Schwestern verteilten Tabletten, Pillen und gaben Injektionen nach ärztlicher Anweisung, bevor sie ihre nächtlichen Schützlinge auf die Straße entließen. Die Heimleitung hatte damals eine großgewachsene, lehrerinnenhafte Deutsche. Die anderen Schwestern rekrutierten sich aus Ordensangehörigen verschiedener Länder. Junge Holländerinnen standen an der Seite zierlicher Inderinnen im Gebet, in der Küchenarbeit, im Dienst an den Ärmsten der Gesellschaft. Und doch: für geistig „normal" Denkende ist ein Aufenthalt unter solchen Menschen ein Alptraum. Nicht nur vom Ambiente her. Das Bettgestell war ausgeleiert und quietschte bei jeder Bewegung, die Bukkelmatratze war durchgelegen. Ich wünschte mir ein Bett im Kornfeld, auf altem Stroh, meinetwegen auf Beton, nur ruhig sollte es sein. Gegen das Essen per se war nichts einzuwenden. Es war reichlich. Über den Nährwert konnte ich damals nichts aussagen. Mir fiel nur auf, daß fast alle Personen Übergewicht hatten und fast zahnlos waren, auch die jüngeren unter ihnen. Aber das konnten Nebenwirkungen der starken Psychopharmaka sein. Vor dem Mahl wurde ein langer Rosenkranz gebetet, bis die Suppe kalt war und die Nudeln zu einer Papp-Pasta verdämmerten. Die wartenden Gestalten an den zwölf-Personen-Tischen brummten, krächzten, artikulierten die Ave-Marias streckenweise mit, starrten auf die aufgetragenen Schüsseln, versuchten ihr Verlangen nach Nahrung statt nach Gebeten zu verbergen. Nach dem fröhlichen „Buon appetito" wurde zugelangt, mit den Händen, mit Suppenkellen Flüssigkeit auf diverse Teller verteilt, Nudeln aufgeklaubt. Zittrige fleckige Hände schaufelten tomatentriefende Röhrennudeln in sabbernde, zahnlose Mäuler, die gierig schluckten, zwischendurch gießkannenartig einen Sprühregen von unappetitlich bespeichelten Nahrungsfetzen auf die Nachbarn verstreuten, manche grimassierend das Tischtuch zum Gesichtabwischen benutzten, bis die „Neue" entsetzt floh. Über allem ruhten die wachsamen Augen der freundlichen Schwestern, gütig lächelnd den Gespeisten zusehend, mit behutsamen Handen halbleere Teller sortierend, Essensreste für die Weiterverwendung sammelnd.

In der Schlafstation wurde Punkt acht Uhr das Licht gelöscht. Auf den Fluren dämmerte eine Notbeleuchtung. Das Nachtleben der geistig Behinderten begann. Rauchen war verboten. Aber was dort auf den abgeschabten Sofas im Flur saß, waren keine Glühwürmchen. Der Kloraum wurde überfrequentiert, die Gerüche drangen bis in die Schlafsäle. Es herrschte ein Kommen und Gehen, ein Sich-von-Zimmer-zu-Zimmer-Besuchen, Getuschel, Gekicher. Das Bad stand unter Wasser. Pärchen wandelten Hand in Hand, umarmten sich am Fenster mit Blick auf das Forum Romanum. Fast Kahlköpfige tauschten Pillen gegen Tabletten, rosa gegen weiß, farbige Kapseln gegen Pfefferminzlutschpastillen und Lakritzbärchen. Aus den Zimmern kam Mief, Schnarchen, von Pfeiftönen unterbrochen, Gekrächze, Husten, Geröchel. Plötzliche Schreie ließen niemanden mehr aufhorchen. Das war die Ahnin, die war verrückt. Cinderella auch, die unkontrollierbar lachte. Aschenputtel unter nylonmorgenrockbehängtem Nachthemd auf der Flurpromenade der Ausgestoßenen. Dann kam die Nachtschwester mit der Taschenlampe, die sich aufregte, daß ich noch wach sei. Punkt zwölf Uhr machte sie eine Runde, schloß dann die geistig Umschlossenen wieder ein. Niemand war verstorben, keiner hatte einen anderen angegriffen, alles war in Ordnung.

Igel blieb längere Zeit verschollen. Im Krankenhaus hatte sie einen falschen Namen angegeben. Staatliche Krankenhäuser sind kostenlos, eine Behandlung von Pennern und Pennerinnen bietet keinerlei Probleme für den Geldbeutel. Igels Namen kannten wir nicht. Irgendwann würde sie nach Deutschland zurückfahren – oder zum Rondell zurückkommen. Sie erschien erst im Januar des nächsten Jahres. Abgemagert, in alter Igelfrisur, enttäuscht vom freien Leben im Dauerstreß. Ein paar Kaffeefahrten hatte sie noch gemacht. Bis Sizilien war sie gekommen, zu all den barokken Domen, den Reliquienkästchen milder Heiliger und armer Märtyrer. Am Glockenspiel des Domes zu Messina, schon fast auf der „Heim"reise, hatte sie Rudolf gefunden. Rudolf aus Herne. Zusammen hatten sie das Uhrwerk angesehen zur Zeit des täglichen Ablaufens eines komplizierten Mechanismus, der zunächst den Sensenmann in Betrieb setzt, dann den verräterischen Blechhahn dreimal mit den metallisch klappernden Flügeln wedeln heißt und zum Schluß das zu Tränen rührende, leider durch Lautsprecher verzerrte „Ave Maria" von Gounod über den von Touristen bevölkerten Domplatz tönen ließ. Igel war zum Heulen. Rudi, der Penner, legte seinen Arm um sie. So umschlungen gingen sie in die Bahnhofsbar, und Rudi bestellte zur Feier des Tages zwei *Ramazotti*. Rudi streichelte seinen Igel. Igel strahlte. Sie hatten sich gefunden. Rudolf wollte nach Livorno. Er hatte dort schon einmal am Hafen gearbeitet. Er kannte eine Unterkunft, wo sie allein sein würden.

Zwei selige Penner. Vielleicht, wenn sie achtzehn war und einen Paß beantragen konnte, würden sie heiraten, schwärmte Igel. In einer Kirche. Auswahl hatten sie ja genug.

## Geier-Walli und die göttliche Vorsehung

Von Geier-Walli weiß ich wenig zu berichten. Ihre Gestalt umgaben Legenden. Die etwa auf sechzig Jahre geschätzte Ulknudel aus München mit blondgefärbtem Haar, das sie wie ein Kind in zwei dicken Zöpfen trug, lebte in und um den Vatikan herum. Sie solle vom Verschenken kolorierter Heiligenbildchen leben, die ihr einen vollen Spendenkarton einbrachten aufgrund ihrer Überredungskünste. Sagen die einen. Die anderen meinen, auch sie sei eine aus den gewissen Gemächern mit flexiblen Wänden, im Wahn lebend, die göttliche Vorsehung habe sie in die Heilige Stadt geführt, um dort segensreich zu wirken. Was unter „segensreich" zu verstehen war, blieb unbekannt.

Ich traf sie eines Tages in der Metro. Die morgendliche Finanzkrise hatte mit einer zweistündigen Sitzung vor der Apotheke in der Viale Europa behoben werden können. Da es außerdem der erste Mittwoch im Monat war, hatte ich bei „Peter und Paul" den für alle Kommenden bereitliegenden, vom Küster der Kirche verteilten Obolus von 3000 Lire entgegengenommen. Die Frau an der Wühlkiste hatte mir ein hübsches Sommerkleid herausgesucht. Ich hatte Lebensmittel eingekauft, gekocht und dann beschlossen, am Nachmittag den alten Schorsch heimzusuchen. Er bewohnte ein Zimmer mit eigener Dusche in einer Billigpension in der Nähe des Hauptbahnhofs, seitdem er Rentner war. Vorher hatte er mehrere Jahre als Bank-Bettler gewirkt. Einer von der Sorte, die von Bankomat-Kunden oder glücklichen Kreditempfängern ein Scherflein zugesteckt bekommen. Er nahm dazu eine speziell von ihm erdachte yoga-ähnliche Haltung ein: auf der linken Ferse sitzend, das rechte Bein angewinkelt, die linke Hand auf dem linken Knie den Passanten zugestreckt, mit ein paar Lockmünzen gespickt, damit auch jeder Vorbeikommende wisse, daß er Geld sammle und nicht etwa Regentropfen oder Bonbons. Eine für einen alten Mann recht unbequeme Stellung, aber sie hatte wohl ihre internen Gründe. Den kahlen Schädel hatte er demütig gebeugt. Er machte den Eindruck einer dösenden Schildkröte. Und genau wie diese konnte er überraschend schnell reagieren und zuschnappen. Sobald jemand ihm einen Schein in die Kralle gedrückt hatte und er seinen Dankspruch losgeworden war, schoß die Rechte mit ungeahnter Geschwindigkeit hervor und ließ das Geld subito im Jackett verschwinden. Sicher ist eben sicher in dieser Branche. Auch der alte Schorsch hatte mir von Kollegin Geier-Walli erzählt zwischen all den Anekdoten aus seinen besten Tagen, als er Museumswärter in Köln war, und den Erlebnissen aus den eisigen Wintern Norwegens, als man keinen Nachschub bekam und die von den fleißigen Hausfrauen in der Heimat handgefertigten Kaffeekannen-Wärmer als Ersatzmützen trug und wo der Feind ihn zielgerecht in den Hinterausgang getroffen hatte. Vielleicht rührte seine extreme Arbeitshaltung daher. Ein Unikum solle sie sein, die Walli, ein echtes Original. Er sei ein paarmal auf dem Petersplatz gewesen, aber gesehen habe er sie nicht. Und bei den Schwestern der Mutter Teresa, wo sie sich angeblich verpflegte, hatte er nicht vorbeigehen wollen.

Dort gäbe es nur Margarine-Brötchen, habe man ihm berichtet. Und ein *panino* für 300 Lire könne er sich immer noch selber leisten. Und zwar ohne vorherige Gebetsmühle. Viel behalten hatte ich nicht von seinen Erzählungen außer der Geschichte mit den Kaffeewärmern und der Kugel im Enddarm, die ich mir bildlich lebhaft vorstellen konnte. Aber was er über die Geier-Walli gesagt hatte, blieb haften, vor allem des hübschen Namens wegen. Diese Person schien also eine reale Existenz zu haben und keine Legende zu sein, obwohl ich nur einen Kollegen traf, der sie je zu Gesicht bekommen hatte. Das war der Holländer-Helmut, und der war kein ausgesprochen ernst zu nehmender Mensch.

Jetzt sah ich sie also wirklich. Unübersehbar, unüberhörbar, nach Steckbrief frisiert, nach Sprache identifiziert: die Geier-Walli. Die Begegnung war ein Zufall – oder höherer Art? Es war ein Sommertag, ein strahlender Morgen war in einen heißen Nachmittag übergegangen. Eigentlich hätte ich ihn lieber bei den Kumpels vom Rondell verbracht, die faulenzend in der Sonne oder im Schatten der großen Platanen auf dem Rasen des EUR-Parks lagen. Aber hätte ich nicht am Morgen dieses Kleid bekommen, so hätte ich nicht den Wunsch nach einer Dusche und frisch geföntem Haar gehabt. Und das konnte man in aller Ruhe und ohne zu zahlen beim alten Schorsch haben. Dann wollte ich Deoduftend auf Bürgerlich durch die Bahnhofshalle spazieren und lässig eine „Süddeutsche" kaufen nebst zwei von Kollegen georderten *Bild*-Zeitungen und einem Western.

Ich war wie immer in „unserer" Metrostation Magliana zugestiegen. Das Phantom-Bild stand fast direkt vor mir. Live! Die Frau unterhielt den ganzen Waggon, der teils mit Römern, teils mit Touristen besetzt war. Mal sprach sie in ihrem nach all den Jahren noch recht deutsch gefärbten Italienisch auf jemanden ein, mal auf Bayerisch. Sie hatte einen Karton mit mehr oder weniger frommen bunten Bildern dabei und versuchte sie unter die Leute zu bringen. Da waren die Gebetbuchbildchen mit aufbauenden Texten, jede Menge Madonnenbilder mit Lobeshymnen und Ave-Marias, Postkarten mit Sehenswürdigkeiten und Papstporträts – die große Auswahl. Walli's Überredungskünste waren sehr beeindruckend. Leider bin ich nicht der bayerischen Orthographie mächtig, und so werden die folgenden Dialoge nicht originalgetreu wiedergegeben. Die echten waren wesentlich saftiger.

„Das hat dir gerade noch gefehlt", begann sie ein älteres Ehepaar zu bearbeiten, das offensichtlich aus Bayern stammte. Die Frau trug ihr Dirndl auch in Rom. „Ein echtes Souvenir aus dem Fatikan, gnä' Frau, postkartenförmig, zum Einspannen in Ihren Wechselrahmen, so recht was für übers Ehebett!" Und sie zeigte einen Drachen aus dem Jüngsten Gericht. Der Ehemann schmunzelte, die Frau schaute irritiert in die Röhre der U-Bahn. „Und hier, der Herr", fuhr die Walli fort, „was für die Herrenbettseite, der nackige Adam. Wissen'S, daß der mal nackig war unterm Feigenblatt? Ist auch aus der Sextinischen Kapelle . . ." Der Mann betrachtete die Abbildung – und kaufte, zum Ärger seiner Frau. „Also, mit dem Dragoner war's nix", setzte Walli die Bearbeitung fort, „vielleicht möcht' die Dame des Hauses ein legeres Engerl? Oder wie die Elisabeth Besuch bekommt, wo's grad schwanger geht mit'm heiligen Johannes, der wo immer so umanandhüpft hat damals schon?" – „Hörn'S auf, bittschön", prustete der Mann, „meine Frau heißt Elisabeth, und unser Ältester ist der Hansi . . ." – „Ja, so", meinte die Walli und kramte weiter. „Madonna wolln'S dann wohl auch net, wie? Vielleicht das tränende Herzerl da, wo's Blut aussilauft." – „Jetzt Schluß mit dem Kitsch", empörte sich die Touristin. Aber die Walli erst: „Kitsch, Kitsch ham'S gesagt?! Wann'S an Kitsch ham woll'n, dann müssen'S in die Via Marsala gehn. *Da* gibt's an Kitsch! Des wär' was Rechts für Euer Bett, so recht als Betthupferl. An Jesus hams' da, mit solche Glitzerschicht drauf, der spiegelt a bisserl, so glitzig halt. Und wenn'st rechts vom Bett stehst, schaut er dich an, und wenn'st links vom Bett stehst, schaut er dich auch an, aber ohne zu schielen, weißt. Der schaut halt amal so, amal so und das gleichzeitig, so halt": Sie rollte schrecklich die Augen. Das Publikum kreischte, rief: „da capo", kaufte Postkarten. Vielleicht war es das, was Walli die „göttliche Vorsehung" nannte?

Den Lebensweg der Ex-Kollegin habe ich in den letzten Jahren nicht weiterverfolgt. Ich hatte meine neue Heimat. Mir fehlte das Interesse daran, was die anderen inzwischen taten oder jetzt tun. Einmal traf ich den Pflastermaler-Dietmar und seinen Freund Klaus. Sie zeichneten ihre Spezialität, die Patrone und Patroninnen der jeweiligen Kirchen, die sie anfuhren. Ein einträgliches Geschäft für einen echten Künstler wie Dietmar. Eine verkrachte Existenz, die bei einem bürgerlichen oder Boheme-Leben ein Vielfaches verdienen könnte. Vor Jahren stellte er seine Werke in Österreich aus. Keine nachgemalten, frömmelnd oder märtyrerhaft blickenden Heiligen, sondern eigene Werke, geistsprühend. Aber da war der Suff, der alles zerstörte. Seine Eingebungen schwanden, verschwanden hinter einem Zwang des Malens zum Überleben-Können. Freund Klaus ist Bildhauer, auch er dem Trunk ergeben. In kreativen Phasen schafft er eigene Werke, kleinere Skulpturen, die er den Bürgermeistern der Gemeinden anbietet zum Sonderpreis. Die Presse berichtete über ihn und eine Ausstellung, als er eine Entzugsphase hinter sich hatte. Klaus war trocken, und genauso wirkten seine Werke: abstoßend fast und grotesk. Ihm fehlte die Eingebung, er konnte nichts mehr schaffen. Das Zentrum war tot. Hirn und Hände wollten am Werkstoff wirken. Doch fehlte ihnen das spirituelle Agens. Klaus griff wieder zur Flasche und fühlte sich wohl. Man berichtete mir vom Ferdl. Auch er war wie Angelo dem Meßwein verfallen, verfettete zusehends, spottete über seine „Berufskrankheit". Igel und Rudolf blieben verschollen. Geier-Walli war und blieb Randfigur, Einzelgängerin. Auch sie hatte stets eine Flasche bei sich, um caritative Blümchen-Tees aufzubessern. Ein paar ältere von der ersten Besatzung dürften auf die sechzig zugehen und zirrhosereif sein. Genaues weiß ich nur von denjenigen, deren Niedergang ich mehr oder weniger beobachten konnte auf ihrem Weg ins Delirium. Ein Nachruf wäre wohl verfehlt. Aber ein Andenken an sie sollte sein, an alle, die im Rausch ihr Glück suchten – und oft genug fanden.

# 6 _____ Mit Volldampf ins Delirium

**Schmerzlos in den Tod**

Daß Alkohol schädlich ist, wissen sie alle, die auf der Straße leben, leben müssen. Und doch trinkt fast jeder von ihnen. An Motivationen fehlt es nicht. Frust steht an erster Stelle, dann das Vergessenwollen der schlimmen Umgebung, der Vergangenheit, der trostlosen Zukunftsperspektiven. In Italien ist es auch der Zwang, die Zeit an den Nachmittagen zwischen 13.00 und 15.30 Uhr ausfüllen zu müssen, wenn die Geschäfte geschlossen sind und nur die Bars, die Stehimbisse geöffnet haben. Natürlich könnte man Mineralwasser bestellen, einen Fruchtsaft oder sogar Milch. Aber es ist fast wie bei Schulbuben. Innerhalb der Gruppe, der Clique will sich niemand blamieren, ausgelacht werden, als Memme gelten. Das käme einem Gesichtsverlust gleich. Und außerdem: wie sollte bei Mineralwasser gute Stimmung aufkommen? Sollte man trist vor sich hinbrüten und die Realität so realistisch sehen, wie sie war? War man allein, war es noch schlimmer. Wie konnte man bei teurem, tropenreinem und gesundem Kiwi-Saft vergessen, daß man am Abend einen neuen Schlafplatz suchen mußte? Oder was wäre eine Cola pur, die einen nur anregen würde, darüber nachzudenken, ob das am Nachmittag zu verdienende Geld für einen weiteren Tag reichen würde, da Regenwetter angesagt war? Lohnte es sich, Frischmilch zu konsumieren, um ein Leben ohne Hoffnung auf bessere Lebensqualität zu verlängern? War es nicht besser für die Psyche, die üblen Gedanken zu verdrängen bei einem Glas Bacardi, Martini, Campari, Ramazotti? Hatte nicht auch Bier Kalorien, die der Ernährung dienten? Würde einem die Zukunft nicht ganz so dunkel erscheinen beim belebenden Gin Tonic? Würde nicht der Cognac nachts wärmen, wo menschliche Wärme fehlte? Das Leben auf der Straße machte früher oder später alle zu Alkoholikern. Schlimmstenfalls endete man in der Pathologie oder Anatomie, zu Lehrzwecken zerteilt und stückweise als Demonstrationsobjekt in Formalin konserviert. Aber das würde andere Menschen auch erwarten: diejenigen, die qualvoll an Krebsmetastasen gestorben waren, dahinsiechend unter Schmerzen, die Morphindosen in immer steigender Höhe erforderten; die sich den Tod herbeigesehnt hatten in Intensivstationen mit zertrümmerten Köpfen; die durch Schlaganfälle gelähmt an ihrer Umwelt nicht mehr teilnehmen konnten, jahrelang auf Pflege angewiesen waren. Dies alles würde ihnen, den Leberkranken, erspart bleiben. Das Ende würde schnell kommen nach der schleichenden, schmerzlosen Krankheit. Auch die Endsymptome waren erträglich, ein Koma war wünschenswert: das Ende von allem im Vergessen.

Fünf meiner Ex-Kumpel gingen in den letzten Jahren auf diese Reise. Sie wußten wie alle anderen: wer es schafft, bei einem gewissen Quantum zu bleiben, noch dazu bei leichten Getränken wie Bier und Wein, hatte größere Chancen, ein paar weitere Jahre zu leben. Aber wer wollte schon alt werden in diesem Milieu, das nicht viel an Freude zu bieten hatte? „Wir leben *jetzt*", war die einhellige Meinung, und sie ist es noch, „wir leben nicht für eine unbestimmte Zukunft. Und solange wir leben, soll es uns so gut wie möglich gehen. Das funktioniert nur mit Alkohol." Er ist es, der die Stimmung schafft, desolate Situationen zu überspielen, Mißerfolge nicht zu ernst zu nehmen, Selbstzweifel und Depressionen zu übertünchen. Die Frage: „Was wird morgen sein?" stellt sich den Pennern wirklich nur für den kommenden Tag. Auch wenn sie Reiserouten ausarbeiten – sie wissen aus Erfahrung, daß die Sache immer anders läuft als vorgesehen. Und was die fernere Zukunft betrifft, so ist es ihnen keinen Alkoholverzicht wert, ein paar Monate, ein paar Jahre älter zu werden in derselben Armut. Kein noch so überzeugter „Anonymer Alkoholiker" wird diesen Standpunkt beeinflussen, gar zum Positiven lenken, solange dieser ein Zuhause, eine Familie hat. „Der kann gar nicht mitreden", heißt es, „ihm geht's doch gut. Soll sich der erst mal auf der Straße alkoholfrei verhalten, dann reden wir weiter."

Gegenargumente gibt es zur Genüge. Wie viele Politiker, Vorbilder der Nation, bevorzugen statt Wodka Wasser? Statt Champagner Fruchtsaft? Und hat nicht bereits Jesus auf der Hochzeit zu Kana Wasser in Wein verwandelt, um die Gäste bei guter Laune zu halten? Er hätte es ja beim Wasser belassen können, trank aber wohl selbst gern einen Vino, auch noch beim Letzten Abendmahl. Heute ordern seine italienischen Diener jährlich mehr als 10 Millionen Liter des „vino d'altare", rein nach kanonischem Gesetz, naturbelassen, aus den vatikanischen Weingütern bei Asti oder gleich beim größten Weinproduzenten für Priester in aller Welt, Mueller di Tarragona. Was die offizielle Statistik betrifft: Wenn man von der Panikmache absieht, die die Deutsche Hauptstelle für Suchtgefahren betreibt, weil sie sich selbst nicht überflüssig machen will und daher Zahlen von 40 000 Alkoholtoten pro Jahr angibt, so handelt es sich um die Milchmädchenrechnung mit den sekundären Opfern durch Verkehrsunfälle, Infektionen usw. Realistischere Daten veröffentlichte eine Studie der HealthEcon AG, Basel, publiziert unter dem Titel „Chronische alkoholische Leberschäden – Diagnostik, Therapie, Kosten", die eine Zahl von „nur" 4000 Leberzirrhosetoten pro Jahr angibt. Es sterben mehr Menschen an Unterernährung und an bürgerlicher Fehlernährung durch Fettsucht, durch Umweltgifteinflüsse, Krebs, Herzkrankheiten, Rauchen, Aids und Selbstmord, von den Verkehrsunfällen ohne Beteiligung von Alkohol gar nicht zu reden.

Was den Alkohol der Obdachlosen und Nichtseßhaften, speziell der Penner betrifft, so wird er mit Sicherheit zum Milieu gehören, solange es die wirtschaftlichen Miseren gibt, die menschlichen Schicksale und die fehlgeschlagenen Korrekturversuche der Parteipolitiker. Die Alkoholkranken der Straße bevölkern keine Arztpraxen wegen Migräne-Wehwehchen, angeschlagenen Fußnägeln oder Haarausfall. Für sie besteht einfach nicht die Möglichkeit, bei einem Leben außerhalb der Gesellschaft regelmäßige Blutkontrollen durchführen zu lassen, die geeigneten Medikamente zeitgerecht zu sich zu nehmen, eine Diät einzuhalten. Das Leben im Schlafsack und das Essen aus Suppenküchen sind nicht lebensfreundlich, rheumatische Beschwerden im Alter die Regel, Blutdruckkrisen die Norm. Aber für die Penner ist Altwerden ohnehin kein Thema. Leben um des Lebens willen ist nicht ihre Sache, nicht bei dieser Lebensqualität, in einer verwahrlosten Umgebung oder nachts im Freien.

Außerdem – und das ist die Gerechtigkeit an dieser Krankheit, die Arme wie Reiche betreffen kann – ist der Kranke in fortgeschrittenem Stadium nie vor einem Blutsturz sicher, der in 80 Prozent der Fälle tödlich endet. Den Herrn Oberstudienrat erwischt es eben auf Villeroy & Boche gestyltem Porzellanthron, den Penner auf dem Kübel oder auf dem Bahnhofsklo oder auf offener Straße. Solche Krankheiten machen die Menschen gleich, ob sie nun im Top-Ambiente stilecht den Löffel abgeben oder als stinkendes schmutziges Bündel im Straßenschmutz enden. „Schmerzlos", sagte mir einer von denen, die nicht mehr lange zu leben hatten, „das ist es, was an der Krankheit schön ist. Langsam und schmerzlos – und dann ex und hopp!"

Was die medizinische Versorgung in Italien betrifft, so gilt für Penner wie für minderbemittelte Einheimische das gleiche Recht auf kostenlose Krankenhausbehandlung. Für ambulante Versorgung stehen Sozialstationen zur Verfügung. Natürlich ist die Betreuung dem Preis gemäß, und die Mediziner sind ohnedies nicht dem europäischen Standard entsprechend ausgebildet. Sich in ein italienisches Krankenhaus zu begeben kann ich nach eigener Erfahrung niemandem raten, der andere Möglichkeiten der Behandlung hat. Aber auch in Deutschland ist man nicht sicher vor Pfusch, und die hygienischen Zustände in Krankenhäusern sind nicht so, wie man sie sich wünscht. Das läßt die Zahl von 40 000 Toten pro Jahr erahnen, die an sogenannten Nosokomialkrankheiten sterben, also Infektionen, die man sich erst bei einem Krankenhausaufenthalt holt und zu Hause nicht bekommen hätte – übrigens die gleiche Anzahl der Todesfälle, wie die Deutsche Suchtgesellschaft für Leberkranke argwöhnt. Aber was für Italien noch besonders erschwerend hinzukommt: Hier fehlt jegliche psychologische Ausbildung der Ärzte, so daß der Kranke mit seinen Problemen völlig allein gelassen wird.

So bleibt also der Penner auf der Straße bei den Kollegen mit denselben Symptomen, und sie alle trinken noch eins auf die kaputte Leber, denn sterben, ja sterben müssen sie alle. Die Krankheit wird bagatellisiert, und so bleibt man optimistisch. Ein zwischenzeitliches Delirium wird, mißbilligend zwar, wenn es negative Erlebnisse mit sich bringt, in Kauf genommen, aber nicht verhindert. Fast jeder, der über Jahre hinweg regelmäßig Alkohol zu sich genommen hat, machte Bekanntschaft mit Halluzinationen. Mediziner definieren dieses Phänomen als Sinnestäuschung, bei der die Wahrnehmung kein reales Objekt hat. Daß der Inhalt der „Sendung" komplex und logisch ausgestaltet sein kann, ist bekannt. Als Trinker bekannte Künstler scheinen etliche ihrer Inspirationen deliranten Zuständen zu verdanken und sie kreativ genutzt zu haben. Konkret ist es eine Alkohol-Psychose, eine Veränderung des Zentralnervensystems, eine zunächst schleichende Vergiftung, auf die das Gehirn mit Fehlsteuerungen in verschiedenen Gradationen reagiert. Die äußere Form ist das Delir, Kino-, Video- und Fernsehfreunden aus Filmen gut bekannt: das totale Weggetretensein aus der realen Welt. Manuel, der große Revolverheld, ohne einen Tropfen Tequila von bösen Buben gefangengehalten, entwickelt sich innerhalb kurzer Zeit zum triefäugigen-nasetriefenden-händezittrigen-alkoholvergifteten Wrack. Man läßt ihn mitleidtriefend laufen. Manuel

kommt nicht weit. Er kann nur noch auf allen vieren krie-
chen. Jetzt trieft auch der Speichel. Die bebenden, ehemals
so schnell den Revolver zückenden Spinnenfinger tasten
nach dem Kaltmacher. Da ereilt den Ex-Helden ein epilep-
tischer Anfall. Er wälzt sich im Straßenstaub und Hunde-
kot zwischen dekorativen Pferdeäpfeln, schäumt ein letztes
„Halleluja", sieht sein altes Mütterlein ihn von der Todes-
pforte abholen, und das Schießeisen wird vom Winde ver-
weht. Der Film ist jugendfrei, wurde aber noch nicht in die
Alkoholabschreckungs-Kampagne einbezogen.

Weit verbreitet unter den Halluzinationen ist auch das
Hören von Stimmen, auf die in fortgeschrittenem Stadium
auch geantwortet wird. Wenn man also einen nicht ganz
Betrunkenen vor sich hinreden hört, ist das nicht unbedingt
auf den Alkoholgenuß zurückzuführen. Vielleicht redet er
mit imaginären Personen. In den seltensten Fällen handelt
es sich um einen Monolog oder die Probe für ein Hörspiel.
Weniger häufig ist ein zeitweise gestörter Geruchssinn. Die
Fehlschaltung des Gehirns suggeriert dann beispielsweise
den Geruch von Harzer Käse, obwohl es sich tatsächlich
und vom Riechenden auch optisch als solche erkannt um
die 18,75 DM resp. 20000 Lire teure Prinzeneistorte handelt, garantiert mit Kiwi, Melone und einer vereisten Erd-
beere, alles mit Himbeergeist getränkt. Das kann einem
den Appetit dann doch verderben. Umgekehrt können auch
Käsesocken für den Riechenden nach Jasmin duften, was
peinliche Verwechslungen nach sich ziehen kann.

Visuelle Halluzinationen können von Sekundenkürze
sein, so daß sie vom Betroffenen gar nicht bemerkt werden.
Er wirkt dann nur ein wenig abwesend. Das Resultat sind
beispielsweise unerklärliche Fehlreaktionen im Straßen-
verkehr. Länger dauernde Bewußtseinsstörungen, die inein-
ander übergehen, führen zum typischen Alkoholdelir; siehe
Manuel. Auch Erscheinungen wie die Fata Morgana müssen nicht unbedingt auf Luftspiegelungen beruhen. In Wü-
stengebieten können durchaus die Faktoren Unterzucke-
rung und Austrocknung durch Wassermangel zu Wahnvor-

stellungen führen. Ich glaube, daß diese Kurzeinführung reicht, um die Verhaltensweisen im rechten Licht zu sehen, die natürlich nicht nur Penner im Delir oder Prä-Delir veranstalten, sondern alle Langzeitalkoholabhängigen. Nur sind sie bei den in der Öffentlichkeit lebenden Personen deutlicher sichtbar als hinter Krankenhausmauern und im stillen Gemach des Künstlers. Bei Pennern kann man den „Flattermann" beobachten, das Händezittern, das einen zwingt, das erste Glas oder die Flasche mit beiden Händen zu umfassen. Bei Gewohnheitstrinkern das Symptom dafür, daß das individuelle Quantum noch nicht erreicht ist. Im Schlaf wurde zuviel der Substanz verbraucht, es muß nachgetrunken werden, und zwar möglichst schnell, um den Pegel wieder aufzufüllen. Wenn das nicht geschieht, kündigt sich das Prä-Delir an, das im Delir noch schlimmere Ausmaße annimmt, mit Schweißausbrüchen, Herzrasen, Angstgefühlen. Unter Pennern wird meist noch rechtzeitig der Kollege angeschnorrt. Und da der Kollege den Zustand vermutlich kennt, gibt er nicht aus Barmherzigkeit von seinem Vorrat ab, sondern erst nach dem Versprechen des anderen, in gleicher Situation denselben Service zu erhalten. Eine Hand wäscht die andere. Oder auch nicht.

## Von wildgewordenen Radieschen, Bahnsteig-Zombies und nackten Spanferkeln

Erlebnisse mit Halluzinationen hinterlassen bei den Betroffenen eher belustigende Eindrücke. Im nachhinein. Keiner der Befragten, die ein Delirium hinter sich hatten, empfand dieses Ereignis als abschreckend. Weiße-Mäuse-Sehen ist, wie meine Umfrage bei alten Kollegen ergab, nicht mehr „in". Heutzutage darf es schon etwas Besseres sein. Radieschen zum Beispiel. Die sah der Kärntner-Eddie auf den Köpfen seiner Kumpel sprießen, als er auf dem P 500, mitten in Rom, zunächst sein Gesicht dem damaligen Kopfsteinpflaster näher gebracht hatte, dann in wilde Zuckungen verfallen war, unbotmäßig fluchte und verkündete, er werde jetzt pinkeln und dann eine Runde schlafen, wo, das sei ihm egal. Dies alles wäre noch nicht recht auffallend gewesen. Betrunkene Penner, die aufgeräumt werden, damit sie nicht den Verkehrsfluß stören, gibt es in der Bahnhofsgegend zuhauf. Das Publikum ist an solche Anblicke gewöhnt. Dann aber fiel es Eddie ein, die Radieschen essen zu wollen, die nur er auf den Köpfen seiner Kumpel sprießen sah. Keiner der anderen sah sie. Nun läßt sich niemand, auch nicht ein Penner, freiwillig an den Haaren reißen, damit sich ein Kumpel an imaginärem Gemüse gütlich tun kann. Und so artete der Zwischenfall in eine Schlägerei aus. Ohne polizeiliche Folgen übrigens, lediglich mit Platzverbot. Aber das ist kaum zu kontrollieren.

Ich erinnere mich an eine Situation, in der Axel unter Alkoholmangel-Psychose litt. Wir waren ziemlich pleite nach mehreren Tagen des Faulenzens am Strand von Melito di Porto Salvo, dem südlichsten Punkt Kalabriens. Man hatte einen phantastischen Blick auf den Ätna, der Strand war aus feinkörnigem Sand, das Wasser sehr sauber, der Ort klein, aber historischer Boden – irgend etwas mit Freiheitskampf und Garibaldi –, und ein Fischer hatte uns die Terrasse seiner Hütte als Liegeplatz für Schatten und Nacht zur Verfügung gestellt. Täglich waren wir von einer freundlichen Frau verpflegt worden, die mit ihren beiden Mariner-Söhnen auf Urlaub hier den Nachmittag verbrachte und jedesmal zwei Extraportionen ihres Mittagessens für uns mitbrachte. Wir lebten dort wie faulenzende Ferienreisende, bis uns schließlich das Geld wirklich ausging und wir am Montagmorgen wieder nach Reggio fahren mußten, um neues zu sammeln. Wir nahmen den Frühzug für Schüler, der um halb acht Uhr abfuhr. Auf dem Bahnsteig wurde es Axel bereits schwindelig. Er setzte sich auf eine Bank, die flatternden Hände in den Hosentaschen, und beobachtete Leute, um sich abzulenken. Plötzlich meinte er das „zweite Gesicht" zu haben. Beim längeren Hinsehen erschienen ihm die Menschen als Zombies. Die eine Gesichtshälfte begann sich aufzulösen, zu zerfallen, so daß man darunter die Knochen des Schädels sehen konnte. Eine reichlich makabre Vision: die Zombies von Bahnsteig 1, keiner älter als achtzehn Jahre alt. Sie schäkerten herum und wußten nichts von ihrem Aussehen. Endlich kam der Zug. Die Hoffnung auf etwas Trinkbares rückte in greifbare Nähe. Um halb neun machte der Supermarkt auf, was sehr praktisch war, um gleich nach dem Eingehen der ersten Gelder eine Portion Vino zum Einheizen zu holen und sich damit an die Promenade zu begeben. Der erste Schluck würde dann belebend herunterperlen wie Sekt. Hofften wir. Aber die ersten Gelder flossen spärlich. Axel bekam seinen „Brand", einen schlimmen Durst. Ausgerechnet an diesem Tag war „unser" Opa mit der Lebensmitteltüte schon sehr früh zum Einkaufen gegangen. Er ließ uns immer Fressalien da, meist zum Wochenende, weil er wußte, daß wir am Strand selber Kochgelegenheit hatten. In der Tüte befand sich unter anderen guten Sachen auch ein Liter Milch. Alkohol hin oder her, dachte Axel, öffnete die Milchtüte und trank sie fast in einem Zug aus. Der Durst war gelöscht, ein Rülpser bestätigte den Dank des Magens. Der übrige Körper, nicht auf Milch eingefahren, „bedankte" sich auf seine Weise. Er hatte Nachschub an Alkohol erwartet. Die Milch verschlimmerte den Flattermann zum grobschlägigen Tremor, so daß wir die Stellung räumen mußten und ich Axel an den Lungomare begleitete, wo er bis zum Originalnachschub an Wein warten sollte. Für meine Begriffe bekam ich das notwendige Kleingeld für den Billigwein relativ schnell zusammen. Aber wenn jemand auf dem trockenen sitzt, zählt er jede Minute. Als ich mit dem Tetrapak in die Parkanlage kam, hatte sich der Zustand des Zombie-Blickers verschlechtert. Zum Flattermann waren Wadenkrämpfe gekommen, und die Zombies hatten ihn überfallen. Auch mich hielt er für eines dieser nicht-toten Lebewesen. Erst der reale Wein konnte ihn davon überzeugen, daß die Überbringerin tatsächlich lebendig war. Nach einem halben Liter auf Ex stabilisierte sich der Zustand langsam. Die Autos fuhren wieder Zombie-frei, und es ließ sich wieder richtig leben.

Ein anderes Mal berichtete Axel von einem Zustand, in dem er zwischen Realität und Wahnvorstellung nicht unterscheiden konnte. Er hielt seine Vision für tatsächlich geschehen. Die Halluzination führte ihn in ein Delikatessengeschäft, wo er für eine Nacht schlafen durfte, zwischen den Kühltruhen und der Vitrine. Seine Gefährten der Nacht: tote Schweine. Er sah sie in der Vitrine liegen, viele kleine Spanferkel, die steifen Beine in die Höhe gereckt, eiskalt und schneeweiß, aber appetitlich dekoriert. Eine makabre Kulisse für eine Schlafgelegenheit. Neben den Schweinen befand sich eine Kühltruhe voll edlen Bieres, die jedoch mit einem Vorhängeschloß gesichert war. Axel hatte Hunger und durfte die appetitlichen Schweinchen nicht anrühren. Er hatte Durst, und der Zugang zum Bier war ihm versperrt. Das Unterbewußtsein in Aktion: Themen Tod – Alkohol – fettes Essen. Er träumte dies am Strand von Salerno, nicht lange vor seinem wirklichen Tod. Er nannte es Traum, aber er hatte die Augen dabei geöffnet.

## Helmut auf Empfang

Brindisi-Helmut war ein Typ für die tägliche Halluzination. Er war daran gewöhnt und bezeichnete sie bereits als „Morgengabe". Nie hatte er Überblick über seinen abendlichen Restbestand an Rotwein, so daß er meist in der Frühe gerade noch zum Pinkeln ums Eck wanken konnte, ansonsten aber zu schwach war, bis zum Bus zu gehen und in die Stadt zu fahren. Wir, damals eine größere Pennergruppe, aus allen Gegenden Deutschlands und Österreichs zusammengewürfelt, wohnten damals in einer im Winter stillgelegten Badeanstalt am Meer außerhalb der Stadt Brindisi mit freien Umkleidekabinen und noch funktionierenden sanitären Anlagen. Franco, der Hausmeister, wußte Bescheid über seine Logiergäste und duldete uns, da keiner von uns irgendwelche Schäden anrichtete. Er warnte uns sogar vor Polizeistreifen, die regelmäßig das Gelände nach Schmugglern und Drogendepots absuchten. Wir zogen dann für einen Tag auf die Piazza am Hafen oder bei Regen in die große Fährschiff-Abfertigungshalle für Griechenland-Reisende. Franco sammelte Leergut. Weinflaschen waren bereits vor Jahren in Italien mit Flaschenpfand belegt, und wir hinterließen ihm täglich eine wohlaufgeräumte Batterie von „Bomben". Ich schätze, daß ihm das einen hübschen kleinen Nebenverdienst einbrachte. Uns ersparte es die Schlepperei mit dem Glas, das uns eher hinderlich war.

Es war nicht einmal der Tag einer bevorstehenden Razzia, sonst hätten wir Helmut selbstverständlich mitgenommen. Es war ein ganz gewöhnlicher Montag im Winter, auch als „Pleitetag" bekannt. Axel und ich, die in der Kabine nebenan logierten, hatten zwar noch eine kleine Reserve an Geld, aber keinen Weinvorrat mehr. Am Vorabend war eine der wärmenden Penner-Parties gelaufen mit Glühwein und Grog für die armen, frierenden Gebeine der unbeheizbar Wohnenden. So war Axel mitgefahren und wurde nicht vor zwei Stunden zurückerwartet. Der trocken-sitzende Helmut in seiner Schlafkoje bekam die letzten Weinreste, bevor die anderen loszogen. Das war natürlich nicht genug für ihn, aber besser als gar nichts. Nachschub stand aber demnächst in Aussicht, wenn Parrucca, sein Freund Olivier aus Frankreich, von der „Nachtschicht" zurückkam. Parrucca, der blondgefärbte, dauergewellte Haare trug, arbeitete als Stricher und nannte sich Callboy. Er war der einzige Nicht-Penner, den ich in meiner Zeit auf der Straße im Bettler-Milieu geduldet sah. Er hatte sich diese Stellung aber hart und teuer erkaufen müssen und wurde von Helmut wie ein Dienstbote gehalten. Helmut arbeitete nur noch nachmittags und auch nur, wenn das Wetter gut war. Parrucca brachte immer Trinkbares mit, obwohl er selbst kaum Alkohol trank, seines Teints wegen. Und Parrucca war immer großzügig. Er wurde nur fuchsteufelswild, wenn jemand seine Frisur kritisierte. Für seinen „Dienst

am Mann" hatte er ein Logierzimmer, das er aber ‚aus welchen Gründen auch immer' nicht privat nutzte. Privat gefiel ihm das Pennerleben.

An seine Halluzination konnte sich Helmut später nicht
mehr erinnern. Mir blieb die Szene noch gut im Gedächtnis. Ich hatte meinen Spaß damit gehabt, während ich auf
die Heimkehr von Axel wartete. Für Außenstehende war
das Schauspiel recht belustigend. Helmut besaß ein Mini-
Transistorradio Marke „Fernöstlicher Diwan". Es machte
nichts, wenn man sich mal draufsetzte. Das subtile Ding
fuhr nur auf UKW und Mittelwelle ab. In Süditalien konnte
man nur nachts deutsche Sender empfangen, und das auf
Kurzwelle, außer man besaß ein teures Radio, das der Pen-
ner-Situation nicht angemessen war. Helmut aber hörte an
diesem Morgen mit großer Begeisterung Bayern 3. In meinen Ohren klang es wie Wellensalat, etwa zwischen apuli-
schem Heimatsender und Nonstop-Werbung. Helmut war
erstaunt, daß ich keinen klaren Empfang hatte, schob dies
leichtfertig meinem versoffenen Hirn zu und berichtete mir
großzügig über den Verlauf der Sendung inklusive Wetter-
bericht. Ein deutscher Meteorologe hätte daraus noch viel
lernen können. Sehr präzise waren die Angaben über die
Regenmenge in Niederbayern und der Oberpfalz, den Föhn-
einfluß in der oberbayerischen Seenplatte mit Sturmwar-
nung für 16.15 Uhr an alle auf dem Chiemsee, die Großwetterlage über der Donau und ein gegen 19.00 Uhr über Pas-
sau hereinbrechendes Unwetter. In Augsburg war eitler
Sonnenschein angesagt. In Augsburg wohnte Helmuts
Oma. Sie konnte sich im Lehnstuhl auf dem Balkon wärmen. In Regensburg hingegen, wohin sein Vater in dritter
Ehe entschwunden war, fing es an mit Graupeln und hagel-
kornähnlichen Substanzen bis hin zu hühnereigroßen Ob-
jekten und Blitzeinschlägen im Ortsbereich. Es folgte die
Sendung „Wer nicht hören will, muß fühlen", pädagogische
Betrachtungen, die ich eher der Deutschen Welle angelastet
hätte, mit guten Tips für Kids gegen aufmüpfige Eltern.
Zwischendurch kam natürlich die Ariel-Tante, der Tchibo-

Kaffee-Experte fuhr seine Ware auf, und die Maggi-Knorr-Fusion hatte den neuesten Happy-Suppensnack auf Grobkorn-Eiernudelbasis entdeckt. Die Musik kam natürlich nicht zu kurz. Ein gewisser Rex Guido sang „Vergißmeinnicht" und einer namens Heine von der „Blauen Blume von Hawaii", die Helmut an eine Enzian-Party erinnerte, wobei die Sendung unterbrochen werden mußte. Schließlich, bevor das Karnevalsprogramm voll anlief, erschien Parrucca und setzte das Prä-Delir außer Kraft.

Schlimme Erfahrungen machte Helmut erst später, nachdem er in das Krankenhaus von Brindisi eingeliefert worden war. Er hatte einen Unfall gehabt, war nachts aus dem letzten Linienbus, der ihn zum Schlafplatz zurückbringen sollte, gestürzt. Er war wieder angetrunken, wie immer um diese Uhrzeit. Er bemerkte, daß wegen der großen Hitze die Bustür offenstand. Als er in Sichtweite des Camps war, beschloß er auszusteigen, ohne den Fahrer zu benachrichtigen. Der Beinbruch allein wäre nicht so schlimm gewesen, zumindest war er zu überleben. Wenn da nicht der Alkohol gewesen wäre, auf den Helmuts Körper eingefahren war. Den abrupten Entzug überlebte er nicht. Auch wenn seine Kumpels bereit waren, ihn mit dem notwendigen Rotwein zu versorgen, so war es doch praktisch unmöglich für eine ans Bett gefesselte Person in einem Gips bis über die Hüften, täglich vier Liter davon unbemerkt zu konsumieren. Dazu wäre permanente Assistenz notwendig gewesen. Und das medizinische Personal hatte in diesen Dingen ebensowenig Verständnis wie die Ärzteschaft. Der mitgebrachte Flachmann stärkeren Inhalts verbesserte die Situation nicht. Helmuts Magen revoltierte. Er war auf Rotwein geeicht und vertrug keinen Schnaps mehr. Eine gezielte Behandlung mit Sedativa erfolgte nicht. Helmut dämmerte dahin, unterbrochen von Zuständen wirrer Vorstellungen und körperlich schmerzhafter Krämpfe. Man überließ ihn seinem Schicksal, wohl in der Meinung, der Körper solle damit selber fertig werden, und ein Penner habe damit zu rechnen, in mißlichen Lagen keinen Nachschub zu bekommen. Psychopharmaka waren der Psychiatrie vorbehalten. Aber Helmut war in der Orthopädie gelandet. Die dort verabreichten Schmerzmittel reichten nicht für seine spastischen Zustände, gegen den Tremor, wirkten nicht auf sein Gehirn ein im Bereich des Zentralnervensystems, das für die Halluzinationen verantwortlich war. Helmut starb im Koma. Noch heute streitet man sich in Pennerkreisen darüber, wem man seinen Tod zuordnen soll. Ursächlich sicher dem Suff, mittelbar der offenen Bustür, unmittelbar dem miesen Behandlungssystem in italienischen Krankenhäusern.

## Spaß mit Wolfgang

Wolfgang hatte seine erste manifeste Leberkrise mitten auf der Piazza Repubblica. Er war schon tagelang gelb gewesen und hatte sich nicht wohl gefühlt. Eines Tages, auf dem Weg zu seiner Freundin Sabine, die vor dem Sex-Kino Kasse machte, konnte er nicht weitergehen, sank kraftlos auf die Stufen der Arkaden und blieb dort geistesabwesend sitzen, bis jemand den Krankenwagen holte und ihn abtransportieren ließ. Wolfgang war in einem Zustand, in dem er nichts um sich herum wahrnahm. Seine Titten-Sabine berichtete später darüber. Im Krankenhaus geriet er in ein Koma, wurde daraus wiedererweckt und befand sich in einer Schlaf-Wach-Phase, in der er Realität und Imagination nicht unterscheiden konnte. Sein beeindruckendstes Erlebnis hatte er wohl mit den rostigen Ärzten. Wolfgang war aufgewacht und hörte Stimmen in einer fremden Sprache reden. Er brauchte eine Weile, bis sein Hirn schaltete und er diese Sprache als Italienisch identifizierte. „So nach und nach verstand ich einige Wortfetzen", erinnerte er sich. „Aber ich ließ die Augen noch zu, eigentlich wollte ich in meinem Dusel nicht gestört werden. Ich war ungeheuer müde und wollte nur noch schlafen. Aber dann sagte eine laute Stimme: ‚Dreh mal den Hahn bei dem Typen weiter auf, das muß doch jetzt endlich mal klappen!' Also machte ich lieber die Augen auf, bevor mir irgendwer an irgendwelchen Hähnen rumflanschen konnte. Und da habe ich sie dann gesehen: lauter Rostköpfe ringsum, links und rechts vom Bett lauter Rostköpfe! Vom Gesicht her sahen sie eigentlich ganz normal aus, wie Menschen eben, also Augen, Mund, Nase, es war alles dran, aber eben rostig. Einer von ihnen hatte seine Hand auf das Gitter vom Bett gelegt, in dem ich eingesperrt war, und ich kratzte daran, um zu sehen, ob das Zeug abging oder angewachsen war. Aber der Typ zog nur seine Pfote zurück und guckte böse. Dann krallte ich mir einen fetten Glatzkopf, aber der hatte den Braten wohl schon gerochen. Die ganze rostige Gesellschaft rückte ab vom Bett, sicher war sicher. Sie hatten also ihre Tentakel in Sicherheit gebracht und schleuderten sie herum, was wohl eine Art Diskussion sein sollte, und dann griff die einzige Frau unter ihnen nach der Riesenflasche, die über mir baumelte, und steckte eine andere in das Gestänge. War wohl eine Krankenschwester. Ich erinnere mich bloß an sie, weil sie ein Goldarmband mit einem Herzanhänger hatte. Das Armband war nicht rostig, aber die Frau. Dann sah ich etwas Grünes im Hintergrund. Bei näherem Hinsehen war es ein bulliger Mann, offensichtlich der Boß von der Truppe. Wahrscheinlich der, der gesagt hatte, man solle an den Hähnen was herumschrauben. Der Grünkittel war mir nicht ganz geheuer, noch weniger als die anderen Rostköpfe. In der Montur hätte er ja wirklich Werkzeug haben können, um mich irgendwo abzumontieren. Vielleicht war ich irgendwo angekettet, dachte ich, jedenfalls konnte ich mich nicht rühren, die Beine nicht heben, und an den Armen hingen verdammt viele Kabel und Schläuche. Er laberte aber nur rum, und sie ließen mich endlich in Ruhe. Ich guckte dem Pulk hinterher, soweit ich das konnte. Und da sah ich den Rost abblättern. Stückweise fielen die Flatschen herunter. Aber keiner bückte sich danach. Diese Leute schienen das überhaupt nicht zu bemerken."

Wolfgang starb etwa zwei Monate später. Ich hatte ihn einmal in der Klinik besucht, als er einigermaßen klar im Kopf war. Jeder Besucher brachte einen Kleinvorrat an Schluckbarem mit. Wolfgang war Whisky-Fan. Er wußte, daß es mit ihm zu Ende ging. Und ebenso wie er sahen wir nicht ein, einem Menschen für den kleinen Rest seines Lebens die Droge Alkohol, die einzig muntermachende, zu verweigern. An der Leber war nichts mehr zu retten, am psychischen Zustand sehr wohl, wenn es denn schon keine – ebenfalls leberschädigend wirkenden – Beruhigungsmittel gab. Als ich bei meinem Besuch die Schwester beobachtete, die die Infusion auswechselte, bemerkte ich, daß sie an den Armen und im Gesicht verteilt eine Anzahl von braunroten Hämangiomen hatte. Sie trug ein Goldkettchen um das Handgelenk mit einem Herz-Anhänger.

Es war nicht Wolfgangs erste große Halluzination. Auch er war an solche Zustände gewöhnt. Ich hatte bereits bei anderer Gelegenheit den Einfallsreichtum seines kranken Gehirns bewundert. Eines Tages packte ihn wieder sein Sängerfimmel. Wolfgang hatte eine begnadete Stimme, nur setzte er sie meist am falschen Ort und vor allem in falscher Lautstärke ein, so daß er seinen Mitgenossen gehörig auf den Keks gehen konnte. Bei jeder Gelegenheit brummte, summte, pfiff er vor sich hin, intonierte je nach Tankfüllung auch lauthals ein Lied und erfreute sich an seiner Sangeskraft. Die große Show fand an einem sonnigen Sonntagmorgen im EUR-Park in Rom statt. Wir hatten auf einer Bank ein ausgiebiges Frühstück gemacht und bereits zusammengeräumt. Eddie war früh aufgestanden, um vor einer Kirche zu betteln, und würde erst nach dem 10-Uhr-Hochamt zurückkehren. Axel tat dasselbe bei „Peter und Paul" am Ende der Viale Europa, ganz in der Nähe. Er hatte Order, bis zur letzten Messe auszuharren. Vorher sei das Mittagessen nicht fertig. Die beiden verpaßten Wolfgangs großen Auftritt. Auch Wolfgang besaß ein Mini-Radio. Er hatte an ihm herumgefummelt, bis er RAI Uno hereinbekam. Genau zu diesem Zeitpunkt war die Sonntagspredigt aus dem Vatikan gesendet worden. Es handelte sich dieses Mal wohl um eine besonders elegante Ausführung: der Kirchenchor sang, die Chorknaben ließen ihre hellen Stimmen über den Petersplatz durch die Verstärkerboxen perlen und die Herzen der Pilger dahinschmelzen. Irgend etwas Frommes und doch Wildes überkam den sonst nicht so heiligen Wolfgang. Er sah sich als Chorleiter, strich seine imaginären Gewänder glatt, setzte eine unsichtbare Kopfbedeckung auf und stieg so gewandet auf die Parkbank. Bei passender Gelegenheit schmetterte er ein freudevolles „Halleluja" um sich und dirigierte seine Jungs. Passanten umringten ihn. Wir genierten uns fürchterlich und gingen auf Distanz, blieben aber in Hörweite. Kurt fand es mehr als peinlich und verdrückte sich zum Pinkeln möglichst weit weg ins Gebüsch. Joe hatte eine andere Ausrede und verschwand in Richtung Metro-Bar. Aber wider Erwarten klatschten die Leute Beifall und riefen „da capo". Wolfgang suchte krampfhaft nach anderen Liedertexten, um seine Bewunderer bei Laune zu halten. Natürlich fiel ihm wie immer sein Standardsong „Rosamunde" ein, sein Lieblingslied zu allen passenden und unpassenden Gelegenheiten. Er sortierte zum Vergnügen seiner Zuschauer seine Chorknäblein neu, beeilte sich mit dem Liedsingen und schaltete um auf „Sah ein Knab' ein Röslein steh'n" für den Solisten. Der Chor schien entschwunden, der große Maestro brillierte mit einem langgezogenen „. . . auf der Haaaiden". Großer Applaus. Wolfgang wachte aus seinem Zustand auf, erfaßte blitzschnell die Situation, sprang ohne Chorhemd von der Bank und schnappte seine Bettelpappe. Damit hatte er die Einnahmen des Tages in zehn Minuten gemacht.

**Henris Raumfahrt**

Henri, ein Ex-Fremdenlegionär, war seit Jahren auf den Hund gekommen. Er war der größte Trinker unter den Pennern, den ich jemals sah. Entsprechend waren seine Halluzinationen. Sein Revier hatte er in Genua, im Schmutzviertel um das Columbus-Denkmal. Er befand sich bereits damals in einem derart desolaten Zustand, daß er zeitweilig Hilfe benötigte. Sachsen-Erich und Schwaben-Uli, zu jener Zeit ebenfalls Langzeit-Genuesen, sorgten für ihn, wenn er es brauchte. Das wichtigste für Henri war, daß er sich zwischendurch einmal aussprechen konnte. Er hatte eine schlimme Vergangenheit hinter sich. Seine Hallus sah er als eine Art privater Kinovorführung an. Als ich die drei traf, berichtete Erich gerade über den neuesten Stand von Henris Phantasie-Sendungen. Er war wieder voll auf Empfang gegangen, diesmal in Sachen Sciencefiction.

Erich fand nicht die Worte, die Henri gebraucht hatte. Als Mechaniker hatte er nicht seinen Wortschatz und auch nicht die Kenntnisse in Technik und Astronomie. Aber er konnte jeden Witz behalten und relativ wortgetreu wiedergeben: Sein Gedächtnis war in dieser Beziehung phänomenal. Henris Raumfahrt war erst kurz vor unserem Eintreffen erfolgt. Sein Stoff war zur Neige gegangen. Uli hatte Nachschub holen müssen, gegen Entlohnung selbstverständlich, und er hatte sich zu lange Zeit gelassen, um Henris chemische Reaktion der Alkoholverarbeitung weiter in Gang zu halten. „Er fing wieder an zu spinnen", meinte Erich lapidar, „und das ziemlich gründlich."

Henri sah sich in einer fremden Galaxis auf ein schwarzes Loch zurasen. Irgend etwas steuerte ihn geradewegs darauf zu. Er sah das schwarze Loch ihn verschlingen in die ewige Dunkelheit. Aus und vorbei. Vielleicht würde er dort drinnen explodieren und als Stern weiterleben. Er würde sich ein paar Sonnen einfangen, die ihn zu umkreisen hatten. Ein ruhiger Job, so als Stern. Dann führte ihn seine Halluzination ins Innere des schwarzen Lochs, das so dunkel gar nicht war. Es war auch kein schwarzes Loch mehr, sondern hatte Wände, sehr seltsame Wände, die sich bewegten wie ein Vorhang bei Wind. Die Wände schwabbelten auf ihn zu, griffen nach ihm, verfestigten sich dann zu einer derben Masse, die muskelartige Strukturen annahm und

Kontraktionen zeigte. Henri bemerkte, daß das schwarze Loch, das keines mehr war, stank. Es stank nach faulenden Fischen. Er kannte diesen Geruch zur Genüge vom Hafen. Und jetzt fiel ihm ein, wo er war: im Bauch des Walfisches, der Jona verschlungen hatte. Warum nicht? Wenn der Wal des Jona ins Rote Meer gekommen war, wo er nicht hingehörte, dann konnte sein Wal jetzt in der Galaxis 7011 sein und ihn, Henri, als Jona II. verschluckt haben. Klar, Henri war Jona II. Er wartete beruhigt auf das Ausspeien. Er kannte die Story und wußte, wie sie ausging. Aber dieser Wal war anders. Ein Cousin dreizehnten Grades vielleicht, oder inzwischen der Ur-Ur-Urenkel. Wenn das ein übler Typ war, saß er nachher in der Scheiße. Nicht jeder kann soviel Glück und einen persönlichen Beschützer-Gott haben wie Jona I. Und Henri fühlte sich tatsächlich in etwas hineingepreßt, weitergeschoben in das Dunkel, bis ihn das schwarze Ungetüm ausgeschissen hatte in das Dunkel des Weltalls. Ein paar rote Lämpchen fielen ihm auf und metallisch glitzernde Platten: das Interieur eines modernen Raumschiffes. Walbauchstinkend sah er sich mit Spock-Ohren im Cockpit, allein. Seltsamerweise kannte er die Bedeutung eines jeden Schaltknopfes, jeden Signals. Er war der Boß und bestimmte die Richtung. Nur war keiner da, dem er befehlen konnte. Im ganzen Kosmos schienen keine Menschen oder menschenähnlichen Wesen zu existieren. Soviel ewiger Raum für niemanden! Nicht der kleinste Engel war zu entdecken, keine heiligen Heerscharen, keine roten oder grünen Galaktiker. Nur *er*, Spock II. Vielleicht war er auf dem falschen Dampfer? Aber er verschwendete keine Gedanken an eine mögliche Einteilung seiner persönlichen Zeit in der Unendlichkeit. Er hatte unendlich viel Zeit. Hauptsache, das Ding funktionierte, und er konnte steuern und hinfahren, wohin er wollte. Er fühlte sich losgelöst von allem Irdischen, ganz wie er es manchmal ersehnte. Die Gravitationsgesetze des Planeten Erde galten nicht für ihn. Zeit wurde nicht in Stunden, Minuten, Sekunden gemessen. Das Rotieren der Erdkugel um die kleine Sonne in einer ziemlich kleinen Galaxis mit nur 400 Milliarden Sternen, das die Menschlein als ein Jahr bezeichnen, sah er von außerhalb wie im Zeitraffer: Eine kleine Kugel sauste um eine größere Kugel, die leuchtete und zu einer Großkugelsammlung gehörte, die Spiralenform hatte. Um die kleine Kugel wirbelte ein kleines Etwas, romantisch als Mond bezeichnet, ein kleines Stück Substanz im Weltraum. Henri schätzte die Umlaufzeit der Erde auf drei Erdensekunden. Ein siebzigjähriges Menschenleben in 210 Sekunden, in dreieinhalb Minuten: der kleine Mensch nicht einmal reif für die Bezeichnung „Eintagsfliege". Henri fing die Erde ein wie ein Baukastenteil und plazierte sie weit weg in den interstellaren Raum, wo sie unschlüssig umhertrudelte. Zur Abwechslung setzte er sie in der Nähe von Alpha Centauri ab, wo sie unsicher zu kreisen begann, trudelnd eine feste Bahn suchte, sich auf neue Magnet- und Gravitationskräfte einpendelte. So ähnlich mußte Gott sich fühlen, wenn er seine Spiele mit dem Weltall machte, Sterne explodieren und andere neu entstehen ließ. Henri betrachtete das Bemühen des kleinen Balles. Dann gefiel ihm die Sache nicht mehr, und er brachte sie an ihren alten Platz zurück, wo sie sich schnell wieder an ihre Sonne gewöhnte. Menschen, Tiere und Pflanzen würde es jetzt darauf natürlich nicht mehr geben. Aber der Planet hatte seine neue Chance zu einem neuen Anfang ohne alles Böse, ohne Kriege, ohne Mörder. Nach ein paar Milliarden Umdrehungen wäre sicher wieder etwas Lebendiges darauf zu finden. Die Elemente waren ja noch vorhanden. Die neue Synthese verlief dieses Mal hoffentlich in eine andere Richtung. Die Evolution, seine Evolution konnte in Gang kommen. Henris neue Welt! Um die Menschen war es nicht schade. Sie hatten im großen und ganzen nur Mist gebaut, Kriege geführt statt zu genießen. Eine dumme Besatzung. Niemandem im Weltall würde es auffallen, daß dieser Planet derzeit nicht bewohnt war. Dazu war er zu unbedeutend. Nur *er*, Henri-Gott, kannte die Wahrheit.

**Anfängergeschichten**

Inzwischen ist Hochsommer, einer der heißesten Tage. Es ist Mitte August. Italien hat Ferien. Die große Hitzewelle hält an. Seit fast drei Monaten hat es nicht mehr geregnet. Der Olivenhain hinter dem Haus atmet Hitze. Kein Lüftchen bewegt die ehemals silbrigen Blätter der zweihundert Bäume. Die Oleanderbüsche am Straßenrand sind staubbedeckt. Nach und nach welken die Blüten und hinterlassen einen rosafarbenen Teppich, den die vorüberfahrenden Autos aufwirbeln. Im Garten sind die Stockrosen bereits verblüht. Geranien und Mittagsblumen sonnen sich. An der Hausmauer rankt die Bougainvillea, rot-lila mit weißen Stempeltupfen. Am Abend werden sich die duftenden Kelche der „Bella della Notte" öffnen.

Fritz hatte mich eingeladen. Fritz, der Landsmann, der Landmann mit 400 Quadratmetern Grund und Boden ums gemietete Häuschen. Fritz, der Ex-Penner, auch einer, der den Absprung geschafft hat. In einer schattigen Ecke seiner Terrasse, unter dem Holunderbaum und dem Ligusterstrauch, steht der selbstgemauerte Grill betriebsbereit. Holzkohle ist arrangiert unter Reisig vom Waldrand. Der Hausherr bringt die Alufolie, in der Kartoffeln und Zwiebeln gegrillt werden, später, wenn es kühler wird. Keine bösen Nachbarn werden sich über den Rauch beschweren oder über den Geruch, den die gegrillten Putenschnitzel durch die Lüfte tragen. Für mich gibt es nur 100 Gramm, den Rest meiner heutigen Tagesration an Proteinen nach Beginn der strikten Leberdiät. Fritz bevorzugt die fetten salamiartigen Landwürste Abruzzens, die ich nicht mehr essen darf. Aber an Obst werden wir nicht sparen. Zum Nachtisch haben wir frische Ananasscheiben und einen Korb voller Mirabellen und Pflaumen, ein Präsent aus Nachbarin Dinas Garten. Im Eck werden wir sitzen, vor Blicken geschützt, von Strohmatten umgeben, die von „Campanelli" überwuchert sind, den nur vormittags blühenden rankenden Glockenblumen. Ein Relikt aus Pennertagen ist der Wunsch, sich den Blicken der Vorübergehenden zu entziehen. Nach Jahren auf der Straße, als man unter Beobachtung von Passanten stand oder sich zumindest so fühlte, ist es ein wohliges Erleben, einen eigenen Bereich unter dem aufgehenden Mond zu haben.

Die Nächte sind warm in diesen Breiten. Plus 25° C empfinden wir als wohltuende Kühle nach der Hitze des Tages. Wir werden lange aufbleiben im Schein der Sommerlichterkette, die zu Weihnachten, mit anderen Glühbirnchen bestückt, den Tannenbaum vor dem Haus zieren wird. Aber Gedanken an den Winter werden heute wohl kaum aufkommen. Zum Konzert der Zikaden und dem Musikprogramm von Radio Bayern 3 werden wir Rommé spielen. Fritz ist mir noch eine Revanche schuldig. Wir werden über alte Zeiten reden wie so oft, über unsere Erlebnisse auf italienischen Straßen, in italienischen Dörfern und Städten und über Rom und das Rondell, wo wir uns kennengelernt haben, damals, am Ostersonntag. Auch an Axel denke ich manchmal. Heute aber denke ich vorerst an einen gemütlichen Abend. Wenn wir nachts um zwei oder halb drei wieder Appetit bekommen sollten: kein Problem. Im Kühlschrank warten zwei Weißwürste milanesischen Ursprungs, bestehend aus Schweinefleisch, 20 Prozent Kalbfleisch, Wasser, Salz, Aromastoffen und Konservierungsmitteln. Einen echten Bayern wird es jetzt grausen. Aber diese Würste, wo sie schon nicht echt bayerisch sind, werden unbarmherzig gegrillt und mangels Weißwurstsenf mit Ketchup und Löwensenf vertilgt. Meine angeschlagene Leber verzichtet auf den weinessig-haltigen Ketchup und begnügt sich mit italienischem Tomaten-Sugo, angemacht mit viel Pfeffer und Knoblauch. Für italienische Weißwurst die italienische Soße, auch wenn alles nicht stilecht ist. Die kostenlose Verpflegung am Bahnhof Tiburtina in Rom fällt mir ein, ein kleines Wunderwerk an Hilfsbereitschaft. Am Abend erscheinen dort mit vollen Tüten bepackte Privatpersonen und verteilen Essen an die dort logierenden Penner aller Nationalitäten. Essen, das sie in Restaurants und Kantinen, Stehimbissen und Krankenhäusern gesammelt haben. Keine angebissenen Reste selbstverständlich, sondern separat verpackte Speisen vom Steak bis zu gebratenen Hühnern, *Tramezzini*, Wurst- und Käsesemmeln, Obst und Kübel voll Minestrone, Aluschalen mit Lasagne. In Deutschland kommt man erst jetzt auf die Idee der privaten Armenspeisung. Aber wie immer erschwert es die Bürokratie, den Hilfsbereiten zu helfen. Da gibt es Hygienevorschriften und sinnlose EG-Regeln. Niemand verwehrt es einem abgerissenen hungrigen Penner, in trüben Müllkübeln nach verdorbenen Resten zu fischen, aber dem Bauern ist es verwehrt, seine überflüssigen Landprodukte zu verschenken, dem Markthändler, den letzten Blumenkohl und die letzte Kartoffel kostenlos abzugeben. Und das nicht gegessene Restaurant-Menü könnte ja vor Salmonellen triefen, den armen Schlucker vorzeitig ins Grab bringen wie das womöglich verseuchte abgepackte Hospitalessen. Ich wage daran zu denken, daß am Vormittag der Metzger in der Fleischabteilung unseres Supermarktes die Grillwürste und das Putensteak mit bloßer Hand angefaßt hat. Und ich denke, der Rauch wird alle Mikroben töten. Und ich denke auch zurück, wie in der Klinik-Kantine die Ausgabefrau den Daumen im Suppenteller hatte und im Endiviensalat herumgemischt hat, handschuhlos. Und die Wurstsemmeln waren auch nicht steril verpackt.

Unsere Anfangszeit als Penner fällt mir ein an diesem Abend, an dem an Speisen kein Mangel ist. Als Nachwuchsvagabunden, sogenannte Frischlinge, hatten wir anfangs tatsächlich Versorgungsprobleme. Erst in Genua erholten wir uns von der strapaziösen Speisesuche. Es ist fast genau neun Jahre her, daß wir nach Italien aufgebrochen waren. Einen letzten Sonnentag hatten wir noch in München verbracht, bevor wir in den Expreß nach Süden stiegen zu neuen Ufern. Wir waren losgefahren in dem Bewußtsein, daß dies sicherlich unser letzter Tag in deutschen Landen sein werde – einer der schönen sogar, ohne Streitigkeiten verlaufen, in der Sonne des Englischen Gartens. Wir passierten die österreichische Grenze, wo uns neugierige Zöllner fragten, wieviel Geld wir bei uns hätten. Wir fanden diese Frage ungehörig, zumal wir absolut nicht wie Penner aussahen, und ließen die Beamten im unklaren. Von den Österreichern wollen wir ja nichts, und sie sollten uns gefälligst bei der Durchreise in Frieden lassen. In Wahrheit waren wir tatsächlich fast pleite. Vielleicht hatten die Beamten einen Röntgenblick dafür. Aber die Ausweise waren in Ordnung, und sie konnten nichts machen. Eine von Axels phantasie- und wortreichen Geschichten aus dem Wienerwald besänftigte sie. Er konnte den Wiener Dialekt nachmachen ebenso wie den Sächsischen, was immer Erfolg hatte. Am Brenner schliefen wir, wurden geweckt. Die ersten italienischen Laute: *„Documenti, per favore"*. Alles klar, gut und deutlich gestempelt. *Grazie.* Die Italiener fragten nicht nach Geld.

Am Columbus-Denkmal in Genua trafen wir auf Schwaben-Uli. Er wies uns in die Grundbegriffe der Betteltechnik ein, so wie er selbst als Anfänger von einem dienstälteren Kollegen angeleitet worden war. Auch er war völlig pleite gewesen, nachdem er seine mitgebrachten, ungedeckten Schecks verbraucht, sein Auto und seine Wertgegenstände verkauft hatte. Uli gehörte zu den vielen auf der Straße, die durch ein finanzielles Desaster in Geldnot gekommen waren. Bei ihm waren es keine Konsumschulden. Der Pleitegeier hatte seine kleine Firma gepackt und gebeutelt. Sie konnte nicht mehr mit den Angeboten der Großfirmen konkurrieren. Die Ehefrau fand sich mittellos und war nicht zu tatkräftiger Hilfe bereit. Sie nahm die Tochter mit sich zu Oma und Opa, die die verirrte Tochter mit offenen Armen empfingen und kein gutes Haar am Schwiegersohn ließen, der jahrelang sein Bestes gegeben hatte und nun nicht mehr gut genug war, der jetzt durch Unterhaltszahlungen bis zum letzten Pfennig ausgepreßt werden sollte. Niemand gab Uli eine Chance, sich erneut zu bewähren. Uli setzte sich ab. Dann bekam eben niemand etwas von ihm.

Das Pennerleben hatte ihn gleich gepackt. Auch als wir ihn trafen, sah er es noch als Abenteuer an. Uli zeigte uns, wie man eine Bettelpappe findet, möglichst vorteilhaft beschriftet und dekorativ plaziert. Unter seiner Anleitung misteten wir unsere Rucksäcke aus, reduzierten den Inhalt auf das Wesentliche. Als praktikable Kleidung blieben nur Jeans. Ein Camping-Gaskocher wurde angeschafft. Uli wies uns in Preise ein für den Fall, daß keine Essensstelle in greifbarer Nähe war. Uli lehrte uns die Feinheiten des Gewerbes und machte uns auch mit psychischen Auffälligkeiten bekannt. Sogar er hatte sich zu Anfang fürchterlich geschämt, sich überhaupt hinzusetzen. Ihm war es jedesmal ganz einfach peinlich. Uns erging es später genauso, noch lange Zeit, obwohl es vorwiegend ein Anfängersymptom war: Wenn man einen speziellen Sitzungsplatz optisch ausgemacht hatte, beobachtete man zunächst die Passanten. Nicht deshalb, um das Publikum ertragsmäßig einzuschätzen, sondern um sich selbst abzulenken. Im Unterbewußtsein war da immer der Gedanke, etwas Unehrenhaftes zu tun, bei dem man nicht beobachtet werden wollte. Nur die ganz Abgebrühten, die zumeist vorher im Knast gewesen waren und eine geringere Hemmschwelle hatten, was das Kontaktfassen betraf, begannen gleich als Handschnorrer und hatten keine Skrupel, fremde Leute anzusprechen und direkt um Geld zu fragen. Ich persönlich kann mich bis heute nicht dazu überwinden. Das klappt nur bei Kirchen auf „Engel"-Art, ganz gezielt bei Institutionen, die des Glaubens wegen ohnehin dazu angehalten sind, Armen zu helfen. Da lag die Hemmschwelle beim Öffnen der Sakristeitür, die aber auch notfalls, ohne Aufsehen zu erregen, wieder geschlossen werden konnte. Die Hemmschwelle des Hinsetzens in aller Öffentlichkeit war weitaus höher und schwieriger zu überschreiten. Einem unbeteiligten Zuschauer könnte es wie eine Komödie erscheinen: Der potentielle Bettler wartet ab, bis sich möglichst wenig Personen auf seiner Straßenseite befinden, davon möglichst viele mit dem Rücken zu ihm. Dann, in dem Moment, wo er sich unbeobachtet fühlt, spurtet er dem Zielplatz zu, deponiert in Windeseile die Sitzunterlage und hockt sich darauf. Er schaut sodann uninteressiert in der Gegend herum, als sei er ein harmloser Tourist, der sich nur ausruht. Er kramt in Jacken- und Hosentaschen als Ablenkung etwaiger Vorübergehender und vor seiner eigenen Scheu, holt dann gezielt die vorbereitete Bettelpappe hervor, plaziert sie nach einigem Hin und Her publikumsgerecht und möglichst dekorativ, aber auch praktisch, damit niemand darauftritt, und zum Schluß wird das Geldsammelgerät ausgekramt und aufgestellt. Dabei sind der Phantasie keine Grenzen gesetzt. Ich sah Penner, die mit dem sprichwörtlichen Blechnapf reisten, aus dem abends gegessen wurde und der hübsch metallen klang, wenn Münzen beruhigend hineinklimperten. Die Auswahl geht von Schimützen über zusammengerollte Schals, einfache Pappdeckel, Styroporschüsseln, in denen Gemüse verkauft wurde, Plastikgeschirr und ausgedienten Herrenslips mit Papiertaschentuchfüllung. Wesentlich war und ist eine große obere Öffnung. Sparschweine, auch die niedlichsten unter ihnen, verfehlen ihre Wirkung. Eine Zeitlang waren Schuhkartons modern: großes Volumen, bei Bedarf zusammenklappbar, leider bei Regen durch Auflösung gefährdet. Ferner zu beachten: die Diebstahlsgefahr, die von freundlichen kleinen Zigeunerjungen ausgeht. Zwei blackfoot-boys lenken wie beim Zeitungstrick die Opfer kurz ab, während ein dritter die Beute klaut. Ich wurde sogar von Spendern darauf hingewiesen, nur Münzen im Sammelbehälter zu lassen und Geldscheine sofort auszuräumen, und am Leib zu verstauen. Sicher ist sicher, auch in dieser Branche …

Axel und ich probierten die Bettlerei ein bißchen in Ge-

nua, doch ohne nennenswerten Erfolg. Die Stadt war überlaufen von Bettlern. Abends am Columbus-Denkmal zähl-
ten wir die Einnahmen. Sie reichten gerade für eine Pizza
Margarita für zwei Personen und den obligatorischen Vino,
den man in den umliegenden Kleinstläden in mitgebrachte
Flaschen abgefüllt bekam. Das Gebräu schmeckte weinar-
tig und enthielt Alkohol, das reichte. Uli riet uns, die ersten
richtigen Lernversuche in Rom zu starten. Eine Millionen-
stadt sei dafür am besten geeignet. Bis zum *Ferragosto*, den
italienischen Sommerferien, wo auch in Genua tote Hose
sei, würde auch er dort aufkreuzen. Wir könnten dann wei-
tertratschen. Er beschrieb uns Papa Bassettis Bar in der
Nähe des Hauptbahnhofs, einen typischen Treffpunkt damals, nicht zu teuer und vor allem mit nicht gesondert be-
rechneten Sitzplätzen gesegnet. Papa sei viele Jahre in Ka-
nada gewesen, davon zeuge ein großes Ahornposter neben
der lokalen Fußballmannschaft an der Wand. Der Sohn sei
dort geboren und arbeite am Kaffee-, Bier- und Alkoholaus-
schank. Papa Bassetti throne auf einem erhöhten Podest
hinter der Kasse und beobachte seinen Laden. Auf der Kasse
hocke eine ihm im Phlegma wie im Leibesumfang äh-
nelnde schwarze Katze. Wir würden auf jeden Fall ein paar
Kollegen treffen, wenn nicht in der Bar, so dann am P 500
genannten Platz vor dem Termini, der Piazza Cinquecento.
Dann gab uns Uli noch die Adressen und Lagebeschreibun-
gen mehrerer Essensstellen, „Suppenküchen" genannt.
Aber dort gäbe es nur Eintopf, und den in nicht sehr appetitlichen und variationsreichen Darreichungsformen.

Mit unserer Anfängertechnik benötigten wir den halben
Juli, bis wir nach ein paar ungeplanten Umwegen nach
Rom kamen. Bis dahin hatten wir dazugelernt, daß man
zielstrebig vorgehen muß und keinen noch so vielverspre-
chenden Ablenkungen folgen darf, wenn man einen bestimmten Ort anpeilt. Immerhin hatten wir uns ohne Hun-
gertage bis zur Hauptstadt der Republik durchgeschlagen.
Damals, als wir den „Engel" noch nicht kennengelernt hatten, sahen wir die Stadt noch ein wenig aus touristischer

Perspektive. Später war es uns kaum vorstellbar, daß wir an einem Kaufhaus vorbeigehen konnten, ohne es bewußt wahrzunehmen und als potentiellen Arbeitsplatz zu orten. Uns beeindruckten Häuserfassaden und antike Säulen im Abendrot, Marmorstatuen vor Zirrhuswolken, Reiterstandbilder voller Taubenkacke und sogar die Fontana di Trevi. Vor allem bewunderten wir die Lebensart der Südländer, sich mit all diesen antiken Relikten so zu arrangieren, daß sie auch praktisch nutzbar waren: Die Stadtmauer war streckenweise bewohnt, und inmitten des Großstadtlebens machte die Jugend ungeniert Picknick und Petting auf und zwischen mehr als 2000 Jahre alten umgestürzten Säulen. Im Colosseo wohnten außer den überall anzutreffenden Tauben auch Scharen von Katzen und lagen Seilschaften von alkoholisierten Pennern, die aus dem Liegen hinauf auf die Touristen starrten und die Hände aufhielten. Axel und ich fanden zum erstenmal seit langem wieder Gemeinsamkeiten, auch wenn es nur die Liebe zu antiken Steinen war und zur Atmosphäre einer Weltstadt mit Geschichte.

Ende Juli machten wir erstmals Sitzung in Rom, vorerst zu zweit. Als Anfänger fühlt man sich auf diese Weise sicherer vor den Blicken der Vorbeigehenden, fast wie verschüchterte Kinder. Einer redet dem anderen gut zu, daß es für den Anfang gar nicht so schlecht liefe. Die ersten Ansätze eines typischen Aberglaubens, in Bettlerkreisen viel verbreitet, zeigten sich. Kommt zuerst ein Schein, bleiben wir nicht unter 10000 Lire. Kommt eine Münze, geht die Sache schief. Kommt gar zuerst nur ein 50-Lire-Stück, kann man gleich wieder aufstehen und gehen. Es wäre Zeitverschwendung, zu bleiben. Solch kindische Manie differenziert sich im Laufe der Erfahrung. Kommt zunächst ein 5000er Schein, ist Vorsicht geboten, das ist zuviel des Guten. Da muß irgendein Haken an der Sache sein, vielleicht mag uns der Geschäftsführer nicht und scheucht uns. Gibt es einen 1000er Schein, ist alles in Ordnung, so wie es sein soll. Ich erinnerte mich an das Kleine-Mädchen-Spiel: bei gepflasterten Gehwegen durfte nicht auf die Ritzen getreten werden. Oder nur jede dritte Platte durfte erreicht werden, was größere Schritte bei Eiltempo erforderte. Andere Bettler nahmen keine mit Handschrift versehenen Scheine an oder verschenkten sie weiter. Die Klügeren unter ihnen sammelten diese. Die mit einem Hund ließen diesen über Sympathie oder Antipathie unterscheiden. Das Ergebnis war gleichgültig und nur für die Phantasie des Dasitzers gut. Der Hund würde es nicht wagen, jemandem irgendwelche Anzeichen von Antipathie zu zeigen. Er reagierte nur auf Lebensmittel, die ihm zugesteckt wurden.

Uli hatte als Stadtteil EUR empfohlen, Mussolinis Parade-Gegend, das für die Weltausstellung 1942 vorgesehene Modell faschistischer Architektur mit klassizistisch-griechischem Einschlag, einem zentralen Obelisken und symmetrisch arrangierten Säulen-Prunkbauten. Sogar die dazugehörende Kirche ist in diesem Stil erbaut: „Peter und Paul" unter der dem Petersdom nachempfundenen Kuppel. Der Regierungs-Palazzo im Bogen-über-Bogen-Stil mit monumentalen Heroen-Standbildern und überlebensgroßen Pferden an allen vier Himmelsrichtungspfeilern ist inzwischen von der heutigen Schuljugend verziert mit *Cazzo*-Zeichnungen und Liebeserklärungen à la „Massimo liebt Patrizia". Er dient als Jugendtreff und den Parkbesuchern als Aussichtspunkt über die Stadt am Tiber. Der dazugehörige Parkplatz ist des Nachts als Drive-in bekannt und kam in Spitzenzeiten laut Straßenkehrerbericht auf die stattliche Anzahl von 85 weggeworfenen Kondomen. Die Marmorbänke in den Fensternischen dienen Pennern als vor Regen sicheres Quartier. Insgesamt bietet sich dieses relativ neue Stadtviertel mit den weitläufigen Parks und dem nahe gelegenen Luna-Park als Erholungsgebiet für die Römer an und ist für die Stadtstreicher ideal. Von den Geschäftsstraßen und Metroeingängen ist es nur ein kurzer Weg zum Schlafplatz, Fahrtkosten entfallen. In einem dieser Parks befand sich das Rondell, das ich aber erst später entdeckte. Axel und ich bevorzugten die Marmorbänke und legten uns ein Pappkarton-Depot an hinter dem Schuppen, in dem die „Fegis" ihre Abfalleimer aufbewahrten. Sie hatten nichts dagegen, zumal wir keinen Schmutz hinterließen.

An den ersten Abend erinnere ich mich genau. Wir hatten alles nach Vorschrift arrangiert und harrten erwartungsvoll der Dinge, genauer gesagt: der Geldspenden, die hoffentlich hereinregnen würden. Noch wagten wir es nicht, die Passanten voll anzublicken. Statt dessen beobachteten wir Füße: Netzstrümpfe in Stöckelschuhen, Barfüße in Sandalen, ödematöse Knöchel über klobigen Gesundheitssohlen. Am Abend sahen wir den Vogelschwärmen zu, die ihre Kreise über dem Areal zogen und sich auf ein für Menschen unhörbares Kommando in den Platanen der Allee niederließen. Ohne Kollision steuerte jeder Vogel auf einen bestimmten Platz zu und erwischte genau den Ast, auf dem er sitzen wollte. Wir dachten gleichzeitig an Hitchcock und seinen Film mit den aggressiven Vögeln. Aber diese hier waren friedlich. Wenn jedes Tier seinen Platz eingenommen hatte, begann die Zeit des „weißen Regens", wie die Leute die Sprenkelei von oben nannten. Und damit begann die Zeit der Geldspenden. Um der Beschmutzung ihrer Kleidung zu entgehen, mußten die Passanten direkt an uns Bettlern vorbeigehen. Wir wurden also auf jeden Fall beachtet. Das vergrößerte die Verdienstspanne und ließ die Scheine ihre Besitzer wechseln. Währenddessen glimmten in der Dämmerung die orangefarbenen Gaslaternen auf, und „Peter und Paul" begann mit dem Abendgeläut.

Es ist seltsam, daß man sich nach all der Zeit noch an solche Kleinigkeiten erinnert. Später sahen wir die Vogelperspektive dann nicht mehr so verklärt. Wir wurden abgestumpft gegenüber Naturschönheiten. Wir sahen nicht den herbstlichen Akazienbaum in seiner Pracht und die nette alte Frau mit dem Katzentick, die dahinter wohnte. Wir sahen nur, daß das Abendrot auf Regen hindeutete und der Geldbeutel sich nur langsam füllte. Wenn ich jetzt zurückdenke, kann ich das Ende der Anfängerzeit ganz exakt angeben. Es war Angelo, der „Engel", der unsere Arbeitsweise auf eine neue Basis stellte und neue Perspektiven eröffnete.

Heute sehe ich unsere Reinfälle als lehrreich an und seltsam zugleich, urkomisch zeitweilen oder gar grotesk. Ich blicke zurück auf zwei Gestalten und sehe sie in all ihrer Unsicherheit gegenüber dem Neuen. Ich sehe sie zögern, wo sich Gelegenheit zum Zugreifen geboten hätte, in unpassenden Augenblicken auf ein ohnehin nicht erreichbares Ziel losgehen, dumme und überflüssige Fragen stellen, über Realitäten hinwegsehen und über Kollegen und Passanten schimpfen. Da war Salerno bei Regen. Abendmesse. Die Kirche vom Heiligen Kreuz direkt am Bahnhofsvorplatz. Der Regenschirm schlägt dauernd um, dem Anorak fehlt die Kapuze. Wasser trieft von den Haaren in den Nakken, durchnäßt die drei Pullover darunter, versickert in Feuchtigkeit. Oben in der erleuchteten warmen Cafeteria hockt der Mann. Der Mann ist indisponiert. Der Mann hat zuviel getrunken. Es ist wie in alten Zeiten: Die Frau muß das Geld herbringen. Das wird üble Folgen haben.

Nur wenige Gläubige betreten die Kirche. 1000 Lire fürs erste, ein Tropfen auf den heißen Stein. 1000 Lire in einer halben nassen Stunde. Ein Mann verläßt die Kirche, reicht mir 5000 Lire unter den Schirm, wünscht einen guten Abend und gute Gesundheit. Der Mann kann heimgehen in sein Nest, gestärkt durch den Segen für eine Stärkung durch eine warme Mahlzeit. Der Küster schließt die Tür ab. Ende einer Vorstellung. Ich gehe ins Kaufhaus, in die Lebensmittelabteilung, kaufe Wein. Meine Sorte, den Bianco. Der Haß hat mich wieder. Der Ehemann soll warten. Kein Rotwein für ihn. Soll er sich vollaufen lassen ohne mich. Morgen sehen wir weiter. Zurück durch den Regen. Ich hole meinen Rucksack vom Gepäckdienst und kaufe einen billigen Fahrschein, nur bis zur nächsten Station. Mit dem Fahrschein darf ich im Wartesaal übernachten bis zum Morgenzug. Ich hoffe, daß der Ehemann keinen Fahrschein hat, und mache es mir neben einem Heizkörper bequem. Die Bahnhofspolizei-Streife schaut herein, ob alles ruhig ist. Keine Probleme. Ich trinke aus dem Pappbecher, bis ich müde werde, stelle den Wein kühl an der Scheibe zum Bahnsteig. Zeit zum

Schlafen. Am Morgen weckt der Putzdienst, reißt die Fenster zum Lüften auf, wirft meine halbvolle Weintüte in den Abfallkübel. Ich gehe zur Schalterhalle. Auf einer Steinbank schnarcht mein Mann. Fast genau zwei Jahre später sah ich ihn zum letztenmal. In Bologna.

Anfängerzeit bedeutete zunächst Zeit des Lernens, Zeit praktischer Erfahrungen. Wie die Eingeborenen den Europäer, so äfften wir die vorgegebenen Gebrauchs-Bettelmuster-Schablonen nach. Die Sitzhaltung mit demütig nach unten gebeugtem Kopf konnte und wollte ich mir allerdings nicht angewöhnen. Ich wollte die Leute anblicken, die mir weiterhalfen. Mit der Zeit bekamen wir auch unsere „Paten", „Patinnen": Männer und Frauen, die täglich bei uns vorbeikamen, wenn wir einige Zeit lang am gleichen Platz saßen, und uns jedesmal Geld zusteckten oder Lebensmittel mitbrachten. Damals hatten wir eine Zeitlang einen Sitzungsplatz unter den Arkaden der Piazza Vittorio Emanuele, mitten im Zentrum Roms. Nebenan war ein Stehimbiß, auf der anderen Seite der Eingang zu einem mehrstöckigen Wohn- und Bürohaus, dahinter eine Bankfiliale. Es war die Zeit der „Ho fame"-Bettelpappe: „Habe Hunger", ein blödsinniges Arrangement mit verschnörkeltem „Grazie" darunter. Ich weiß nicht, wieviel Zahnausbeißer-Pizzas der zementharten Sorte mit eingebackenen Oliven wir während dieser Episode essen mußten. Die Hausbewohner hatten sich nach einigen Tagen an uns gewöhnt und hinterließen bei uns Nachrichten für eventuelle Besucher, und ausgerechnet an dem Tag, nachdem wir das Revier gewechselt hatten, wurde die Bankfiliale überfallen. Wir hatten wieder mal was verpaßt. In die Viale Europa fuhren wir auch des öfteren. Wir schliefen ohnehin in der Nähe, auf den Bänken des Mussolini-Palazzos. Aber wenn man zu lange an einem Sitzungsplatz hockt, gehört man bald zum Straßenbild. Die vorübergehenden Leute gewöhnen sich an den Anblick, die Geldeinnahmen werden geringer. Wir sahen keine Vogelscharen mehr. Das Abendrot ließ uns an den kommenden Herbst denken. Laub von den Platanen umwehte die Wintermütze, die als

Klingelbeutel diente. Die Kleidung der Passanten hatte herbstliche Formen und Farben angenommen. Wir beneideten sie, wie sie auf dem breiten Gehweg promenierten, Bekannte trafen, ein Schwätzchen hielten. Die Frauen in moderner Kleidung und gut frisiert, die Männer mit blankgeputzten Schuhen, gebügelten Hemden und Stofftaschentüchern, die verliebten jungen Romeos und Julias, die händchenhaltend vorbeizogen, Kinder mit schokoladenverschmierten Mündern an der Hand der Mütter, Kindergruppen mit Luftballons und Zuckerwatte, Lakritz- und Kaugummi-kauend, kichernd – und am Straßenrand wir, die Penner, die Bettler, die Zuschauer, die Ausgegrenzten. Wir atmeten den Geruch der Stadt, ein Konglomerat aus Parfum- und Rasierwasserduft, dem Aroma von Kaffee, gebrannten Mandeln und heißen Maroni, den Abgasen des vorbeiströmenden Verkehrs. Wir dachten an die Zeiten, zu denen auch wir zur Gesellschaft gehört hatten, ein eigenes Bett besaßen, einen Platz zum Heimgehen, eine Familie. Statt dessen mußten wir an unseren Schlafplatz gehen, wenn die Geschäfte schlossen, uns ein Bett aus Pappkartons machen, die Schlafsäcke ausrollen. Spießertum als Wunschdenken.

Drei Jahre später wurde mir der Traum erfüllt. Und ich blicke zurück, sogar manchmal im Zorn.

## Die große Freiheit

Umgekehrt ist es allerdings auch so, daß eine Vielzahl gut etablierter Bürger einmal aus der gesicherten Existenz ausbrechen, ein alternatives Leben probieren möchte. Und ein gewisser romantisch-verklärter Sinn für die Ungebundenheit des Vagabundenlebens wird auch durch die Film- und Schlagerindustrie gefördert. Wer würde nicht gerne unter südlicher Sonne herumfahren, wenn Spaniens Gitarren erklingen, womöglich als fahrende Musikanten? Die *upper-class-people* führen ja bereits diesen nomadenhaften Lebensstil, aber dem kleinen Mann, der kleinen Frau aus den

Vorstadtsiedlungen bleibt nur die Glotze und der Traum von Weite und Freiheit bei einer dafür bekannten Zigarette und dem fröhlich machenden Cocktailgetränk, dazu die vom Talkmaster propagierten farbigen Gummidinger oder die von Fußballern geschätzten knackig-knusprig-krokantigen Flippy-Chips. In der Realität würden die Träume vom Leben unter Palmen und südlichem Sternenhimmel schnell verblassen bei der Aussicht auf ein Leben voller Überraschungen, bei dem nichts konkret planbar ist und der kommende Tag Glück oder Unheil bringen kann, Freude oder Trauer, ein neues Erleben oder das Ende von etwas. Im Lehnstuhl vor dem Kamin kann man sich nicht die vielen einsamen Abende im Schlafsack auf hartem Boden ausmalen, kann man sich nicht vorstellen, daß man auch zu zweit, auch in einer Gruppe allein sein kann mit seinen Problemen, Heimweh haben kann unter Johannisbrot- und Feigenbäumen nach dem Grün der regenumwobenen Tieflandebene, dem Heidekraut-Horizont und den Türmen des Geburtsortes im hinterletzten Provinzkaff. Man kann sich keine Vorstellung machen von den trostlos verregneten Tagen, an denen man sich statt ins wohlig-warme Bett in zugige Bahnhofshallen flüchten muß, im Winter dort Schutz vor Kälte suchend, nie wirklich allein und doch in allem allein gelassen.

Die echten Penner nehmen dann ihren einzigen Freund und Helfer zur Brust, der sie bis zum Grab begleiten wird, in Treue fest: den guten Freund Alkohol. Er läßt keinen im Stich, der an ihn glaubt. An ihn kann man sich in jeder Lebenslage halten. Er steht stets bereit, in jeder Bar, in jedem Lebensmittelladen, bereit zum Abholen und Helfen. Er kühlt im Sommer das Gemüt, er besänftigt die Aufgeregten und schenkt den Friedvollen die tiefere Ruhe. Er wärmt im Winter, stützt den Kreislauf, beflügelt die Phantasie und schenkt einen traumlosen Schlaf. Er schenkt Vergessen. Vergessen sind die Mückenschwärme am romantischen Rastplatz im Po-Delta, vergessen die Regentage in Florenz, als das Bahnhofspersonal streikte und man nicht weiterfahren konnte. Er läßt lächeln über die Bullen in Venedig, die einem das letzte Geld konfiszierten und einen zum Brenner schicken wollten zwecks Landesverweis. Er schenkt auch den Traum vom großen Glück, wieder einen Lehnstuhl zu haben, wieder zum Menschen einer Gesellschaft zu werden, die er verlassen mußte. Freund Alkohol schenkt auch positive Erinnerungen, verklärt die negativen ins Gegenteil, läßt nur die obere, die Lackschicht sehen und die darunterliegende Misere verblassen.

So entstehen die Märchen und Sagen und Legenden, wie Horror-Herbert in Genua mit mehreren Stangen Zigaretten eingedeckt worden war, die aber Schmuggelgut waren, woraufhin er kurzfristig als *Contrabbandiere* eingelocht und zur Staatsgrenze geschickt wurde. Urkomisch, nur nicht für Herbert. Oder die nette Story, wie Hinkebein-Bernie, ein echter Tippelbruder alten Stils, der niemals einen Fuß in einen Zug setzte, gekidnappt und in die Lokalbahn Tarent–Brindisi gelockt wurde. Bernie war sehr sauer geworden. Da waren die Memories von den guten alten Zeiten, als friedliche Penner noch zusammen mit friedlichen Bahnhofspolizisten in der Bahnhofsbar einen Drink hoben und die Durchreisenden nachts auf den langen bequemen Holzbänken in Ruhe übernachten konnten. Der Alkohol läßt vergessen, wie oft man mit Rückenschmerzen aufwachte, wie oft man von Fixern beklaut worden ist, wie oft die Nachtruhe gestört wurde und wie sehr einem die laufenden Durchsagen an Großstadtbahnhöfen zusetzten. Der gute Freund lockt mit Rückblenden auf herbduftende Efeulager in gepflegten Friedhofsecken, wo man seine Ruhe hatte vor den Junkies, die den Tod fürchten, an den netten Herrn Pfarrer, der es erlaubte, unter den Arkaden seiner Barockkirche zu nächtigen, und seinen Gästen am Morgen das Frühstück an den Schlafsack brachte, und an die freundlichen Gärtner von San Remo, die die Penner weckten, bevor sie mit dem Rasensprengen an der Strandpromenade begannen und sich noch für die frühe Störung bei den ungebetenen Schnarchern hinter dem „Inka"-Denkmal entschuldigten. Freund Alkohol läßt die Erinnerung verblassen an die vielen Male, da man von seinem Schlafplatz verscheucht wurde, und täuschte darüber hinweg, daß im zehnten Stock des Parkhochhauses im Zentrum von Bologna die Luft fast nicht zum Atmen und der Lärm bis in die Nacht hinein höllisch war. Nüchtern betrachtet verblaßt die Romantik. Es bleibt Platz für Überlegungen, daß die Penner aus der Schweinebucht von Messina wirklich arme Schweine waren und der Feuerspeier-Luigi aus Catania mit seinem selbstgefertigten Zertifikat sicher mitunter Angst vor der illegalen Ausübung seines zum Überleben zwar notwendigen, nichtsdestoweniger aber strafbaren „Berufes" hatte. Nicht ohne Grund konnte er amüsante Geschichten aus sizilianischen Gefängnissen erzählen. Und es entlarvt sich auch die romantische Vorstellung von den Höhlenmenschen in ihren Karstgrotten am blauen Meer von Syracus: Hatten sie sich nicht in ihrer wundervollen Umgebung schon soweit selbst aufgegeben, daß sie es nicht mehr für nötig hielten, sich zu waschen? Sie waren schmutzig, daß der Putz bei ihnen abbröckelte und sich der Dreck samt darunterliegender Haut schälte. Sie rasierten sich auch nicht mehr, so daß man sie nicht „*Barboni*" nannte wie die normalen Schmuddelpenner, sondern „*Barbari*".

## Hinter den Mandelbäumen

Es gibt sie also doch, die glücklichen Säufer. So dachte ich damals, als ich nach Syracus kam und Calogero, der vor dem Dom Heiligenbildchen und Ansichtspostkarten verkaufte, mir von den Höhlenmenschen erzählt hatte. Eine feuchtfröhlich-naßforsche Bande sollte es sein, eine Gruppe von versoffenen Subjekten, die sich in einer Art Kommunikationszentrum in den Grotten über dem Meer angesiedelt hatte. Nicht gerade weltabgeschieden, aber freiwillig isoliert lebten sie in einer zwanglosen Gemeinschaft mit wechselnden Mitgliedern. Es war ein Konglomerat der Außenseiter ohne anarchistische Vorstellungen, überhaupt ohne politische oder weltanschauliche Motivationen, die eine freie pluralistische Gesellschaft praktizierten: Penner verschiedener Rassen und Nationalitäten, verbunden durch ihren Lebensinhalt, den Suff, durch ihre psychischen Auffälligkeiten, durch ihre fehlende Zukunftsperspektive und ihr Markenzeichen, den Vollbart. Sie waren die „Barbaren", stadtbekannt und geduldet, als Spinner belächelt, in Ruhe gelassen. Ein kleines privat organisiertes Irrenhaus in freier Natur. Die Toleranz der Sizilianer geht weit, und ihre eigenen Lebensvorstellungen bieten viel Raum zum Verständnis für Andersartige, auch wenn es Faulenzer und Schmarotzer sind, falls man bürgerliche Vergleiche heranzieht.

Eine Zukunft hätten sie ohnehin nirgendwo, hörte ich von den im Grottengehäuse Verbliebenen. Eines Nachmittags hatte ich mich hinausgewagt in ihr Revier, vorsichtshalber begleitet von Brillen-Klaus und seinem Cousin Klausi. Sicher ist sicher. Einer der weniger Angeheiterten versuchte mir seine Lebensphilosophie zu erklären. Sie klang nicht viel anders, als ich sie schon in anderen Landesteilen von anderen Pennern gehört hatte: die Gedanken vom Leben in der *Jetzt*-Zeit, vom Keine-Verantwortung-Tragen für etwas, für jemanden, auch nicht für sich selbst, von der libertà. Nur das Gemisch dieser zusammengewürfelten Schar war außergewöhnlich. Sollte man es „internationales Flair" nennen, auf seine Weise très chic, wenn man den Schweizer Benni mit dem Italo-Afrikaner, den man Messina-Blues nannte, friedlich und geduldig auf den Klippen den heranschwimmenden Fischen zusehen sah, dieselbe Sorte Marsala trinkend und auf dieselbe Weise ihre Köpfe kratzend? Oder wie war die Beziehung zwischen Katalanen-Pedro und dem Ostfriesen Willibald, der wahlweise mit Willi oder als Herr Bald angesprochen wurde, zu nennen?

Benni war der Barbarossa unter den Bärtigen. Er hatte keine besondere Leader-Funktion, irritierte nur durch seine Haarfarbe und Sommersprossen, die er überall – man betonte das „überall" – am Leibe hatte. Sommersprossengesprenkelte blasse Haut unter südlicher Sonne, das war beeindruckend, auch wenn die Haut sich mehr und mehr ins Dunkle verfärbte, je näher der monatliche Waschtag kam, von dem man munkelt, daß dann ein großes Algensterben im Meer begann. Auffallend war auch sein Spleen, den Schweizer Perfektionismus, den er in Form eines Weckers herübergerettet hatte in das Chaos. Benni ließ wecken und weckte auf Wunsch zu jeder Tages- und Nachtzeit. Sein Problem war, daß niemand geweckt werden wollte. Und so wurde Benni zum Zwangswecker. Wenn es den anderen zuviel wurde, drohten sie ihm mit der Zwangsgrotte hinter den Mandelbäumen. Diese Einpersonenhöhle war eng und dunkel und galt als Zufluchtsort bei Depressionen, aber auch als Gefängnis. Wenn jemandem das nicht paßte, konnte er ins bürgerliche Leben abdriften und bei den gewöhnlichen Stadt- und Landstreichern auf der Platte pennen. Katalanen-Pedro war der einzige mit einem gesicherten Einkommen. Er war Sizilianer und erhielt damals etwa 250 DM pro Monat an Sozialhilfe. Eigentlich hieß er Pietro und kam aus Barcellona. Barcellona mit Doppel-L ist ein kleiner Ort in der Nähe von Messina. Aber ein Oberschlaumeier, der mal in Spanien gewesen war, kannte die Stadt als Provinzhauptstadt in Katalonien. Und da Pietro damals neu in der Runde war und zur Unterscheidung zu anderen eventuellen Pietros einen Spitznamen brauchte, akzeptierte er diesen. Pietro/Pedro mußte von seinem Einkommen niemanden freihalten, eine Gemeinschaftskasse existierte nicht. Jeder war, obwohl er an der Gemeinschaft und gewissen Regeln des Zusammenlebens partizipierte, sein eigener Herr. Eine Hierarchie, womöglich Abhängigkeitsverhältnisse, waren nicht erwünscht. Freiheit über alles, gelebt in durchgrölten Sommernächten, erlitten in kalten Wintern, wenn kein Sankt Martin seine Decke mit dem Nebenmann teilte, sondern ihn auf die nächste Caritas-Station verwies – fast wie im richtigen Leben. Wenn jemand einen Kater hatte, seinen „Moralischen", seine Depressionen, so verzog er sich in die Höhle hinter den Mandelbäumen, wo er allein sein konnte, toben, weinen, zetern, mit seinem Schicksal hadern oder einfach nur allein sein, fern von all den Einsamen. Eine Therapie in der Kommune fand nicht statt. Jeder hatte seine Macke, mehr oder weniger ausgeprägt. Da war der Edle, ein angeblich Adliger, selbstverständlich in Ehren verarmt. Der Edle war mondsüchtig. Nicht, daß er sich in einen Werwolf verwandelt hätte, obwohl sein wildes Äußeres ohnehin in Richtung auf eine Yeti-Natur angelegt war, mit seinen verfilzten Haaren und der fettigen Haut zwischen stark behaarten Körperpartien. Er wollte Wunder tun in jeder Vollmondnacht. In lauen Sommernächten, wenn *La luna piena* über dem Mittelmeer aufstieg, von der historischen Küste der Hellenen kommend und aus dem Morgenland, einen Odem von 1001 Nacht herüberbrachte, begann für den Edlen eine neue Zeit. Die alte Zeit wurde eins mit der Zukunft. Er las zum hunderstenmal aus derselben Hand dasselbe Schicksal, das „zukunftslos" hieß. Er prophezeite den Weltuntergang wie Nostradamus vor 400 Jahren, der die Stadt Rom in Schutt und Asche versinken sah, im Jahre 2065 unter islamischer Herrschaft, statt des Petersdoms eine Moschee auf Ex-Vatikan-Territorium die „ewige Stadt" beherrschend. Der Edle fand sich auf warmem Meerwasser schreitend wie weiland Jesus und später mit nassen Füßen in einem fremden Schlafsack. Die Zuschauer genossen die monatliche Vorstellung. Man trank bis zum Sonnenaufgang. Dann schliefen die meisten im Rausch. Der Edle bestreute sein Haupt mit Seesand und zog sich in seine Gemächer zurück, in die verkommene Höhle mit dem Flaschenscherbenhaufen rechts vom Eingang und Geruch von Urin aus einer Felsspalte, wo Männer atmeten mit alkoholdunstendem Atem und der Nachtschweißgeruch den des ringsum wild wachsenden Oregano übertraf. Manchmal sang Messina-Blues seine „Niggerlieder". Papa war aus Afrika, Mama aus Messina. Das Ergebnis der Liaison lebte von seinem Erbteil, der Stimme. Touristen scharten sich um ihn, wenn er im Zentrum und an den Ballungsplätzen der Ausländer seine schwermütigen Songs intonierte. Er versoff jede Lira und trank so lange, bis er wieder Geld brauchte und einigermaßen nüchtern wurde. Der Stimme tat das keinen Abbruch, sie wurde sogar reifer.

Wir schliefen außerhalb des Lagers. Hinter den Mandelbäumen war es still. Klaus fand einen Lagerplatz zwischen Felsen, unbequem zwar, aber geschützt. Die Sommersonne weckte uns in der beeindruckenden Kulisse von Felsen über dem Meer, im Hintergrund der ewig rauchende Ätna. Ein Paradies für Außenseiter, die in ihrer Heimat in Heil- und Pflegeanstalten dahindämmern würden, von Psychiatern medikamentös traktiert, künstlich verwahrt bis zu einem Ende in Unfrieden. Mir kamen Erinnerungen ins Gedächtnis an ein Zigeuner-Camp, neben dem ich einmal übernachtet hatte. Da ging um diese Zeit der Betrieb los. Alle Frauen machten sich und die Töchter fertig zur Schnorreraktion. Die Babies bekamen die letzte Flasche mit dem Narkotikum, damit sie bis zum Mittag schliefen. Die größeren Kinder wurden zum Appell gerufen. Es wurden Krükken verteilt für die Lahmen, Augenbinden für die Blinden, umschnallbare Gipsarme und -beine für die Lädierten. Die Tremorhaltung wurde ein letztes Mal geprobt und der Stotterslang geübt. Ein organisiertes Gemeinschaftsleben, in dem jeder seine Funktion hatte und zum Gemeinwohl beitragen mußte. Eine Diktatur der Männer.

Wir frühstückten alten Wein und Vorräte an Wurstsemmeln. Ein paar Fettaugen für die Fettleber, ein bißchen *Formaggio* für's Format. Die Barbaren fanden wir schlafend bis auf Benni, den Wecker. Ob sie hier glücklich seien, fragte ich. Er blickte auf den Ätna, ahnte dessen Feuer tief innen, schluckte sein Feuerwasser für sein privates Inneres. Der Mensch lebt nicht vom Brot allein. Und auch Cognac war ein Gottesgeschenk, das man nicht verachten durfte. Nach dem Trank überlegte er. Glück, was ist das? Er fragte mich. Ich dachte an ein individuelles Gefühl. Dem einen seinen Alkoholrausch, dem anderen seinen Kaufrausch, dem dritten seinen Liebesrausch. Und überhaupt: wat dem eenen sien Uhl, is dem annern sien Nachtigall. Quod licet Iovi, non licet bovi, so in der Art. Glück als Spielerei des Lebens.

Benni schluckte weiter, wartete auf einen Rülpser und meinte, er und die anderen, sie seien an das Leben in freier Wildbahn gewöhnt. Sie wollten mit niemandem tauschen. Alles sei gut so.

Sie würden nicht in den Ölraffinerien da draußen schuften müssen oder sich in den Zementfabriken krank arbeiten. Niemand würde sie einsperren. Sie wollten kein Zurück, es gäbe sowieso keines, wo auch immer sei nur Schlechteres zu erwarten. Sie würden nicht viel nachdenken, über die Zukunft schon gar nicht. Denken verursache Depressionen, und die gelte es zu vermeiden. Geld, meinte er, sei nicht das Wichtigste im Leben. Kleidung sei uninteressant, eine Schale, austauschbar. Des Kaisers neue Kleider würden das zeigen. Sie hätten genug zu essen. Alkoholiker aßen nicht viel. Sie würden keine Frauen vermissen. Alle Alkoholiker seien impotent. Das wenige, das sie bräuchten, bekamen sie von den *Ristoranti* in der Stadt, damit sie durch ihren Anblick und die geruchsintensive Komponente nicht die Touristen vergraulten. Über das Morgen würde keiner von ihnen nachdenken, das ergäbe sich von selber.

Sie lebten in den Tag hinein. Mal so und mal so. Jeder Tag brachte etwas anderes wie überall auf der Welt. Bei Regen verzog man sich in die Höhlen. Und wenn im Sommer der heiße Sand die Fußsohlen verbrannte, war es an der Zeit, unter die Mandelbäume zu fliehen und auf die Brise zu warten. Hinter jedem Tag gab es einen neuen Tag. Entweder man überlebte ihn – oder eben nicht. Bis dahin saß, schlief, schnorrte, trank man in der Sommer- und Wintersonne – und lebte.

### Henris Abstieg

Der schlimmste Fall von Außenseitertum, den ich in Italien sah, war Herbert. Für eine gewisse Zeit seines Lebens hieß er Henri.

Henri war der Größte. Das meinte er, wenn er voll war.

Voll Gin. Henri war ein Versager, ein mieser Mörder, ein gottverdammter ekelerregender Auswurf der Gesellschaft. Das meinte er, wenn er nüchtern war. Aber das kam kaum mehr vor. Wenn, dann aus Versehen, oder weil er seine Flasche nicht finden konnte.

Henri litt unter Depressionen. Seit damals in Paris, als die Sache mit seiner Frau Jacqueline und seiner Tochter Janine passiert war. Damals, als er nach Jahren des Abenteuerlebens bei der Fremdenlegion regulär entlassen worden war und ein neues, zivilisiertes Leben beginnen wollte. Damals – auch Henri hatte ein Damals wie alle auf der Straße Lebenmüssenden – hatte er aus dem Flugzeug steigen wollen, den in Nizza gekauften Blumenstrauß und den versprochenen Stoffbären in Händen. Damals war er von zwei ernst aussehenden Männern beiseite genommen worden. Eine Ambulanz hatte am *gate* gestanden. Die beiden Männer waren psychologisch geschult und hatten ihren Auftrag ernst genommen, ein paar schonende Sätze der Einleitung vorgebracht, bis Henri deutlich geworden war und das Empfangskomitee zu konkreten Informationen aufgefordert hatte. Dann war der Notarzt gekommen. Er hatte ihm kreislaufstabilisierende Injektionen und starke Beruhigungsmittel gegeben, so daß Henri in der Lage war, Frau und Tochter in der Rue de la Morgue zu identifizieren. Nur unklar hatte er damals wahrgenommen, benebelt durch chemische Substanzen, was passiert war. Jacqueline und Janine hatten den Papa von Orly abholen wollen. Aus der Gegenrichtung war ein voll beladener Lkw gekommen, der von seiner Fahrbahn geschlittert war. Der 2 – CV hatte keine Chance gegen einen Dreißig-Tonner. Janine war erst vier.

Henri war nach Italien gekommen, um zu vergessen, zu verdrängen. In seinen Alpträumen schrie er nach Jacqueline, nach Janine. Manchmal sah er sich in seiner Söldneruniform, vor dem Damals. Er sah die zerspritzten Hirne toter Neger, abgehackte schwarze Hände und Füße auf gelbem Steppensand, halbzerfressene Leichen voller Maden, blau-

züngige Erhängte und zerfetzte, vom Abendbrot der Hyä-
nen übriggelassene Soldatenkadaver, die Macht symbolisie-
renden Uniformen mit Blut und Tierkot beschmutzt. Er,
Henri, der seinen Job immer bestens erledigt, der niemals
im Nahkampf aufgegeben hatte, dessen Hand immer ruhig
gewesen war beim Scharfschießen, dieser Henri machte
sich plötzlich Sorgen darüber, ob er das Richtige getan hatte: für mieses Blutgeld fremde Leute zu killen in einem
Krieg, der ihn nichts anging. Wie eine Marionette war er gewesen, die man an ihren Platz gestellt hatte, um zu funktionieren, nicht um nach dem Sinn zu fragen. Beim Zielen
hatte er sich auf eine bestimmte Stelle des feindlichen Körpers konzentriert, wie der Chirurg auf das defekte Organ eines unbekannten Patienten. Alles andere war verdeckt, ab-
gedeckt, außerhalb des Visiers. Und für das weitere waren
sie nicht zuständig, er und der Chirurg. Mochte jemand anderer die Reste wegräumen, die Galle oder den Blinddarm
in den Müll werfen, den Restkörper auf die Station karren
zur internistischen Weiterbehandlung, während sich im
Abseits, in dem Henri lebte, die lokale Fauna dem ehemali-
gen Zielobjekt widmete. Für die Folgen war er nicht verantwortlich. Er sollte töten, der Operateur heilen durch Verlet-
zen, und manchmal kam alles auf dasselbe hinaus. Jedem
seinen Erfolg oder Mißerfolg. Das Ergebnis war Sache des
Statistikers. Henri hatte viel gelernt in den Jahren des Hel-
denspielens. Er meldete stets „Operation gelungen".
　Henri hatte viele verletzte und tote Körper gesehen.
Ohne jede Anteilnahme hatte er den Tod diagnostiziert und
bei Bedarf einen Gnadenschuß abgegeben. Henri war kein
Unmensch. Aber das waren Fremde. Bei Jacqueline und Janine lag die Sache anders. Sie betraf ihn selber. Sterben ist
eben nicht gleich Sterben, und tot ist nicht gleich tot. Wenn
es einen Superlativ „tot" gäbe, so würde er ihn nennen.
Sehr tot, zu tot für sein weiteres Leben. Der Gedanke an die
aufgebahrten, engelweiß gekleideten und von Blumen geschmückten Körper seiner Liebsten, die Erinnerung an ihre
Beerdigung auf dem kleinen Friedhof in den Pyrenäen, zy-

pressenbestanden und von immergrünem Lorbeer um-
rahmt, die schwarzgekleideten Trauergestalten vor dem
klaren stahlblauen Himmel über dem Bergmassiv nahmen
ihm die Ruhe. In seinen Vorstellungen sah er sich wieder in
der überfüllten Kapelle, in der seine beiden Lieblinge wie
Wachspuppen ausgestellt waren, zusammengeflickt und
mit Make-up behandelt die Gesichter, die Köpfe in Rosen
versteckt, um die Schädelläsionen zu verbergen, kosme-
tisch präpariert für den Zerfall unter der Erde. Er erinnerte
sich an die Weihrauchschwaden, die ihm Übelkeit verur-
sacht hatten, an seinen ersten Anfall von Platzangst. In seinen Träumen sah er die anklagenden Gesichter der Schwiegereltern, die ihre jüngste und hübscheste Tochter verloren
hatten und das erhoffte Enkelkind, dessen Vater ein *boche*
war, die ihre Zukunft im Dunst der Ungewißheit verschwinden sahen, die sie sich mit ihren kleinen Träumen
als unbeschwerten Lebensabend nach der Rückkehr des
Schwiegersohnes ausgemalt hatten: Philemon und Baucis
im Pyrenäenstadel, der sich nie in etwas Besseres verwan-
deln würde.

Henri fürchtete seinen Tod nicht. Er hatte für das Töten
gelebt. Manchmal wäre er selber getötet worden, wenn
nicht seine animalische Reaktionsfähigkeit oder das Ein-
greifen eines Kameraden ihn gerettet hätten. Hierin war
ihm nichts fremd. Und er kannte die alte Weltregel: Nichts
kommt weg. Zerlegt in seine Einzelteile, war der Mensch
wie alles andere auf der Welt unsterblich. Nach und bei
dem Zerfall fügte sich Atom zu Atom, Molekül zu Molekül, Atom zu Molekül – immer die alte Leier des Weltge-
schehens. Aus Eiweiß wurde in einem komplizierten chemischen Vorgang Leichengift. Aber dann war der Mensch
schon nicht mehr Person, Jacqueline nicht mehr Jacqueline
und Janine nicht mehr Janine. Was die reine Substanz betraf: Alles blieb erhalten. Doch persönlich waren sie für ihn
verloren für immer. Und Henri beschloß, zu sterben.

Henri fing es nicht sehr geschickt an, ebenfalls eins zu
werden mit dem Weltall. Das konnte er nur in seinen Hal-

luzinationen, die ihn mehr und mehr überfielen. Er machte mehrere Selbstmordversuche, die alle mißlangen. Er war davon überzeugt, daß man ihn nirgends wollte, weder im Himmel noch auf Erden, daß seine Zeit noch nicht gekommen war. Er mußte also warten. Aber er würde den Prozeß abkürzen, den Tod erzwingen, langsam zwar, aber der stete Tropfen höhlte nicht nur den Stein. Der stete Tropfen sollte immer bei ihm sein, greifbar. Henri beschloß, sich zu Tode zu saufen. Aber bis dahin wollte er nicht unmittelbar an Vergangenes erinnert werden. Er würde das Land verlassen, sich wieder Herbert nennen wie früher, als er noch nicht in der Legion war. Die Flasche, sein zuverlässiger Freund, würde ihn begleiten, ihm Ruhe verschaffen im Suff bis zum Tode. Sein Existenzminimum würde gesichert sein. Er hatte Anspruch auf eine Pension. Und die würde er auch im Ausland erhalten. In Genua zum Beispiel. Herbert war Hamburger, er liebte die Hafenstädte. Eine war so dreckig gewesen wie die andere. Warum also nicht dieser italienische Eintopf von Algeriern, Marokkanern, Orientalen, fast wie in Marseille? Warum nicht mit einem kleinen Kellerloch vorliebnehmen wie in der verkommenen Gegend bei den Armen im Glasscherbenviertel, in den engen Gassen der Altstadt?

Nach Deutschland zurückzukehren, erwog er nicht ernsthaft. Man würde ihn in eine Trinkerheilanstalt stecken, ihn entmündigen, sein Geld kassieren, seiner Freiheit berauben und in der Psychiatrie zu Tode spritzen. Er würde sein Ende selber besorgen, wie auch immer. Nur die Flasche mußte dabeisein mit ihrem steten Tropfen.

Henri lag mit seiner Flasche am Columbus-Denkmal in Genua. Schwaben-Uli und Sachsen-Erich waren bei ihm. Seine „Raumfahrt" lag erst kurz zurück. Jetzt schlief er, die Flasche fest im zusammengeknöpften Jackett. Es war Hochsommer, er war mit den beiden anderen fast allein. Die meisten der dort gewöhnlich Herumlungernden hatten sich in die Kühle der nahen Bahnhofshalle geflüchtet. Herbert schlief mitten in dieser üblichen Gegend: Pennertreff selbstverständlich wie immer bei markanten Denkmälern. Stricherszene. Narko-Umschlagplatz weiter hinten im Gebüsch. Araber-Dealer allgegenwärtig mit ihren ziselierten Stiletts. Und alles war unbeschreiblich dreckig. Herbert der Dreckigste von allem. Wir kannten ihn nicht, hatten ihn nie zuvor gesehen. Aber wir erkannten Uli und Erich, die wie wir auf den Straßen Italiens als Penner umherzogen. Auch Schwaben-Uli, unser Bettel-Lehrer, hatte weite Reisen hinter sich. Aber es zog ihn immer wieder nach Genua, so wie jeder von uns eine gewisse Vorliebe für eine bestimmte Stadt hatte. Erklären konnte man solche Phänomene nicht. Meist lag es an positiven Erlebnissen. Wir begrüßten uns und redeten eine Weile über alte Zeiten und kamen dann auf Herbert zu sprechen. So erfuhren wir allerhand über den graubärtigen, ab und zu rülpsenden, absolut unappetitlichen Saufkopf auf der bepinkelten Parkbank. Was wir hörten, klang überraschend. Es ist sehr selten, daß ein Penner einem anderen leid tut. Jeder auf der Straße hat sein Päckchen zu tragen, hat seine schlimmen Erinnerungen und seine guten an alte Zeiten. Uli und Erich hatten kein Mitleid im üblichen Sinn, aber sie kümmerten sich um den Verwahrlosten, dem es noch schlechter gegangen war als ihnen. Stück für Stück hatte Herbert ihnen seine Lebensgeschichte erzählt, etwas wirr manchmal, nicht chronologisch, sondern in Episoden, je nachdem, an was er sich gerade erinnerte. Er hatte seine Erinnerungen geradezu ausgespien, als Erleichterung vielleicht, als innere Reinigung oder nur froh um die Zuhörer, um das Gefühl, Interesse zu wecken. Natürlich ging es den Zuhörern auch darum, daß „Onkel Herbert“, wie sie ihn nannten, spendierfreudig war, wenn er sein Geld abgeholt hatte. Er behielt nur, was er für seinen Eigenbedarf brauchte, und das war nicht viel. Er war komplett auf Flüssignahrung umgestiegen, auf Hochprozentiges aus der Wunderflasche, sein Allheilmittel gegen teuflische Erinnerungen.

Geld war ihm nicht wichtig. Nur für seinen Stoff mußte es reichen. Mit dem Rest konnte er sich zwar keine persönliche Anteilnahme, keine echten Freunde erkaufen, aber Gesellschaft in der Einsamkeit in einer Umwelt, zu der er herabgesunken war vom grünen Jung an der Elbe, der mit der Hand Aale fangen konnte, über den Ex-Legionär mit 19 Kerben auf seiner Braut, dem Gewehr, bis zum letzten Arschloch, dem *Brutto Tedesco* mit der ihm heiligen Flasche, den sogar die Polizei nicht anfassen wollte. Nun mußte er mit der Gesellschaft vorliebnehmen, die er früher verachtet hatte, bis zu dem Zeitpunkt, als alles sich zu verändern begann.

Uli und Erich waren an die „Zustände", wie sie die oft exzessiven Trinkgelage, die Halluzinationen und deliranten Vorstellungen Herberts nannten, gewohnt. Sie halfen ihm insofern altruistisch, als sie ihr Geld ohnehin bekommen hätten. Ihr Geschäftssinn äußerte sich darin, andere Penner von Onkel Herbert, dem Stinkstiefel, fernzuhalten, notfalls bei hartnäckigen Fragern mit den Argumenten der Syphilis oder von Aids. Uns, die wir nur auf der Durchreise und somit keine Konkurrenz waren, duldeten sie vorerst. Wir blieben länger als gedacht, aber nur, um die Geschichte Onkel Herberts zu erfahren.

Schwaben-Uli, ein ehemals flotter Mittdreißiger, hatte es übernommen, Herbert zu füttern. Herbert selbst forderte keinerlei Nahrung. Seine flüssigen Kalorien reichten zum Nicht-sterben-Können.

Er war nur noch in der Lage, beidhändig aus der Flasche zu trinken. Ansonsten sabberte er herum mit dem, was Uli ihm mitbrachte. Sein ruiniertes Gebiß ließ keinen Kauprozeß mehr zu, und sein ebenfalls ruinierter Magen behielt nicht immer alles. Uli war auch seinerseits auf Flaschennahrung übergegangen, um das Gesabber zu vermeiden. Er hielt ihm eine der großen Fruchtsaftflaschen mit relativ großer Öffnung an den Mund, gefüllt mit stärkenden Suppen, Tomatencreme, Ministrone. Sachsen-Erich, der Bautzen erlebt hatte, führte ihn regelmäßig zum Brunnen. Herbert, die Flasche fest umklammert, konnte theoretisch zwar selber dorthin wanken, raffte sich aber nie dazu auf.

Und einer mußte schließlich die Flasche bewachen. Dann steckte er sein Gesicht in den Brunnen und wusch die gröbsten Flecken von seinem stinkenden Jackett. Er trug es so lange, bis jemand ihm ein anderes brachte. Einen Kamm besaß er schon lange nicht mehr.

Ab und zu schnitt ihm Erich das Haar kurz und schaute fachmännisch nach Läusebefall. In gewissen Abständen, von seinem Riechorgan geleitet, observierte er Herberts Plastiküte, die außer der Flasche manchmal auch gespendete Lebensmittel enthielt, denen er aber keine Beachtung schenkte. Er beließ sie so, wie sie kamen, auch wenn sie anfingen zu schimmeln oder Maden anzogen. Man sah das dann an der beschmierten Flasche. Erich warf alles in den Müllkübel und gab ihm eine neue Tüte.

Herbert hatte ein Stadium der Verwahrlosung erreicht, in dem es ihm gleichgültig war, ob und was er aß und wie schmutzig er war. Auch jedes Schamgefühl hatte er verloren. Er pinkelte in der Öffentlichkeit, wenn ihn der Druck überkam. Er setzte seine kleinen gelben zirrhosestinkenden Haufen vor den Bahnhof. Die Polizei ließ den *Mascalzone* in Ruhe. Wenn Herbert urinierte, achtete er sorgsam auf die Flasche. Eine Hand brauchte er zum Abstützen an einem Baum, einer Hauswand. So ging mancher Strahl ins Abseits oder landete bei der falschen Windrichtung als Eigentor. Beim Schlafen ließ er das Wasser im Liegen. Dann lag er morgens in einer Pfütze. Aber er roch sich selber nicht mehr. Nur in Zeiten besonderer Klarheit des Geistes, die ihn überkamen, wenn wohl ein bestimmter Alkoholkonzentrationsspiegel im Blut erreicht war, vermochte er seine packenden Geschichten aus der Legionärszeit in Afrika zu erzählen: Erlebnisse mit Söldnern und kaffeebraunen Mulattinnen, schwarzen Eingeborenen, die mit Pygmäen Zwerge-Werfen veranstalteten, von den Schlägereien in den Hafenkneipen von Djibuti. Aber nach diesen Zuständen kam dann die Phase des Erwachens aus dem Tagtraum, direkt in die Realität.

Herbert war nicht mehr der Größte. Die alten Zeiten von

Heldentum und Kumpanei waren endgültig vorbei. Er war auf ein Riff gelaufen und zerschellt, ein altes Wrack. Herbert war wieder der Versager, der gottverdammte ekelerregende Auswurf der Gesellschaft. Herbert sah sich in seiner verkommenen Gestalt, als stinkendes Lumpenbündel, als übles Subjekt ohne Sinn und Funktion als den Ablauf des Lebens auf der Straße zu stören.

Herbert, der Überflüssige.

Herbert, der Kotzbrocken.

Herbert, reif für die Entsorgung.

Endstation erreicht, aber gründlich.

Herbert versank sodann wieder in seinen Tran und vergaß, was er gesehen hatte an sich selbst. Er kannte seine Flasche und hielt sie ans Herz. Sie würde seine Zirrhose animieren, sich weiter zu vernarben, die Leber immer kleiner werden zu lassen, bis sie ihre Funktion ganz einstellte. Als gelbgefärbtes Skelett würde ihn jemand aufklauben und in ein verfluchtes Krankenhaus bringen, wo man an ihm herumdoktern würde, anstatt ihn in Frieden sterben zu lassen. Irgendwann, bald würde es soweit sein. Wenn der Juckreiz kam, das große Händezittern. Doch bevor das Bewußtsein völlig entschwinden, sich als Koma getarnt in die hintersten Hirnwindungen zurückziehen würde, wollte er eine ganze Flasche aussaufen. Auf Ex, wenn sein Magen es erlaubte, und wenn seine spinnenartigen Finger noch mitmachten, wenn ihn nicht die Kraft verließ, die Flasche zu heben. Kein „goldener Schuß", sondern ein „goldener Schluck" würde es sein, den er sich wünschte. Noch lebte er. Er mußte dem Endzustand unbedingt zuvorkommen. Warum nicht heute nacht am Hafen?

„Ganz einfach", bemerkte Uli auf dem Heimweg in ihr Schlafrevier, zu dem die Bekannten uns eingeladen hatten, „weil er keine Vorratsflasche dabei hat, wenn das mit dem Ex-Trinken nicht klappen sollte. Erst dann ist es soweit. Der Typ spürt das wie ein Indianer, wenn es soweit ist. Dann versorgen wir ihn, das sind wir ihm schuldig. Wir liefern ihn nicht aus. Er kennt ein Versteck, in dem man ihn garantiert nicht findet, und verzieht sich dahin. Wir kennen es auch nicht, fragen ihn auch nicht danach. Er will das allein mit sich abmachen."

Wir redeten noch bis spät nachts über Herbert-Henri und wie man ihm hätte helfen können. Damals. Im Grunde wollte er sich gar nicht helfen lassen, meinte Uli. Und Erich mit seiner Knastologen-Erfahrung sagte, da gäbe es bessere Methoden. So ein gewiefter Killer wie er hätte doch bloß eine Knarre ... aber dazu sei er wohl zu feige, wie alle Killer. Und leid tun würde er ihm schon, es sei nun mal so gelaufen und er möchte nicht in seiner Haut stecken. Total verkorkst, der Junge. Er selbst hätte sich nach einiger Zeit nach einem neuen Betthasen umgesehen, war doch noch relativ jung damals, der Alte. Und dann folgte das übliche Blabla über Weiber und Titten und was der Straßenstrich in Genua so koste. Neue Lieferung aus Nordafrika und so. Frischfleisch kaffeebraun und zuckersüß. Wie jeden Abend vor dem Einschlafen.

Wir blieben etwa drei Wochen. Der Schlafplatz, eine stillgelegte Wäscherei außerhalb der Stadt, war ruhig. Kein Fixer, kein Dealer störte. Penners Wunschtraum. Bevor wir abreisten, gingen wir noch einmal am Columbus-Denkmal vorbei. Herbert war wach. Aber er erkannte uns nicht.

### Der Traum vom bürgerlichen Leben

Das Gegenteil der beschriebenen extremen Lebensformen als Penner gibt es natürlich auch. Höhlenmenschen und abgrundtief Verwahrloste wie Herbert-Henri sind Ausnahmen, die aber auf die Grenzen des Ausgrenzungsproblems aufmerksam machen. Die Mehrzahl der Stadt- und Landstreicher trauert ihrer bürgerlichen Vergangenheit hinterher, und ein Großteil würde sofort jede Möglichkeit ergreifen, zu einer gesicherten eigenen Existenz mit Wohnung und geregelter Arbeit zurückzukehren. Einige wenige Obdachlose haben es sogar geschafft, die von der Gesellschaft so sehr geschätzten Arbeitsriten etwa der Regelmäßigkeit freiwillig auf ihre ganz andere soziale Situation zu übertragen. Sie haben sich Notunterkünfte besorgt, sind also nicht mehr die alten Penner von der Straße. In Rom gibt es viele Möglichkeiten, Unterschlupf zu finden. Es ist normal, daß leerstehende Häuser okkupiert werden. Solange es darin nicht zu bunt zugeht und die „Drogisten" ferngehalten werden, duldet man das. Viele fahren nicht nur von ihren meist in den Ruinenstädten gelegenen Schlafstätten in die Innenstadt, sondern sogar als Pendler nach auswärts in die umliegenden Ortschaften. So die Meute vom Schrottplatz, die in Autowracks nächtigt und nachts den Platz bewacht. Der Besitzer läßt sie gewähren. Wo Penner, *Barboni* hausen, gibt es keine Dealer und Diebe. Penner haben nie genug Geld für Drogen außer Alkohol. Und – zumindest deutsche – Penner stehlen nicht. Sie wollen im Lande bleiben und nicht abgeschoben werden, sie resozialisieren sich sozusagen selbst. Und wenn sie die Autos beschmutzen, so macht das später der Schrottpresse keine Probleme.

Interessant ist der Eifer, mit dem freiwillig eine Fahrt zur Stoßzeit in der überfüllten Metro hingenommen wird. Man fühlt sich, Illusion hin oder her, als jemand, der zur Arbeit fährt. Der „Betrieb" nennt sich zwar „Sitzungsplatz", aber er ist immerhin auch die Stätte, an der der eigene Lebensunterhalt verdient wird. Man macht Mittagspause, wenn die Geschäfte schließen, man erscheint zur „Nachmittagsschicht", wenn sie wieder öffnen, und tritt am Abend mehr oder weniger zufrieden mit den Tageseinnahmen den Rückweg in der überfüllten Lokalbahn, im Bus, der Metro an, zwischen Industriearbeitern, Verkäuferinnen und Bürohokkern, ganz wie früher zu Hause.

Einige Bekannte hatten sich zeitweise auf das Fertigen von Handarbeiten oder das Übernehmen von Aushilfsarbeiten verlegt. Aber kein einziger blieb bei dieser Erwerbstätigkeit. Und das lag durchaus nicht immer am Bestreben, möglichst wenig zu tun. Sie waren nicht arbeitsscheu: Daß Schwaben-Uli sein Geschäft mit den selbstgeflochtenen

Armbändchen aufgab, lag darin begründet, daß er zwar viel Zeit zum Flechten hatte und dies auch bei der Ausstellung seiner Objekte an den Strandpromenaden tun konnte. Doch die Ausgaben hatte er vorzufinanzieren, das Garn mußte gekauft werden, ein zusätzlicher Transportbehälter wurde gekauft. Bei Regen war eine Fußgängerpassage vonnöten, und die war nicht in jedem Ort anzutreffen. Gebühren für die Gepäckaufbewahrung mußten bezahlt werden, täglich 1000 Lire, das summierte sich. Aber bevor die Kollektion des Nachts geklaut wurde, rentierte sich die Ausgabe – bis zu einem gewissen Limit. BWL-Ferdl hätte hier seine Kosten-Nutzen-Analyse gemacht und gleich davon abgeraten, darauf zu vertrauen, daß die Einnahmen je größer sein würden als die Ausgaben. Und, so berichtete Schwaben-Uli, dabei hatte er gar keinen Gewerbeschein, arbeitete also illegal und hatte mit Bußgeld zu rechnen, wenn ihn böswillige *vigili* mit dem Strafzettelblock verfolgten.

Titten-Sabine hatte es mal mit dem Bemalen von Kieselsteinen versucht. Ihre Kreationen waren außergewöhnlich und originell. Das Arbeitsmaterial Stein war kostenlos, jedoch schwer zu transportieren. Viele Steine wiegen viel. Und die Filzstifte, der transparente Lack gingen ins Geld, dazu ebenso wie bei Uli die Gepäckaufbewahrung, und vom Gewerbeschein wollte eigentlich niemand reden, denn niemand hatte einen gekauft.

Einige versuchten es mit dem Schieben der *carrelli* vor den Supermärkten. Sie funktionierten auf Kautionsbasis, und viele Leute, die zu faul waren, die Einkaufswagen an ihren Ursprungsort an die Kette zurückzubringen, verzichteten auf die 500 Lire und überließen dem Abholer den Wagen. Aber insgesamt rentierte sich das Geschäft nicht. Die Bettler am Eingang des Kaufhauses verdienten weitaus mehr. Die Packer auf den Gemüsemärkten konnten lediglich mit einem 5000-Lire-Stundenlohn rechnen. Soviel hatte ein gut sitzender Bettler in einer halben Stunde zusammen, meist sogar mehr. Und das, ohne sich einen schmerzenden Rücken vom Heben zu holen. Wer Sitzfleisch antrainieren wollte, konnte den Postkartenverkauf vor Kirchen tätigen und seine Kunstwerke ausstellen. Aber die Konkurrenz seitens der Italiener war groß. Außerdem kannten sie sich mit ihren Heiligen und den verschiedenartigen Madonnen besser aus und verstanden auch überzeugender das Aufschwatzen von unnötigen Souvenirs. Wie es Igels Mann mit seiner Stelle im Hafen ergangen ist, habe ich nicht erfahren. Mit Unterstützung von Bekannten kann man dort durchaus weiterkommen. Es ist keineswegs so, als würden sie dort nur die niedrigsten Arbeiten verrichten. Aber ohne Beziehung läuft da gar nichts.

Selig waren die Glücklichen, die ein eigenes Obdach ihr eigen nannten und außerdem regelmäßige Einkünfte hatten. Natürlich hatte das niemand in der Weise, wie ich es später hatte und noch habe: die feste Rente und einen langjährigen Mietvertrag über ein Haus mit Garten. Wenn ich die Sommerblumen überblicke und auf den Apfelbaum sehe, der Früchte angesetzt hat, auf meine fünf Olivenbäume, die im November 25 Liter reinen Olivenöls einbringen, auf den schon zwei Meter hohen Papyrus, der dringend geschnitten werden muß, so denke ich, daß die armseligen Buden von Fanta-Kurt und Joe aus dieser meiner Warte heraus eher mitleiderregend wirken. Für die beiden sind es Paläste.

Fanta-Kurt lebte bereits zwölf Jahre auf der Straße, bis er seine Eremitage fand. Einst, in seiner Schaffensphase, war er ein berühmter Einbrecher. Aber körperliche Gebrechen wie Fettsucht und übermäßiger Alkoholzuspruch machten ihn für dieses Gewerbe untauglich und brachten ihm statt lohnender Beute mehrere Aufenthalte hinter Gittern ein. Als ich ihn zuletzt sah, bewohnte er einen hohlen Brückenpfeiler der *circonvalliazione,* der römischen Umgehungsstraße, wo er es sich so gemütlich wie möglich eingerichtet hatte. Für den Kriegsfall, so erfuhr ich, befindet sich in jeder strategisch günstig gelegenen größeren Brücke ein freier Zugang, in dem man im Notfall Sprengmaterial anbringen kann, um die Brücke zu zerstören und den Feind beim Vordringen oder beim Rückzug zu behindern. Fanta-Kurt hatte eine solche Sprengkammer mit Beschlag belegt. Da es in Rom mit der Sperrmüll-Abfuhr nicht weit her ist, bot es theoretisch kein Problem, sich alte Möbel auf den außerhalb der City angelegten wilden Müll-Deponien zu besorgen. Niemand zeigt einen deswegen an wie in Deutschland. Was weggeworfen wurde, kann jeder nehmen. Der Staat will es ohnehin nicht, das kostet nur. Und der Staat muß sparen, auch der italienische. Problematisch ist nur der Transport für jemanden, der kein Auto hat oder einen Bekannten mit einem fahrbaren Untersatz. Ansonsten sind der Zusammenstellung einer eigenwilligen Raumausstattung aus dem Fundus abgelegter, ehemals repräsentativer Dekorutensilien und unmoderner Möbel keine Steine in den Weg gelegt. Fanta-Kurt löste das anstehende Problem auf seine Weise: als gelernter Schreiner zog er mit einer Säge los, zerkleinerte einen ihm passend erscheinenden Tisch in seine Bestandteile, nahm eine Anrichte zum Kochen und für den Lebensmittelvorrat auseinander und begann den stückweisen Transport. Die Stühle diverser Stilrichtungen ließen sich undemoliert per S-Bahn befördern. In seinem neuen Heim setzte Fanta-Kurt seine eigenwillige Einrichtung wieder zusammen, kaufte Kochgeschirr, einen größeren Camping-Gaskocher und sogar eine Tischdecke, Waschpulver und eine Wäscheaufhängevorrichtung. Einem Schwarzhändler schwatzte er einen Teppich ab. Als Bett diente eine abenteuerliche Konstruktion aus festen Obstkisten mit Schaumgummiauflage aus dem Kaufhaus und einer Umrandung für Bücher, Groschenhefte und Andenken an seine vielen Fahrten. Geplant war der Einbau einer provisorischen Tür. Einer Gittertür übrigens. Nicht zur Erinnerung an alte Zeiten, sondern weil der Pfeiler nicht den Komfort eines Fensters besaß. Fanta-Kurt liegt mit seiner Idee derzeit voll im Trend. Inzwischen hat auch die High Society das Flair des Wohnens in Brückenpfeilern entdeckt. Das Künstlerpaar HA Schult und Elke Koska mietete einen 300 Quadratmeter großen Pfeiler der Deutzer Brücke in

Köln für 200,– DM Miete monatlich. Dort hausen die Reichen zu Sozialpreisen mit 800 Teekannen und der ausgestopften Kuh Charlotte. Wer kann, der kann, meinte Fanta-Kurt zu seiner Inneneinrichtung.

Joe hat ein Halbfreiluft-Domizil unter der Freitreppe des Verteidigungsministeriums. Geschützt durch die fahrbaren Karren der „Fegis", wie er die Besenreiniger der Parks nennt, lebt er im Pappkarton-Eck mit Kochnische und Bettkammer trocken und relativ ungestört. Auch er fragte nach Arbeit beim Städtischen Straßenreinigungsdienst. Aber die Stellen, ohnehin nur halbtags, werden vorzugsweise an italienische Arbeitslose vergeben. Und davon hat die Stadt genügend. Es ist also nicht so einfach, wie es sich der Nicht-Penner, der Nicht-Obdachlose vorstellt, an eine Tätigkeit für Lohn und Brot zu kommen, die auch noch Spielraum läßt für das, was über das Brot hinausgeht. Diejenigen, deren Versuche reichlich schiefgelaufen waren, trafen sich spätestens wieder am Rondell im EUR-Park, wenn sie die Nase voll hatten von Bauernfängerei und Ungerechtigkeiten.

Klaus und Klausi, zwei Cousins, waren da ein Ober-Beispiel. Jung und gesund, hatten sie bei einem Wanderzirkus angeheuert. Nicht einmal bei einem der vielen namenlosen, die immer kurz vor der Pleite stehen, sondern bei einem mit durchaus in Italien renommiertem Namen. Es war eine Filiale des Zirkus Orfei, wobei „Filiale" wörtlich zu übernehmen ist. Boß der Truppe war eine Tochter des Ober-Bosses. Als Untertanen beherrschte sie vorwiegend illegale Arbeiter, vor allem aus Nordafrika. Sie war ein vollbusiges, hochtoupiertes, übergeschminktes drachenähnliches Wesen, das die Belegschaft mit Zuckerbrot und Peitsche dirigierte. Kost und Logis frei war annonciert, als Klaus und Klausi nichtsahnend von ihrer bevorstehenden Wandlung am Zeltplatz vorbeigingen. „Lohn in bar", das klang nicht schlecht. Die beiden stellten sich eine interessante und abwechslungsreiche Tätigkeit vor. Körperliche Kraftanstrengungen wie Zeltauf- und -abbau würden sie selbstverständlich mitmachen, aber irgendwie sollte es geregelte Essenszeiten geben und eine erholsame Freizeit, in der man den Lohn nach eigenem Ermessen verschwenden oder sparen konnte. Und schließlich würde man eine Schlafstätte haben, um sich zurückzuziehen. Ein Platz ohne Seesand im Schlafsack und Dornen im Gebüsch und geschützt vor den von Palmen herabfallenden Früchten. Klaus und Klausi hatten die Nase voll von Palmen, vor allem von Stechpalmen. „Aber es war ein Reinfall", berichtete Klaus. „Die Leute waren so geizig, da konnte man bloß staunen. In ihren eigenen feinen Waggons schlugen sie sich die Wampe voll, und die Reste kriegten die Hunde. Jeder Hund hatte es besser als wir. Wir hätten uns auch gern mal ein Steak zwischen die Kiemen gerammt. Schließlich mußten wir hart arbeiten. Aber für die niedrigen Sklaven gab es Pasta, immer nur Pasta, dabei sollte man bei Kräften bleiben. Pasta mit Tomatensuppe, Soße konnte man das nicht nennen, und am Fleisch war sie auch vorbeigeschwommen. Auch mit der Schlafgelegenheit stand es nicht zum besten. Ein ausgemisteter, heruntergekommener Waggon mit mehreren eingebauten Abteilen für diverse Schläfer aus allen möglichen Ländern, mit Strohsäcken auf schmuddeligem Fußboden, einem wackligen Tisch, Sperrmüll-Stühlen – das war's. Waschgelegenheit draußen am Hydranten. Abends die grölenden Transistorradios mit arabischer Heulmusik, Gezeter von links und von rechts, kleinere Schlägereien – es war nicht das Ambiente, das sie sich vorgestellt hatten. „Ich wußte gleich, daß ich da nicht alt werde", bemerkte Klausi, „aber ich wollte es eben mal probieren mit Arbeit. Und außerdem interessierten mich die Tiere. Gegen die Tiere war auch gar nichts zu sagen. Die benahmen sich besser als ihre Herrschaften. Und wir haben uns sogar Mühe gegeben, alles richtig zu machen und noch ein bißchen mehr zu tun, für die Tiere. Wir waren ziemlich schnell mit einem Kamel befreundet, das die anderen nicht mochten. Auch so ein Außenseiter wie wir. Das Kamel saute sich nachts immer ein, tat uns leid." Der unglaubliche Gag an der Sache: die Hälfte des ohnehin geringen Lohnes – damals ca. 25,– DM pro Tag pauschal – wurde einbehalten, gar nicht erst ausbezahlt. Der angesammelte Betrag sollte, zinslos selbstverständlich, bei Beendigung des Arbeitsverhältnisses überreicht werden, als Starthilfe für die Zukunft sozusagen, da niedere Arbeiter ja sowieso nichts sparen würden und außerdem der Klau im Camp umging. „Von dem Geld haben wir nie etwas gesehen", erboste sich Klaus. „Wir hatten ja keinen schriftlichen Arbeitsvertrag, konnten nichts machen. Prozessieren wäre unmöglich gewesen, wir hatten ja illegal gearbeitet." Das war mit Sicherheit so eingeplant von den Betreibern des Zirkus, die angeblich so sozial dachten. „Aber Junge, Junge", erregte sich Klausi, und Klaus schüttelte den Kopf über soviel Frechheit, „die Alte sagte uns ins Gesicht, sie wolle uns vor dem Suff bewahren und zu geregelter Arbeit anhalten. Klang so christlich, wie auf dem Sozialamt, schlimmer noch. Aber was meinst du, was die Chefin gekübelt hat . . . Jeden Freitag, wenn sie vom Friseur kam, wurde der ‚Wanderzirkus' im Waggon Erster Klasse eröffnet. Da ging's rund, sprach der Hund . . ."

Klaus und Klausi, immer noch nicht entmutigt, starteten noch einen zweiten Versuch, diesmal bei der Orangenernte in Sizilien. „Im Prinzip derselbe Mist", empörte sich Klaus. „Den Tip hatten wir von einem, mit dem wir mal gestritten hatten, und der wollte uns wohl reinlegen. Ich hätte ja gleich mißtrauisch werden sollen. Aber was der erzählte, klang ganz gut: Einfach die Orangen vom Baum pflücken. Wenn kein anderer zusieht, kann man schon mal schütteln und das Zeug aufklauben, das geht dann schneller. Immer schön langsam machen, tun die anderen auch. Tolle Schlafgelegenheit mit Matratzen, gutes Essen und Haustrunk von zwei Litern Wein. Ja, denkste!" Wie es wirklich war, berichteten beide abwechselnd. Sklaventreiber als Aufseher, die herumwieselten, es fehlte nur die Peitsche für das Gesindel. Heruntergefallene Orangen mußten ebenfalls geerntet werden, daraus konnte man Saft machen. Das erforderte zudem eine Extrakiste, also Mehrarbeit. Und das viele Bücken erwies sich als weitaus strapaziöser als das Pflücken. Dazu kam Knochenarbeit: Kisten aufstapeln, bei Vorfahren des Lkws hinaufhieven. Und die als gemütlich beschriebene Lagerstatt erwies sich als Flohzirkus mit kleinen schwarzen Tierchen, die bei der zerschlissenen Matratze aus und ein gingen. Klausi murmelte auch etwas von Filzläusen, die sich vorzugsweise an gewissen Körperstellen laben. Der Haustrunk entpuppte sich als überlagerter Essigwein von giftroter Farbe, die tagelang nicht von den Fingern wegzuwaschen war. „Also, naiv waren wir ja", meinte Klaus, „und seit diesem Experiment meiden wir alle Arbeit. Betteln ist weniger stressig und bringt mehr ein. Und man weiß, was man hat. Niemand käme auf die Idee, einem zu sagen: eigentlich wollte ich dir 5000 Lire geben, aber damit du die nicht versäufst, kriegst du nur 2500. Ich komme morgen wieder und prüfe, was du mit den 2500 Lire gemacht hast." Überhaupt, so sagen die beiden einträchtig: Lieber ein Bett im Kornfeld als mit Rückenschmerzen im „Pyjama"-Camp. Klaus und Klausi überließen das Feld den von Karthago ausschwärmenden Tunesiern – der bizarren Kleidung wegen „Pyjamas" genannt –, die sich noch heute als Billigarbeitskräfte mißbrauchen lassen.

Wolfgang, der Sänger, derselbe, der die Rostkopf-Halluzination gehabt hatte, war dem Arbeiten von jeher abgeneigt gewesen. Allein die Musik hatte eine Weile sein Leben bestimmt. Aber seine Karriere war den Bach hinuntergegangen. Der Bach hatte viel mit Flüssigkeit zu tun, die Alkohol enthielt. Und daher hatte Wolfgang das Leben von der Trockenbrotseite kennengelernt. Und weil er auch eine Abneigung gegen trockenes Brot hatte, hielt er sich – allerdings nicht nur wegen der hohen Kalorienzahl – mehr an flüssige Nahrung. Der Bach konnte weiterlaufen. Der Suff schien auch ihm als der praktische Problemlöser für jede Tages- und Nachtzeit und gegen alle Widrigkeiten und Ärgernisse des Lebens zu sein. Im fortgeschrittenen Stadium der Benebelung neigte er nun mal zum Gesang. Diese Seite seines Wesens kannten wir bereits. Wir fanden, er solle sie nutzen für die Chance auf ein ordentliches Leben, von dem er hin und wieder sprach. Daß viele Musiker tranken und auch unter Einfluß von Alkohol wahre Meisterwerke aus ihrer Inspiration produziert hatten, ließ ihn nach und nach aufhorchen. Bis dahin hatte nämlich das, was er „Gesang" nannte, nur sein eigenes Lebensgefühl merklich gesteigert. Für uns Zwangszuhörer am römischen Rondell hatte seine Tonfolgenserie eher negative Auswirkungen. Wir machten ihn also diskret auf die Möglichkeit des Musizierens auf Straßen, Plätzen, in Metro-Unterführungen aufmerksam. Denn was gäbe es Schöneres, als sein Hobby zu einem Beruf zu machen. Er hatte ja einschlägige Erfahrungen, von denen er immer wieder berichtete. In Wahrheit, so gestehe ich, beabsichtigten wir, ihn von seinem umweltunfreundlichen Gegröle am Schlafplatz abzulenken.

Wolfgang hatte in früheren euphorischen Zuständen sein Allround-Talent auf diversen Musikinstrumenten derart eindrucksvoll geschildert, daß einem die Tränen kommen konnten ob des Schicksals eines verkannten Musikgenies. Man dachte also an eine störungsfreie Zukunft mit Wolfgang als Flötist oder Klarinettenspieler, eventuell sogar als Geiger, womit die Stimmgewalt erst einmal eliminiert wäre. Das Beschaffen eines Instrumentes schien ebenfalls im Bereich des Möglichen zu liegen. Wolfgang hatte als einer der wenigen auf der Straße noch sporadische Kontakte zu seiner Ex-Familie. Nach einer Karenzzeit von einem Jahr konnte er es wagen, wieder einmal die Oma anzuschnorren.

Die es – vor allem mit sich selbst – wohlmeinende Clique hatte aber die Rechnung ohne den zukünftigen Maestro gemacht. Wolfgang bestellte ein Akkordeon, so daß er Stimme und harmonische Lautgebung kombinieren konnte. Damit war den Zuhörern wenig gedient, aber man konnte hoffen, daß er sich samt Musikinstrument täglich für längere Zeit außerhalb des Reviers aufhalten würde. Die Oma schickte tatsächlich ein gebrauchtes Modell. Wolfgang probierte es gleich aus. Die Gruppe hoffte, der Klang des Schifferklavieres würde zumindest die vokalen Mißtöne überlagern. Sie hoffte nur ein paar Sekunden. Begeistert legte Wolfgang erst richtig los mit einer Arie. Er besaß zwar eine akzeptable Baßstimme, die bei professioneller Schulung durchaus bühnenreif gewesen wäre. Aber es fehlte eben diese Schulung, und so konnte sich sein Organ je nach Intensität und Alkoholspiegel crescendo-artig zu Dissonanzen aufschwingen. Die Bässe des Akkordeons hatten keine Chance gegen die angeborene Lautstärke. Und so herrschte zunächst tiefe Betrübnis unter den Platanen. Und nach den ersten öffentlichen Auftritten vor italienischem Publikum konnte keinerlei Hoffnung mehr bestehen: Der „Künstler" hatte seine Rechnung ohne das Publikum gemacht wie wir ohne den Künstler, und so war der Reinfall doppelt groß. Die Italiener sind ein durchaus sangesfreudiges und musikbegeistertes Volk und haben viel Sinn für *canzoni*. Aber bei Dilettantentum im Bereich der Musik ziehen sie die Ohren zu. Vor allem auf dem finanziellen Sektor hat das Auswirkungen. Lieber spenden sie einem harmlosen, lautlos dasitzenden Bettler ein paar Lire, da er ihre Gedankengänge nicht stört, als ein exzessives Gebrüll zu finanzieren – außer mit einem größeren Schein und der Auflage, die Gegend so schnell wie möglich zu wechseln. Zudem erwies es sich, daß Wolfgang, wie immer, mit seinem Eigenlob übertrieben hatte. Außer seinem Herzblattlied „Rosamunde", einem auch in Italien bekannten Ohrwurm, der in Begleitung des *Organetto*, einer kleinen Ziehharmonika, vor allem auf ländlichen Festen gespielt wird, bekam er keine zusammenhängende Melodie mehr zusammen. Den Text kannte er nur in deutscher Sprache, und das nicht einmal komplett. Nun brauchte dieses Lied aber, auf Akkordeon gespielt, grundsätzlich keine Stimmbegleitung, die Melodie war einprägsam genug für die Instrumentalversion. Den vorgetragenen Eigentext nutzen die Besucher der folkloristischen Darbietungen meist zum Mitsingen in eigenen Textarrangements, wenn mit zunehmender Stimmung auch der Weinverbrauch gestiegen ist, mehr als der Stimme guttut. Insofern bestehen a priori Assoziationen an Suff, Trinkgelage, die lieber vermieden werden sollten, wenn der Zweck das Geldverdienen ist. „Rosamunde" lief also nicht. Mit „O sole mio" war es noch schlimmer. Es klang zwar faszinierend im „Rosamunde"-Rhythmus, und die kleinen Schnitzer beim Bedienen der Tastatur wären höflichst zu überhören gewesen. Aber das Lied ist nun einmal für Stimmen in Tenorlage komponiert und für Baßstimmen absolut ungeeignet. Wenn dann noch der Text stellenweise durch la-la-la oder schummi-dummi-du-da ersetzt wird, erhält das italienische Musikkulturempfinden eine grausame Dusche. Wolfgangs Aufführungen ehrten also zwar seinen guten Willen, blieben aber finanziell erfolglos, da sie nicht den Publikumsgeschmack trafen. Die Zielgruppe ging kopfschüttelnd vorbei und beschleunigte die Schritte, anstatt stehenzubleiben und ergriffen zu lauschen. Und so ging das Akkordeon den Weg alles Wertvollen in Wolfgangs Besitz. Es erbrachte den Gegenwert einer nicht unerheblichen Menge an Spirituosen und Bier, mit dem die Belegschaft des Rondells zur Besänftigung freigehalten wurde. Alles war und blieb beim alten.

Sich selbst zu resozialisieren ist also recht schwierig. Die Realität zeigt: zumindest im Ausland, ohne staatliche Hilfe ist es nicht zu schaffen. Penner bleibt Penner und wird im besten Fall zum Obdachlosen. Da sich die meisten der auf der Straße Lebenden nicht freiwillig für das freie Leben entschieden haben, leiden sie besonders darunter. Nur die beiden Tippelbrüder, Bernie und Hubert, Freunde fürs Leben und trotzdem passionierte Einzelgänger, sind Vagabunden von der alten Sorte. Auch wenn sie auf ihren Touren oft verschiedene Wege gehen, weil der eine die Kirchenroute bevorzugt und der andere den langen Weg durch sämtliche am Wege liegenden Weinkellereien, sind sie sich eins, wenn es ihren Landstreicherstand gegen den Stadtstreicherstand zu verteidigen gilt. Bei den Treffen am P 500 oder am EUR-Rondell waren sie, wenn sie gemeinsam kamen, uns anderen in Erfahrungen weit überlegen. Außerdem hatten sie tatsächlich ein Naturbewußtsein entwickelt. Sie wußten auch über Pflanzen am Wege und die Flora und Fauna der entsprechenden Felder und Wälder zu berichten. Sie sahen die Welt im Kleinen, zwar manchmal im Weindunst, aber doch bewußter als wir, die wir per Bahn die Gegenden durchfuhren, als anonyme Mitreisende von Bahnhof zu Bahnhof. Und daß Bahnhöfe nicht dazu angetan sind, ein Naturbewußtsein zu erhalten, ist klar zu erkennen. Die kleinen Dorfstationen sind stillgelegt, der Zug fährt im Eiltempo daran vorbei. Auch der Stadtstreicher hat seine Eile, von Ort zu Ort zu kommen. Bis ihn der Wunsch nach einem kleinen Zuhause packt. In den meisten Fällen ein unerfüllbarer Traum. Die Realität ist härter und läßt den Penner nicht aus ihren Fängen des Selbsterhaltungstriebes, der nicht viel Platz gibt für Spinnereien vom trockenen, geheizten Zimmerchen unterm Dach.

Bernie und Hubert können solche Ideale nicht locken. Sie schnüren ihre Rucksäcke und gehen auf Klostertour, nehmen mit kargen Mönchszellen vorlieb, arbeiten wohl auch ein Weilchen für Kost und Logis und Gotteslohn, aber wenn sie weiterziehen wollen, hält sie keine Predigt und keine Wärmestube. Bei der Kantinen-Tour ziehen sie von einer Weinkellerei zur anderen, immer gut abgefüllt. Sie wählen ihre Ziele sorgsam aus und meiden die „Sauerampfer"-Hersteller ebenso wie die voll mechanisierten Weingüter um Asti.

Die anderen, einfachen Penner bleiben bei ihren Träumen, obwohl sie im Grunde eingesehen haben, daß es dabei bleiben wird, daß auch sie früher oder später krank werden bei ihrer Lebensweise, daß sie in Schüben von Halluzinationen eine Scheinwelt erleben werden und zum Schluß die Einsamkeit in einem überfüllten Krankenhausgang, abgeschoben ein weiteres Mal, wie damals, als man sie aus der Gesellschaft verstoßen hat: Außenseiter am Ende. Es sind keine schönen Aussichten, für immer im Abseits zu stehen. Und so wundert es nur die Außenstehenden, die ihrer Gruppe nicht zugehören, daß das Lebensmotto, solange man noch lebt, heißt: *Jetzt* ist *Jetzt*, morgen kann es zu spät sein – also sauf'mer halt!

Aussteiger wie ich sind selten im Pennermilieu. Der alte
Schorsch hatte es geschafft. Er bekam schließlich seine Al-
tersrente nach Jahren des Bettelns. Aber er hatte mit seiner
neuen Freiheit und dem Geld nicht viel anzufangen gewußt. Angepaßt hatte er sich nie an italienische Verhältnisse, weder unterwegs noch im römischen Exil, wo ihm Papa
Bassetti ein Zimmerchen in Bahnhofsnähe vermittelt hatte. Schorsch lebte weiterhin für sich allein und zurückgezogen, versunken in seine Kriegserinnerungen, die ihn wohl
mehr beschäftigt hatten als seine Hinterfront. Kochen
konnte er nicht, obwohl er auf seinem Zimmer die Gelegenheit dazu hatte. Mehr als Bratkartoffeln aus rohen Kartoffeln brachte er nicht zustande, dazu Tütensuppe, Dosen-
futter, Brote ohne Aufstrich. Er blieb hager und dürr wie zuvor, ging zunehmend gebeugt und grüßte nur beschämt die
Mitbewohner, als ob man es ihm ansehen könne, wovon er
vorher gelebt hatte. Sein Zimmer war klein und dunkel,
zwar mit einer Duschkabine gesegnet und einem Küchen-
herd, aber für meine Begriffe ein Loch, das dazu fast um die
Hälfte teurer war als mein Haus mit Garten auf dem Lande.
Es lag über einer Kneipe, war also sehr laut. Im Treppen-
haus fand man Kondome und Spritzen, die tagelang niemand wegräumte. Die schlechte Luft in der Innenstadt
wurde noch übler durch die Ausdünstungen einer Entlüf-
tungsanlage direkt unter Schorschens Fenster. Küchengerü-
che stiegen auf, Gestank von Altöl, in dem man Pommes
und Calamari gleichermaßen fritiert hatte. Die fettigen
Dämpfe verschmierten die Scheiben und drangen ins Zim-
merinnere vor durch die Ritzen. Mein Angebot, ihm eine
größere und luftige Wohnung auf dem Land zu besorgen,

schlug er aus, obwohl er am Stadtleben gar nicht teilnahm. Er saß fast den ganzen Tag vor seiner großen gutbürgerlichen Errungenschaft, einem tragbaren Fernsehgerät, bei dem er stets Schwierigkeiten mit einer altmodischen Zimmerantenne hatte. Den Ton hatte er abgestellt. Seine schlechten Sprachkenntnisse verhinderten ohnehin zu verstehen, was gesprochen wurde. Für eine Satellitenschüssel, die er sich ohne Sparmaßnahmen hätte leisten können, war ihm sein Geld zu schade. So starrte er auf Steffi Graf und Boris Becker, stundenlang, ohne zu wissen, was ein Matchball ist. Und auch was der Priester Marcello Mastroianni von der Loren wollte, begriff er nicht. Er verblödete zusehends. Arteriosklerotische Veränderungen ließen ihn wesentliche Dinge vergessen. Im Supermarkt wußte er nicht mehr, weshalb er hergekommen war, was er einkaufen wollte. Seine eigene Schrift konnte er schwer entziffern, sie war zittrig und teilweise voller übereinandergeschriebener Buchstaben. Geld für eine neue Brille gab er auch nicht aus. Die alte, zwanzig Jahre alte, hatte noch ein gutes Gestell, warum sollte sie nicht funktionieren? Der Kreislauf machte Beschwerden. Schorsch ging nie spazieren, atmete die schlechte Luft, saß herum und wußte nichts mit sich anzufangen. Er hatte nie viel Kontakt mit Pennern gehabt, jetzt verliefen sich die Bekanntschaften. Er hatte genug Geld, mußte nicht betteln gehen, war der Outsider bei den Außenseitern. Schorsch zahlte den Arzt, es war ihm zu beschwerlich, zum Gesundheitszentrum zu fahren. Hierfür gab er Geld aus, obwohl er den Service kostenlos beim Nationalen Gesundheitsdienst gehabt hätte. Er zahlte für Medikamente, die nichts halfen bei Alter und Einsamkeit. Sein nicht verbrauchtes Geld hortete er auf dem Konto, auf dem es von der LVA ankam. Er wollte es zurückzahlen an die Bank, die ihm seinerzeit ein Darlehen gewährt hatte. Den Kredit hatte er nicht zurückzahlen können, war aus Deutschland geflüchtet aus Angst vor Gerichtsvollziehern, vor Strafe. Nun sammelte er Millionenbeträge, wie sein Hirn ihm vorgaukelte, das nur mit Kaffee-Zufuhr einigermaßen arbeitete. Die Bank würde ihm verzeihen, er wollte alles wiedergutmachen, auch die Zinsen zahlen. Er würde nicht wegen Betrugs ins Gefängnis kommen. Als reicher Mann käme er in die Heimat zurück, als Millionär. Lire-Millionär. Er würde ein hübsches Zimmer in einem Altersheim finden und neue Kontakte knüpfen in seiner Sprache, die er hier immer vermißt hatte.

Schorschens Träume würden wohl nie wahr werden. Auf ihn harrte mit Sicherheit ein Bett im Alten- und Pflegeheim, das ihm sein ganzes Geld abnehmen würde. Er würde von Sozialhilfe leben müssen, denn die Rente reichte nicht für den Aufenthalt unter Betreuung. Und daß man ihn, den Heimkehrer, mit offenen Armen empfangen würde, war so unwahrscheinlich wie seine Fähigkeit, sich im Süden anzupassen. Er war siebzig geworden. Ein alter Mann auf dem Abstellgleis.

Außer mir hat es von meinen Bekannten der Straße nur noch Fritz geschafft, auszusteigen. Er war bereits in Deutschland nichtseßhaft gewesen. Auch ihm schien Italien das geeignete Land, der Bürokratie und den kalten Wintern zu entgehen. Sein Alkoholkonsum hielt sich stets in Grenzen. Kaffee bestimmte seine Richtung. Ich lernte ihn am Rondell im EUR-Park kennen, an einem Ostersonntag, als ich in einer Ochsentour von Messina über Tarent und Neapel nach Rom gekommen war, mittellos bis auf Kleingeld, unterwegs bestohlen. Meine Habe trug ich auf dem Leibe. Sogar der Schlafsack war weg. Eine Decke mußte ich ausleihen. Holländer-Helmut hatte mich als Pennerin am Bahnhof angetroffen, mitgenommen. Ich schlief zwei Tage lang fast ununterbrochen, nur geweckt von freundlichen Menschen, die mir zu essen brachten. Ostersonntag und -montag waren die Picknicktage der Römer. Die Wiese um das Rondell war voller Menschen, die grillten, Frisbee spielten, Familientreffen veranstalteten. Ich erinnere mich an reichliches Essen, Lasagne, andere Pastaarrangements, an Fleisch als *secondo piatto* mit einer grünlichen Pfeffersoße, an Obst und Kuchen und eine große Aluschüssel mit Spaghetti für den kommenden Tag. Ich achtete auf niemanden und wollte nur ausschlafen. Erst dann beachtete ich die Gruppe, die ihrem Tagesablauf nachging. Fritz war der einzige zur damaligen Zeit, der selber kochte. Er hatte sich mit Porno-Schorsch zusammengetan, der ganze Tage in speziellen Kinos verbringen konnte. Fritz bot mir zu essen an. Er kochte gut. Er bot mir seinen Schlafsack an. Ich blieb. Wir wurden echte Freunde.

Als ich meine Nachzahlung bekam, zogen wir beide gen Osten. Auch Fritz liebte die Gegend der Abruzzen. Wir beschlossen, dort seßhaft zu werden. Fritz beantragte Sozialhilfe für Deutsche im Ausland. Ich hatte einen Artikel darüber gelesen in der *Bild*-Zeitung: Deutsche Obdachlose machen sich auf Teneriffa ein schönes Leben, verpulvern Steuergelder in Gran Canaria, in Paris, in Montevideo. Eben in der Art, wie *Bild* berichtet. Wie schwer es ist, an Sozialhilfe zu kommen, merkte ich, als ich mit der deutschen Bürokratie in Rom und Augsburg zu kämpfen begonnen hatte. Das Konsulat blockte ab, bestand auf Heimschaffung in die deutsche Obdachlosigkeit. Das war jetzt nicht mehr so einfach, da ich ihm bereits einen Wohnsitz besorgt hatte, der den Anforderungen des § 119 BSHG entsprach. Und trotzdem dauerte es drei Jahre, bis sich alles eingelaufen hatte. Es kostete außer Nerven Geld für Gesetzestexte und -kommentare, die ich selbst erst beschaffen mußte, es kostete Zeit für Schriftsätze und Porto für Widersprüche, für Beschwerden und mehrere Prozesse vor dem Verwaltungsgericht. Im nächsten Jahr wird es wieder losgehen mit dem Prozessieren. Deutschland muß sparen, auch bei Sozialhilfeempfängern. Eine Gesetzesänderung macht es möglich. Das Thema „Heimschaffung" steht wieder an, da Fritz noch nicht 65 Jahre alt ist und man einen „Härtefall" bestreiten wird. Die Gesellschaft sorgt sich um passende Gastgeschenke bei Staatsbesuchen, hat Geld für Weltraumfahrten und neue Militärgesangbücher und den Bau von repräsentativen Staatskanzleien. Deutschland geht es gut. Und auf die zerstörte, mühsam wieder aufgebaute Existenz eines Ex-Penners, der es endlich zu einem eigenen Heim gebracht hat, kommt es nicht an. Ein Fall für die Akten, die Statistik. Fritz wird kämpfen.

Inzwischen ist es Herbst geworden auch in diesem Lande. Mehr als ein halbes Jahr ist vergangen, seitdem ich angefangen hatte, meine Erinnerungen an das Damals aufzuschreiben. Viel ist geschehen mit mir, nicht nur was meine Krankheit zum Tode betrifft. Auch meine Psyche hat sich verändert. Ich lebe bewußter in dem Bewußtsein, daß nicht mehr viel Zeit zum Leben bleibt. Ich ärgere mich nicht mehr über Kleinigkeiten, die mich damals an die Decke gehen ließen. Ich habe mehr Verständnis für die Probleme anderer. Ich sehe auch Axels Tod in anderem Licht, seine Krankheit und wie es dazu kam. Der alte Haß auf ihn, der so viel zerstört hat in meinem Leben, ist einer gewissen Resignation gewichen. Nicht dem „Nil nisi bene" entsprechend, wohl aber dem „Requiescat in pace". Liebte ich vorher bereits den Sternenhimmel, so denke ich heute beim Betrachten daran, ob es ein Weiterleben gibt und welche neuen Perspektiven sich dem gewesenen Menschen eröffnen, die er mit dem noch in der Evolution befindlichen Hirn bisher nicht wahrnehmen kann. Ich denke nicht an relativ primitive Vorstellungen von Buße und Wiedergeburt in einem anderen Körper, sondern daran, daß das Weltall – wie in Henris Vision – größer ist, als wir jemals in unserem Erdenleben erfahren werden, und daß ein einzelner Mensch bei einem solchen Schöpfer kein persönliches Interesse wecken kann mit seinen Kleinigkeiten des täglichen Lebens. Ich werde mich überraschen lassen und bin in gewisser Weise gespannt auf den Wechsel zu einem Über-Ich, falls es so etwas gibt. An die Sache mit den Engeln und Teufeln und Dämonen glaube ich nicht. Es gibt viel Unbegreifliches, aber ein Engel muß es nicht sein, der einen schützt. Ein solcher Engel ist mehr ab- als anwesend und fällt nur in Extremfällen auf. Ich denke nicht mehr so viel an das Damals, sondern an die Zukunft. Das Jetzt genieße ich mehr als zuvor: daß die *campanelli* noch immer blühen und die

Geranien, die *Bella della Notte* und die Bougainvillea. Der goldene Oktober ist wirklich sonnendurchflutet in diesen Breiten. Mit Nachtfrost, Rauhreif ist nicht zu rechnen. Ab und zu nebelt es gegen Abend, die Sonne steht tiefer. In den Bergen ist es kälter, doch das Meer ist noch warm. Mutige Schwimmer ziehen ihre Kreise hinter dem menschenleeren Strand. Nachbarin Luciana ist von einem Besuch bei ihren Cousinen am Campo Imperatore zurückgekommen. Sie schwärmt vom bunten Herbstlaub in den großen Buchenwäldern vor der Hochebene, hat Kräuter mitgebracht und Silberdisteln, Beeren auch für meine Zimmerdekoration. Sie weiß nicht, daß ich nie wieder zum Bergsteigen fahren kann. Pasquale hat wie jedes Jahr mein Feld gepflügt, damit es bereit ist für die Herbstsaat von Karotten, Spinat, Blumenkohl. Die neue Petersilie, das Basilikum sind angesät aus Samen eigener Zucht. Die Thymianpflanzen duften im Kräutergärtlein. An der Böschung quillt der wilde Pfefferminz über das nach den ersten Regenfällen neu sprießende Gras. Im November wird die Wiese aussehen wie im Frühling, hellgrün und mit weißen und gelben Himmelsschlüsselgewächsen. Das Jahr verläuft weiter in seinem Rhythmus, wie stets.

Auch die Nachbarn haben ihren Herbstrhythmus beibehalten. Die Weinlese ist getan, in den Fässern gärt es, die *cantina* riecht nach Trauben. Die Weinfeste sind gefeiert und das Patronatsfest der Stadt. Bis zur Olivenernte ist Ruhe auf dem Land. Zeit der Tauffeiern für die Weihnachtskinder des letzten Jahres. Rauchende Kamine heizen und duften nach verbranntem Holz. Dinas Pizza-Ofen im Hof wird eingeheizt, die Nachbarschaft eingeladen. Nachbar Pietro schlachtet einige Kaninchen für die Verwandtschaft. Die ersten Pullover werden gestrickt, der alte Wein vom vergangenen Jahr als Glühwein verbraucht. Ich werde Antonio anrufen, daß er eine Ladung Briketts bringen soll. In den Nächten wird es kühl. Die Sommerdecke ist weggeräumt, die Steppdecke kommt wieder zu Ehren. Aber mittags wärmt die Sonne. Von den Bergen kommen die Schafherden auf historischen Pfaden. Sie haben Wegerecht auch über Privatgrund. Im letzten Jahr haben sie meinen Kohl gefressen. In diesem Jahr ist der Hund erwachsen und wird ihn bewachen. Die ersten Hirten sind bereits im Ort. Es sind die Vorboten für das Hirtenfest. Sie ziehen durch die Stadt mit Dudelsack und Schalmei. Die Passanten flüchten vor dem trostlosen Gedudel, wenden sich ab in die Nebengassen. Die Schäfer sammeln Geld und gehen nun von Haus zu Haus, klingeln an jeder Tür, dudeln und schalmeien tonstark und melodie-los. Dem Hund tut ihre Jammermusik in den Ohren weh. Er jault und heult wie ein Wolf, wie sonst nur, wenn eine Ambulanz mit Sirene vorbeifährt oder ein Feuerwehrauto. Die Hirten ziehen ab in ihren Fellsandalen und dekorativ zerlumpten Gewändern, die sie traditionsgemäß tragen. Man nennt sie „die Dummen der Berge". Die guten Hirten der dummen Schafe. Abends sieht man sie rasiert und in bürgerlicher Kleidung fast unkenntlich verändert im „La Torre" Karten spielen. Die Wirtin ist Russin und schenkt echten Wodka aus. Folkloregruppen grinsen von den Wänden. Im Hinterzimmer besäuft sich der Rest der kommunistischen Partei. Man entwirft ein neues Wahlplakat. Jeder zehnte Wodka ist gratis. Addio, Ludmilla. Vielleicht komme ich zu einem letzten Besuch. Der *torre* der *cattedrale* wird erleuchtet sein, und vielleicht läuten die Glocken, wenn ich ein letztes Boeuf Stroganoff esse, ein Stück meiner kleinen Zukunft.

Jetzt habe ich eine andere Welt. In meiner Welt dominiert das *Jetzt*-Bewußtsein vor dem Blick in eine begrenzte Zukunft und dem in die Vergangenheit. Die römischen Platanen, die sizilianischen Abenteuer, die apulischen Regentage verlieren an Bedeutung. Die Seßhaftigkeit im Wortsinn ist symptomatisch als Konträrverhalten bei einem vorangegangenen Wanderleben. Kaum mache ich Reisen. Manchmal fahre ich zum Strand, erlebe das Meer. Selten sehe ich die Stadt. Der Lärm und die Abgase verursachen mir Kopfweh. Ich bin Ruhe gewohnt und Landluft, frisch aus den Bergen bei Westwind, salz- und jodhaltig von der

Adria im Osten. Seitdem ich hier lebe, hatte ich nie einen Schnupfen. Eine gesunde Gegend. Und trotzdem sterben hier nicht alle Menschen an Altersschwäche.

Tochter Dora hat geschrieben, bereits mit dem Grippe-Virus infiziert. Ein Großstadtkind. Die Kontakte bessern sich nach so langer Zeit. Jetzt, wo es zu spät ist. Über ihren Vater wird geschwiegen. Dora wurde nicht in einen Beruf gedrängt. Sie konnte frei entscheiden, besucht eine Fachschule. Tochter Katharina, beim Stief-Opa aufgewachsen, bekam dessen „Bestes" zu spüren. Wie beim Sohn, so drängte er auf einen Lehrvertrag, den er aussuchte. Tochter Katharina, kurz vor dem achtzehnten Lebensjahr, ließ Lehrvertrag Lehrvertrag sein und schloß einen eigenen ab in einem anderen Beruf. Sie wird sich demnächst selbständig machen. Beide Kinder leben mit Partnern zusammen in der Weise, die man zu meiner Zeit „wilde Ehe" nannte. Sie sind nicht so dumm wie ich, zu heiraten. Später vielleicht, oder auch gar nicht. Neue Gesetze machen vieles möglich, was mir vor mehr als zwanzig Jahren unvorstellbar schien. Beide Kinder trinken nicht. Sie haben zuviel gesehen, um dieses Verhalten nachzuahmen. Die Jüngste geht noch zur Schule, in die letzte Klasse. Ein stilles Kind.

Meine Welt ist in mir. Ist das, was ich sehe, höre, rieche, taste, schmecke. Ein sechster Sinn wird mir sagen, wann es soweit ist. Juristisch ist alles geklärt. Feierlichkeiten wird es nicht geben. Kein Weihrauch, keine kirchlichen Sprüche. Statt des Honorars für einen Priester eine Runde für die Penner der Stadt. Denn ihrer ist das Himmelreich, wenn auch nur für ein paar Stunden des Rausches.

Weit weg liegt der erste Oktobermonat in Italien, als ich Angelo kennenlernte und den deutschfeindlichen Priester im verregneten Verona, fast vergessen der zweite Oktober in Apulien mit Calamari und gebackenen Schweinsohren, klarer der dritte Oktobermond, der nach Axels Tod. Von da an ging's bergauf.

Ich denke, der Gipfel ist erreicht.

# Erfahrungen

Ruth Pfau
**Verrückter kann man gar nicht leben**
Ärztin, Nonne, Powerfrau
Band 4436
Eine atemberaubend starke Frau, die vor den Mauern der Not nicht haltmacht.

Friedrich Abel
**Die zehn Lehren der indianischen Medizinmänner**
Wie ich in den Canyons von Arizona lernte, lebendig zu werden
Band 4405
Von geborgenem statt gesicherten Leben, von Respekt vor Spirituellem statt materiellem Reichtum.

Werner Gross
**Hinter jeder Sucht ist eine Sehnsucht**
Die geheimen Drogen des Alltags
Band 4365
Der erfahrene Psychotherapeut zeigt, wie wir lernen, mit dem Sog des „Immer-Mehr"umzugehen.

Josef Mues
**Eigentlich hätten wir Sie gerne behalten**
Erfahrungen eines Gekündigten und was sich daraus lernen läßt
Band 4342
Die plötzliche Kündigung erzeugt das Gefühl der Sinnlosigkeit. Beispielhafte Strategien, sich innerlich ‚wiederherzustellen".

Peter Mannsdorff
**Das verrückte Wohnen**
Erfahrungsberichte aus einer psychiatrischen Wohngemeinschaft
Band 4325
Hier wird mit den „Verrückten", nicht über sie gelacht.

**HERDER** / SPEKTRUM

Lea Ackermann/Cornelia Filter
**Die Frau nach Katalog**
Sextourismus und Frauenhandel – und was eine couragierte
Nonne dagegen tut
Band 4320
Ein engagiertes, menschliches und deutliches Buch

Manfred E. Neumann/Willi Schraffenberger
**Platte machen**
Vom Leben und Sterben auf der Straße – Portraits
Band 4311
In diesem ausdrucksstarken Text-Bildband präsentieren sich Schicksale,
die auch die eigene Lebenswelt hinterfragen lassen.

Christine Swientek
**Mal sehen, was das Leben noch zu bieten hat**
Das fünfzigste Jahr oder die bessere Hälfte des Lebens
Band 4298
Noch einmal ganz neu anfangen: In der zweiten Lebenshälfte kann frau
selbst entscheiden, wie es weitergehen soll. Ein heiter-freches Tagebuch.

Michaele Linder
**Sucht und Sehnsüchte**
Ein Erfahrungsbericht zur Bulimie
Band 4235
Hungern, Fressen, Kotzen: Alltag einer Bulimiekranken. 15 Jahre lang.
Erst dann kann sie den Teufelskreis durchbrechen. Ein packendes, aus-
wegweisendes Protokoll.

Gerhild Tieger
**Wo die Uhren anders ticken**
Geschichten vom Aussteigerleben in Irland
Band 4228
„Einfach aussteigen? Gerhild Tieger hat's gewagt. Augenzwinkernd holt
sie so manchen romantischen Outdoor-Traum auf den Boden irischer
Tatsachen zurück.

**HERDER** / SPEKTRUM

# Brennpunkt

Kurt-Helmut Eimuth
**Die Sekten-Kinder**
Mißbraucht und betrogen – Erfahrungen und Ratschläge
Band 4539
Kinder sind Sekten besonders hilflos ausgeliefert, deren Ziel die totale
Vereinnahmung ist. Viele werden psychisch und physisch mißbraucht.
Analyse und Ratschläge.

Hanspeter Oschwald
**Abbé Pierre**
Herausforderung für die Etablierten
Band 4415
Vom jungen Kämpfer der Résistance zum sozialen Gewissen der Nation
– Abbé Pierres Kampf für die Schwachen, die Obdachlosen, die Rand-
gruppen zeigt, wie einfach es sein kann, die drängenden Probleme zu
lösen.

Bernd Müllender (Hg.)
**Weg damit**
25 Reportagen vom lustvollen Abschaffen mit vier Zwischen-
rufen und einem „Her damit"
Band 4339
Witzig und selbstkritisch, spritzig und ohne moralischen Zeigefinger
kommen hier Leute zu Wort, die Ernst gemacht haben mit dem Vorsatz
zu verzichten.

Ernst Sieber
**Menschenware – wahre Menschen**
Die umwerfenden Geschichten des Obdachlosenpfarrers von
Zürich
Band 4252
Ihr Spruch: „Haste mal ‚ne Mark für mich". Ihre Persönlichkeit: Fehl-
anzeige? Von wegen. Energisch und humorvoll schildert Ernst Sieber die
Welt der Penner und Clochards, erzählt er vom Geheimnis dieser
wahren Individualisten.

**HERDER** / SPEKTRUM

Heidi Gidion
**Was sie stark macht, was sie kränkt**
Töchter und ihre Väter
Band 4225
Anhand konkreter Situationen und in Texten großer Autorinnen spürt
Heidi Gidion den reichen Nuancen dieser Beziehung nach.

Evelyne Buchmann
**Mein Sohn – ein Fixer**
Erlebnisbericht einer frustrierten Drogenmutter
Band 4201
Es genügt nicht, Fixer als „arme Opfer" zu bedauern und die Beschaf-
fung des Rauschgifts zu erleichtern. Dadurch kommt keiner von seiner
Sucht los.

Gunda Schneider
**Noch immer weint das Kind in mir**
Eine Geschichte von Mißbrauch, Gewalt und neuer Hoffnung
Band 4097
Erst als erwachsene Frau kann Gunda die Erfahrung des Inzests in
Worte fassen.

Daniil Granin
**Die verlorene Barmherzigkeit**
Eine russische Erfahrung
Band 4043
Der große russische Dichter erzählt von der Not Rußlands und von
seiner Initiative, dem „Werk der Barmherzigkeit".

Irmhild Söhl
**Tadesse, warum?**
Das kurze Leben eines äthiopischen Kindes in einem
deutschen Dorf
Band 4005
„Das Protokoll eines Lebens zwischen allen Fronten. Ein erschütterndes
Dokument" (ZEIT*magazin*).


**HERDER** / SPEKTRUM